黑龙江省高等教育科学研究"十二五"规划课题（HGJXHB₁110956）

教师专业化发展与教师成长

JIAOSHI ZHUANYEHUA FAZHAN YU JIAOSHI CHENGZHANG

孙晨红　张春宏　王　睿　编著

U0735593

东北林业大学出版社

·哈尔滨·

黑龙江省高等教育科学研究"十二五"规划课题 （HGJXHD11099）

内容提要

　　什么是教师专业化，教师将如何专业化发展，这是本书探讨的主旨内容。通过本书的阅读，你将了解到教师职业及劳动的特点、教师职业角色与形象、教师专业化发展的内涵、教师专业成长规律及对策、教师教育智慧、教师科研与教师专业化发展以及教师教育等内容。通过本书的阅读能够帮助学习者把握教师专业化的本质及要求，掌握教师成长规律，对于即将选择教师职业的师范生，或已经身处教职世界的教师们，如何更好地筹划专业化发展目标及路径，都会有所启示和帮助。

东北林业大学出版社

哈尔滨·

目　　录

上篇：认识教师

第一章 认识教师

一、教师的含义

教师是什么？古人云："师者，教人以道者之称也。""师也者，教之以事，而喻诸德者也。"唐人韩愈在《师说》写道："师者，所以传道、授业、解惑也。"这是从教师的职能来界定教师的。意思就是教师不仅要向学生传授知识技能，而且要教学生如何做人，还要解答学生在读书和为人处世上面临的疑惑。再如，"师者，人之模范也""智如泉源，行可以为仪表者，人之师也"，是从教师所具备的品行来加以说明的。

中国大百科全书（教育卷）：教师向教育者传递人类积累的文化科学知识和进行思想品德教育，把他们培养成一定社会需要的人才的专业人员。①

1993 年，《中华人民共和国教师法》第一章第三条对教师概念进行了全面、科学的界定：教师是履行教育教学职责的专业人员，承担教书育人，培养社会主义事业建设者和接班人，提高民族素质的使命。这是我国从法律的视角对教师的专业性及社会责任加以界定的。

---

① 中国大百科全书·教育 [M]. 北京：中国大百科全书出版社，1985.

　　教育是社会现象，随着社会的发展变化而变化。随着社会的发展，教育的功能日益显著而重要，而教育功能的实现主要是通过教师功能的发挥来实现的。因此，教师的作用必然随着社会发展而发展，因而教师的社会功能、素质要求等也必然随着社会的发展而不断发展、扩大。

　　从教师的内涵的演变，不难看出：无论何时何地，教师的基本含义应该是教师是教育者，教师职业是促进个体社会化的职业。

　　进入 21 世纪，受终身教育的影响，教育越来越被看作是一种连续的、贯穿人的一生的过程，在这种理念下，教师应该关注什么、又要去做什么，成为当代教育研究与实践的话题。毋庸置疑，教师依然要去传道、授业、解惑。但是未来教师应该从三个要素更多地去理解教师的责任。首先，教师的教学活动不是单向度的，而是一种双向建构的过程。所谓"授人以鱼，不如授人以渔"，教师在教育中要把激励思考、鼓励创新当作重要的标准，培养学生具备在任何时候都可以自主学习的能力。教师在塑造生命个体的同时，自身也应该是具有生命意义的主体。总之，人们心目中的教师应该是一个胸怀理想、恪守信念的教师，应该是一个充满爱心、负有责任的教师，应该是追求卓越、富有创新精神的教师，应该是懂得学习、不断发展自我的教师①。

二、教师劳动的性质和特点

（一）教师劳动的性质

　　教师的劳动是一种专业性的复杂的劳动。这种职业的劳动必须接受专门的培养和训练，具备专门的知识和技能。在就业前，需要花费比简单劳动更多的时间和费用接受专门的教师教育；在就业期间，也需要花费一定的时间来接受在职培训，以调整、改善、充实、提高教师自身的专业知识和技能，以适应职业本身不断提出的新要求。显然，教师的劳动属于复杂劳动，而且是具有极大的创造性的复杂劳动。

---

① 庄辉明. 明天的教师：师范生必读 ［M］. 上海：华东师范大学出版社，2008.

（二）教师劳动的特点

任何劳动都有其自身的特点。认识教师劳动的特点是我们认识教师的起点。概括起来，教师劳动具有如下主要特点。

1. 复杂性

（1）从劳动目的上看是复杂的。教师劳动的目的不是生产某种物质产品，而是要"生产"一种新人。要实现这一目的，教师既要向他们传授文化科学基础知识和基本技能，使他们具有为社会主义现代化建设服务的本领，又要提高他们的思想政治觉悟，使他们具有为社会主义现代化建设服务的高尚思想和献身精神；既要发展他们的智力，培养能力，使他们能够根据时代的发展学会如何学习；同时又要发展他们的体力，使他们具有为国家富强而艰苦奋斗的健康体魄。这多方面的规格要求比起物质产品的固定可量的具体指标来说，无疑要复杂多了。

（2）从劳动对象上看是复杂的。教师的劳动对象不是物而是人。他们有自己的需要和态度，彼此间存在着一定的个性差异；他们生活在不同的家庭环境中，经受着不同的影响，遗传素质不同，家庭环境不同，接受教育的基础不同等等。这一切都决定了教师在进行教育劳动时就不能像物质生产劳动那样，采取千篇一律的方式，而必须善于根据每个学生的不同特点采取不同的方法，使所有的学生都得到较好的发展。

（3）从劳动方式上看是复杂的。教师的劳动虽以个体劳动为主，但要在学生身上形成最佳的教育效果，教师还必须善于协调家庭、社会和学校教师之间的各种影响。要看到，影响学生成长的因素不仅来自学校，来自教材，来自教师教、学生学的课堂上，而且也来自社会生活的各个领域。所以，教师要使学生能够做到德智体全面发展，就必须善于全面了解学生的情况，善于组织利用学生成长的多方面的积极因素，使学生在最佳影响中不断进步。然而，要把这复杂多样的影响都组织到有效的教育过程中，要做到教师之间的协调一致和密切配合，则是十分艰巨和复杂的。

2. 创造性

（1）从劳动对象上看需要创造性。前面说过，教师的劳动对象是人。一个班级的学生，虽然年龄相近，程度相似，具有很多共同特点。但是由于每个学生的生理条件、周围环境、个人努力程度和所受教育的具体情况的不同，使得彼此的身心发展各有特点，心理面貌上存在着个别差异。这就要求教师在教学中必须创造性地选择不同的方法，对不同学生要区别对待，因材施教。对课堂上偶然出现的新情况，要善于利用教育机智，创造性地妥善处理。

（2）从劳动内容上看需要创造性。教学内容虽然已为教学大纲和教科书所规定，但怎样把这些死板、生硬的东西变成形象具体、容易为学生所接受的东西，这就需要教师在备课时，通过深入钻研教材，考虑学生特点，研究教学方法，参考先进的教学经验，进行创造性的加工和设计安排。没有这样一番绞尽脑汁的加工制作功夫，僵化刻板地按照教材的安排去照本宣科，必然使教学陷于失败。

（3）从劳动方法上看需要创造性。教学上从来没有，也不会有适用于一切年级、一切教材的固定的金科玉律式的程序和模式。教师在教学中具体怎样去组织教学过程，采用什么样的教学方式把教学内容传授给学生，怎样调动学生学习的积极性，唤起学生对学习的渴望，怎样培养学生优良的思想品德，怎样充分地发挥学生的爱好、兴趣和特长等，无不需要教师进行创造性的思考和实施。因此可以说，教师在教学环节中的每一个决断都是创造性思维的结果。不仅如此，广大教师也是从事教育科学及其他科学研究的重要力量。尤其在高等学校，广大教师不仅承担着教学任务，同时也义不容辞地承担着科学研究的任务。通过科学研究，发明新的科学原理，发现新的科学规律，用这种创造性的劳动所提供的新的劳动工具和劳动方法，推动社会生产力的发展，推动教育科学的前进。这一切，正如加里宁所说："真正的教师工作实实在在是个创造性的工作。"

3. 长期性

通过教师的劳动要把教育对象培养成社会所需要的人，需要一个长期的过程。不仅从人的整体发展来看，教师劳动需要一个较长的周期，就是人的某一具体、局部的身心特点的发展变化也往往要经过一个长期反复的过程。例如，任何一种思想品德的形成和完美化，都不是一朝一夕的教育和实践所能实现的，而要经过多次的再认识和再实践才能逐步达到较高的境界。况且，社会是不断向前发展的，对人的要求是不断变化的。这就决定了教师对学生的教育和培养必须反复进行、长期进行。

4. 繁重性

（1）需要完成的任务的多方面性决定了教师劳动的繁重性。教师担负着全面发展学生德智体美劳等身心品质的任务。一个教师要完成好这多方面的任务就必须付出艰辛的汗水，通过呕心沥血、潜心钻研才能达到理想的目标。

（2）工作时间的无限性决定了教师劳动的繁重性。教师的工作不仅有八小时以内，更有八小时以外的大量时间。家访、备课以及搞科学研究常常是在八小时以外进行的。为了搞好专业工作，他们常常舍去了业余消遣、周日休息和节日的欢乐，这些看不见的劳动是其他任何一个行业都不曾有的。

5. 高度的责任性

教师劳动的高度责任性来自于两个方面：一是社会。社会把培养人才的重任交给了教师，教师的工作质量如何，将直接影响到国家科技的进步和经济的发展，教师教学水平的高低与人才质量的高低之间存在着极高的正相关。光阴似箭，且一去不返。在学习阶段能否得到教师的良好教育，能否一寸光阴得到一寸金地度过，有限的时间得到高效的利用，这完全取决于教师水平的高低。教师对学生负责也就是对国家负责。二是家庭。家长把学生送到学校，就等于把学生的未来命运交给了教师。教师劳动的优劣将直接关系到学生的发展前途。因此，教师对学生负责也就是对家长负责，也就是免除家长的担忧，保证学生学好的重要一步。

6. 强烈的示范性

教师不仅通过知识技能的传授武装学生的头脑，而且通过自身的行动影响学生的思想品德。教师渊博的学识会成为学生努力的方向，教师对某一学科领域的赞赏和专精会成为学生追求的理想。总之，教师的世界观、品行，教师的生活及对每一现象的态度都这样或那样地影响着全体学生，在学生头脑中留下不可磨灭的印象。所以，教师必须身体力行，以身作则，充分认识身教重于言教的意义。无论在言论行动上，还是在思想感情、立场观点方面都应成为学生的榜样。

三、教师的社会地位

教育是一种社会现象，是人类有目的、有计划、有组织地培养人的社会实践活动。教育作为人类的社会实践活动，伴随着人类社会的产生而产生，并伴随的人类社会的发展而发展，教师是人类社会古来而永久的职业之一。在人类的历史长河中，教师是人类文明的重要传递者和创造者，教师对人类社会发展起着重要的作用。因此，教师的社会地位不断发生变化。当今，随着社会的发展，教育对人类社会发展所起的作用越来越大。因此，教师的社会地位也呈现不断提高的趋势。

教师的地位一般是指教师的社会地位，它是由教师在社会中的经济地位、政治地位和文化地位构成的。其中，经济地位主要是指教师职业在社会各职业中的经济收入的地位，它决定了教师的职业声望、职业吸引力和教师从事该职业的积极性和责任感；政治地位体现了社会对教师职业的评价以及教师在政治上应享有的各种待遇；文化地位体现了教师在掌握、传承和展现文化中的地位。

（一）教师的社会作用

教师的社会作用，是指教师对社会发展所产生的实质性影响，它是衡量教师社会地位高低的客观标准。从总体看，教师职业在社会发展中起着如下三方面的作用。

1. 教师是人类文化科学的传播者，在社会的延续和发展中起桥梁与纽带的作用

众所周知，当今的人类文明是由文化科学的世代继承而来的，如果没有对前人文化遗产的继承，也就不可能有社会的巨大发展与进步。从社会发展的纵向来说，教师把人类长期积累起来的文化科学知识经过整理传授给下一代，对社会的延续与发展发挥着极其重要的作用。正如俄罗斯教育家乌申斯基所说："一个教师如果不落后于现代教育的进程，他就会感到自己是克服人类无知和恶习的伟大机构中的一个活跃而积极的成员，是过去历史上所有崇高而伟大的

人物跟新一代人之间的中介人，是那些争取真理和幸福的人的神圣遗训的保存者，他感到自己是过去和未来之间的一个活的环节……"从社会文化交流的横向看，教师通过对文化科学知识的传播，使世界各民族的先进文化科学成果得以相互吸收，促进了社会的文明和进步，也在起着桥梁与纽带的作用。社会越向前发展，科学技术越进步，知识积累越多，无论是文化科学知识的世代传递，还是民族之间的文化交流，都需要教师发挥更大的作用。

2. 教师是人类心灵的塑造者，对塑造一代新人的思想品德起着特别重要的作用

社会的文明进步不仅需要文化科学，同时需要人们有正确的政治方向、良好的思想品德，形成高尚的社会道德风貌，建立和谐的人际关系。教师对新一代人在教授知识、发展智能的同时，还在培养其思想品德，把人类社会发展中形成的道德观念、行为准则传播给年轻一代，并在实践中教育学生养成良好行为习惯。学生良好思想品德的形成有赖多方面的因素共同发挥作用，教师是多因素之中的主导者，对学生，特别是可塑性最大的基础教育阶段的学生，教师的教育作用十分重要。中小学阶段不仅要为学生智力、体力发展打好基础，更要在思想品德方面为学生打好做人的基础，使学生终生沿着正确方向发展成才。教师在思想品德方面的育人作用，具有巨大社会价值，不仅为学生健康成长提供保证，更是为社会的文明进步，提高道德水准，树立良好社会风气，形成和谐人际关系等创造基础性条件。

3. 教师是人的潜能的发掘者，对人的智力开发起着奠基作用

现代脑科学、神经生理学研究探明，人的智力发展具有巨大潜力，140 亿脑神经细胞的功能尚未被充分开发利用。人从遗传获得的发展潜能是动物所无法比拟的，它给人的发展带来巨大可能性。然而人的智力发展的潜能，并非随着生理上的成熟自然显现而成为现实的智能，潜能的充分开发依赖于社会生活条件和正确的教育。在社会生活条件基本相同的情况下，教育对人的潜能的开发具有决定性的意义。教师是学生群体的潜能开发者，使每个学生固有的发展可能性转化为现实，智能得到良好发展，学生整体的智能水平普遍提高。但是人的潜能是存在个别差异的，个体在发展方向与发展水平上都有着很大差异，这种潜能上的差异要求教师及时认识、创造条件，施以正确的教育。从这一角度讲，教师早期发现学生潜能中的优势，并能做到因材施教，给予及时引导和培养，便是对潜能巨大的超常学生进行了及时的智力开发。无论是对学生群体还是对学生个体来说，教师对人的潜能的认识和早期开发，对整个社会智力开发都具有重大意义的。

总之，随着现代社会的文明进步，文化科学、思想品德、人的智能都在人类社会活动中发挥着日益重要的作用，社会发展的轨迹明确显示这一特征。因此，教师职业的社会作用客观地提升到历史上从未有过的新高度，教育提升了人类的地位，提高了人的价值，必然要求教师在社会发展中充分发挥其作用，也必将赋予教师崇高的社会地位。

（二）教师的政治地位

教师的政治地位，是指教师在国家生活中所处的地位，这主要表现在教师政治身份的获得，教师自治组织的建立等方面。

在我国封建社会，教师的政治地位总体是低下的，处于一种被利用的状态。虽然教师也曾在先秦时有着与天地同位、与君亲同尊的荣光，排列为"天、地、君、亲、师"。但到南宋后沦落到"一官、二吏、三僧、四道、五医、六工、七匠、八娼、九儒、十丐"的下场。在半殖民地半封建社会，西方列强的侵入，人民饱受封建势力的压榨，教育受到严重的摧残，教师在政治上是不受重视的。

新中国成立后，党和人民政府为提高教师的政治地位做了大量的工作，使教师获得了主人翁地位的政治身份。人大代表、政协委员中有教师代表；表彰优秀教师，授予优秀教师劳动模范称号等。为了在全社会逐步形成尊师重教的风气，提高教师的社会地位，十一届三中全会后，我国陆续制定了《中华人民共和国义务教育法》《中华人民共和国教育法》《中华人民共和国教师法》等多部教育方面的专门法律法规，从法律上确定了人民教师的地位。1985 年，我国规定每年 9 月 10 日为教师节，以增强全社会尊师重教的意识。此后，每年的教师节，我国政府都大张旗鼓地表彰、奖励优秀教师和教育工作者，在全社会初步形成尊师重教的风气。

20 世纪 90 年代以来，随着"科教兴国"战略的提出，教师的政治地位也在不断提高。

建立教师组织，也是教师政治地位提高的重要表现之一。从世界范围来看，许多国家都成立了教师组织，如全美教育协会、美国教师联盟、英国全国教师联盟、日本教职员组合等。我国也在十一届三中全会以后成立了中国教育工会，并于 2002 年扩大为教科文卫体工会。

随着社会的发展，教育地位的提升，教师的政治地位也在不断提高。而教师的政治地位的提高也成为教师社会地位提高的前提。

（三）教师的经济待遇

教师的经济待遇是指国家给予教师的物质报酬，包括工资、津贴、补贴及住房、医疗、保险、退休金等福利。

教师的劳动属于复杂劳动，而且是具有创造性的复杂劳动。因此，教师的经济待遇应相当于社会复杂劳动所享有的经济待遇水平。

《中华人民共和国教师法》（1993 年 10 月 31 日第八届全国人民代表大会常务委员会第四次会议通过，自 1994 年 1 月 1 日起施行）第二十五条规定：教师的平均工资水平应当不低于或者高于国家公务员的平均工资水平，并逐步提高。建立正常晋级增薪制度，具体办法由国务院规定。第二十六条规定：中小学教师和职业学校教师享受教龄津贴和其他津贴，具体办法由国务院教育行政部门会同有关部门制定。《教师法》的颁布，使得教师的工资待遇有了法律保障。

教师工资问题是教育经济学研究的一个重要内容。教师工资情况是教师社会地位的一个重要反映，也是一个国家对教育重视程度的一个重要表现方面。在 1978 年和 1979 年，中国教师的平均工资水平在国民经济 12 类行业中，一直在倒数第一位至第三位之间徘徊。在 1990～1999 年的 10 年中有 4 年（1992，1994，1997 和 1999 年）教师工资高于社会平均工资，占多数年份 6 年教师工资达不到社会平均工资水平。进入 21 世纪，情况有了比较大的改观，统计表明，2000～2008 年的 9 年中，除 2000 年教师工资低于社会平均工资以外，其余 8 年，教师工资均高于社会平均工资水平。

《中国统计年鉴》显示，在 2002 年及以前，对各行业职工平均工资的统计共计 15 个行业；而 2003 年及以后，由于社会的发展和行业部门的变化，各行业职工平均工资的统计增加到 19 个行业。由此我们以 2003 年为界，把教师年均工资在社会行业中的位次也分两个阶段来看。我们可以看到，在 20 世纪 90 年代初，我国教师工资在 15 个社会行业中的位次仅为第十二三位（教师年均工资时常只高于农林牧渔业和批发零售贸易餐饮业这两个行业）。之后教师工资在社会行业中的位次逐步提高，到 90 年代末期教师工资上升到第十位，进入 21 世纪又上升到第九位，2002 年在 15 个行业中排到了第八位。2003 年我国教师工资在 19 个社会行业中位列第十一位，2004～2008 年均排在第十二位。由此可见，我国教师的工资水平在社会各行业中，仍处于中下等水平①。

1987 年 11 月 28 日《国务院关于提高中小学教师工资待遇的通知》为了改善中小学教师生活待遇，促进基础教育事业的发展，国务院决定，进一步提高中小学教师工资水平。从 1987 年 10 月起，将中小学教师和幼儿园教师现行的工资标准提高 10%。各自治区、直辖市也可以在不超过工资标准提高 10% 的增资总额范围内，根据本地区实际情况，将增资总额的大部分用于提高工资标准，小部分用于调整中小学教师内部的工资关系。

拓展阅读

1993 年 11 月 16 日《国务院办公厅关于采取有力措施迅速解决拖欠教师工资问题的通知》（国办发〔1993〕78 号）：按时足额领取劳动报酬，是教师最基本的合法权益。无论是公办教师工资、民办教师国家补助费还是民办教师统筹工资，都必须按时兑现，足额发放，不得拖欠。各级人民政府特别是主要领导同志要从教育的重要战略地位和社会主义法制的高度认识这一问题。各地要对教师工资待遇落实情况再进行一次严肃认真的检查、清理，采取坚决的清欠措施。各级人民政府要把解决拖欠教师工资问题作为当前宣传贯彻《中华人民共和国教师法》的一项重要工作内容，抓紧落实。务必在今年年底前，将积欠工资如数发到教师手中并把解决结果报告国务院。同时要研究和采取措施，保证今后不再发生新的拖欠。

---

① 庄明辉. 明天的教师：师范生必读［M］. 上海：华东师范大学出版社，2008.

（四）教师的职业声望

所谓教师职业声望是社会成员对教师职业的意义、价值、声誉的综合评价。它表现为教师职业的一种社会声誉，是其他社会成员对这一职业的从业人员——教师的敬重程度。

教师的社会地位、政治地位和经济待遇，三个方面综合起来决定了教师社会地位的高低，抽取其中任何一个方面都不足以说明教师的社会地位。而要了解现实社会中各种职业社会地位的高低，人们往往通过职业声望调查来实现。

在"2003 北京市公众科学素养状况调查"问卷中，共给出了 10 种职业，让被调查者从中选出自己心目中声望最好的 1～3 个职业。结果排在前 3 位的分别是：科技人员（57.8%）、医生（51.5%）、律师（37.1%），排在 4～10位的分别是大学教师（35.5%）、公务员（24.0%）、中小学教师（22.5%）、新闻记者和编辑（21.6%）、会计师（13.1%）、企业管理人员（12.9%）、文体工作者（8.9%）。

在 2005 年深圳百种职业声望最新排行榜中，声望最高的 10 种职业是：①科学家，②网络工程师，③大学教授，④软件开发人员，⑤建筑师，⑥飞行员，⑦中小学教师，⑧翻译，⑨大学一般教师，⑩律师。

在 2006 年，中国科协联合中国科普研究所发布"第六次中国公众科学素养调查结果"显示：我国公众认为教师（57.2%）的职业声望最高，科学家（51.0%）居第二位，医生（44.1%）居第三位。

对中小学教师职业声望总体以及教师职业道德声望、能力声望和贡献声望调查研究结果显示：①各类群体对我国中小学教师职业声望的总体评价比较高，居中等偏上水平；②中小学教师职业道德声望和能力声望水平"一般"，但声望水平有所上升；③与医生、律师、公务员相比，教师的经济地位和社会地位还处于较低水平，初中和小学教师在 20 种职业排名中，排位靠后；④社会公众对中小学教师有较高的职业期望，教师职业是许多家长在对孩子进行职业选择时，优先考虑的三大职业之一。①

　　社会调查所揭示的教师职业声望是对教师社会地位的主观评价，这也表明教师拥有崇高的社会地位，教师职业越来越得到人们的青睐。

---

① 董新良. 中小学教师职业声望调查研究 [J]. 教师教育研究，2011（1）.

第二章　解读教师角色

角色，本意指演员扮演的剧中人物，也比喻生活中某种类型的人物和戏曲演员专业分工的类别。社会学者将其加以引申，认为角色是"与人们的某种社会地位、身份相一致的一整套权利、义务的规范，它是人们对具有特定身份的人的行为期待，它构成社会群体或组织的基础"①。每种社会身份都伴随着特有的行为规范和行为模式，当个体以自己的身份所规定的行为规范去行动时，便充当了该角色。任何一个社会成员的角色都不是单一的，而是一个集合。在家庭生活中要充当父母、夫妻或子女的角色；在单位工作环境中要充当领导或下属、同事的角色；等等。在不同的社会关系中会扮演不同的角色，表现出不同的行为方式。有学者认为教师角色为：①知识的传授者；②父母形象；③课堂纪律管理员；④教师——一个榜样；⑤心理治疗家；⑥朋友与知己；⑦替罪羊；⑧人际关系的艺术家。有学者认为教师角色为：①教学者；②示范人物；③愿景的鼓舞者；④教室管理者；⑤评鉴者；⑥职员；⑦少年团体的工作者；⑧民众的解说者；⑨人际关系的艺术家；⑩团体的建造者；⑪心理的催化剂；⑫心理卫生的工作者。（美）克里斯顿·纳尔森、吉姆·贝利认为教师职业的九个角色：①教室环境打造者；②课堂教学管理者；③授课过程设计者；④教育成果评估者；⑤读写文化倡导者；⑥学生学习指导者；⑦各种关系协调者；⑧外界沟通实践者；⑨终生学习进步者。

总之，教师的角色必须以学生的利益为前提，强调专业的知识与技术，信守教育的理想、献身教育工作、参与专业决定、负起专业责任。

教师的角色可以说是角色理论在教育中的应用。纵观整个教师角色的研究，虽然不同学者从不同角度探讨过这个问题，也有不同见解，但是大致把教师的角色分为3类：一类是教学的与行政的角色。包括①教学角色，教师成为

---

① 郑杭生. 社会学概修［M］. 北京：中国人民大学出版社，2003.

学生学习的发动者、组织者和评定者。通过教学传授文化科学知识，发展学生智力；②教育角色，教师通过言传身教对学生进行思想道德教育，提高他们思想觉悟，培养他们良好的道德品质；③行政角色，包括课堂管理员和办事员。二类是心理定向角色。包括人际关系的协调者、社会心理学家、心理催化剂、临床医师等角色。三类是自我定向的角色。包括帮助者、学习者、学者、父母形象、寻求权力者、寻求安全者等角色。这三类角色在整个教育中所起的作用有所不同。第一类角色是教师的显著的、传统的、本职的角色；第二类角色扩大了传统的教育概念和范围；第三类角色中有些是积极的力量，有些是消极的力量，但教师得到心理的满足。

一、教师的职业角色

（一）对传统教师职业角色的分析

1. 传统教师职业角色

传统意义上，社会对教师的职业形象要求很高，普遍认为教师扮演高尚、神圣、奉献、呕心沥血、权威、光辉等的职业角色。例如，教师是"人类灵魂的工程师"、教师是辛勤的"园丁"、教师是"路标"、教师是"蜡烛"、教师是"春蚕"、教师是"孺子牛"、教师是"铺路石"、教师是"人梯"等。

2. 对传统教师职业角色的隐喻分析

加诸在教师身上有很多的词语，主要从教师劳动的外在社会价值赋予教师职业角色更广泛地内涵。

（1）教师是人类灵魂的工程师

通常意义上的理解："教师是人类灵魂的工程师。"这一比喻强调了教师这一职业的崇高与重要性，反映了教师在向传授学生知识，使学生掌握技能的同时，还要塑造学生的灵魂。

反思：如果把教师比喻为"工程师"，那么教师就要按照统一规格，按照事先设计好的方案去实施教育，那么教育的艺术性又如何体现呢？在某种程度上，把教师看作是"工程师"，也就是把教育过程看作是机械化生产的流水线。

教师是工厂里的工程师，学生是批量生产的规格统一的产品。作为工程师，教师可以按照自己的方案塑造学生、改变学生。但这种塑造与改变又受制于社会与教育管理部门的制约与规定，教师完全没有自主权，只能按照上级规定的方案、要求、流程去操作、去生产产品。教育从某种意义上说是一门技术，但从育人的角度审视，教育更是一门艺术。教师的工作不能完全被规范，必须给予充分的想象和创造的空间。

（2）教师是园丁

通常意义上的理解：肯定教师的辛勤劳动及教师对学生的训谕作用，以及教师对学生的成长负责、关怀的态度。

反思：如果教师就是园丁，那么园丁修剪旁枝、清除杂草、修剪盆景和整修草坪在教育中是什么行为？与我们目前倡导的教育理念是否有冲突？

显然，这样的教师角色与我们今天倡导的以"人文为本"，尊重学生个性，全面、主动发展的教育理念是相违背的。

（3）教师是蜡烛

通常意义上的理解：教师是蜡烛，燃烧自己，照亮别人。

反思：这样的比喻也许赞颂了教师职业的"无私奉献"的品格，那么教师的人生价值和快乐又从何而来？

"教师是蜡烛"是社会对教师崇高奉献精神的赞美。这种赞美，一方面反映了社会对教师这个职业所抱有的崇高期待，认为教师的"光"可以照亮一切，但另一方面却把教师抽象成一种无欲无望的圣人。"教师是蜡烛"忽视了教师劳动的欢乐与在教学中的成长、进步，忽视了教师自身的需求和尊严，它让教师所想到的只是蜡烛燃完后的悲哀和做教师的无奈。

社会、学校、家长和学生赋予教师多种多样的职责、功能，要求教师根据社会不同方面的期望和要求，扮演不同的角色。主要包括知识传授者、行为规范者、班级领导者、心理保健医和教育研究者等角色。

（二）教师职业的基本角色

1. 知识传授者

教师在教学中最首要的角色是知识的传授者，是一个发动、指导和评定学习的人。教师的特殊功能自然是把知识传授给学生，扮演一个知识的传授者和信息源的角色。但教师也应该认识到，传授知识不等于把知识直接告诉学生，简单地将知识"灌输"给学生，而是应当在指导学生获取的知识的同时，学会如何学习并发展各种能力，让学生学会自己学习，提高获取知识的能力。因此，教师如何组织教学，采用什么样的教学方法都会直接影响到学生的学习活动。这就要求教师不仅应掌握有关的学科知识，而且应掌握传授这些知识的技能、技巧。教师在将知识传授给学生的过程中，还应面向全体学生，促进每个学生的全面发展，注意到学生的个体差异，做到因材施教，发展每个学生的特长。

2. 行为示范者

"师者，人之模范也"，教师活动的这一本质特点，决定了教师的劳动必然带有强烈的示范性。教师的言传身教对学生的学习、品德和行为的发展起着重要的作用。换句话说，教师是学生最直接的学习与生活的模范和榜样。一个优秀的教师往往是学生崇拜和模仿的对象，他的思想和品行、情感和意志力及人格特征都会对学生产生潜移默化的影响，甚至直接影响学生将来的发展。那么作为学生的模范和榜样的教师应该具备哪些条件呢？首先，教师要具备积极进步的思想和高尚的品德；其次，要具备渊博的知识和良好的专业素养；再次，教师的教学方法要具有启发性、循序渐进，使学生容易接受；最后，教师要平等待人，尊重学生的人格，关心和爱护学生。总之，教师的模范和榜样作用对学生的影响是不可忽视的，教师应该加强对自己以上几方面素质的培养。

3. 班级领导者

学校的教学活动大都是以班级的方式进行的，教师领导、指导着作为一个整体的班级，对他们施加影响。一方面，课堂教学是一个多因素的动态系统，起着主导作用的教师，要调动学生的积极性，发挥学生的主体性，就需要师生之间积极地沟通情感。在这种复杂的动态环境中，如果没有教师对整个课堂的井然有序的管理，就不能保证师生之间的双向交流，也就不会创设良好的课堂教学气氛与教学秩序，也就不可能有良好的教学效果。另一方面，良好的班集体气氛，有助于建立和谐的人际关系，使学生在班集体中受到良好的教育。许多研究证明，教师的不同领导方式和策略，班集体的心理气氛，都会影响到学生的各方面的发展。

4. 心理保健医生

教师作为学生的保健医生的角色，日益受到教育界的重视。教师的根本任务是促进学生的全面发展，而全面发展的人应是身心两方面都得到健康、充分地发展。因此，教育要促进学生的身心发展，就离不开心理健康教育。目前，素质教育要求全面提高学生的思想道德、文化科学、劳动技能和身体心理素质，促进学生全面健康地发展。而在学生的整体素质中，心理素质本身占有重要的地位，心理素质的好坏影响着其他素质的发展和提高。因此，教师作为教育活动的组织者和实施者，就必须担负起学生心理健康教育的重任，这就要求教师要担当好"学生的心理保健医生"的角色，以促进学生身心健康的发展。

5. 教育研究者

传统上，教师作为研究者的角色往往被忽视。随着教师专业化的提出，教师作为研究者的角色显得越来越重要。正如林崇德教授所提出的："教师参加教育科学研究，是提高自身素质的重要途径。"教师参加教育科研具有重要意义。这是因为：首先，教师投入教育科研，探究教育规律，有助于提高教育理论水平，并以此指导自己的教育实践，做到理论联系实际。其次，有助于了解当前教育发展的趋势和教育观念的更新。教育科学研究的课题来自一定的教育理论和教育实际，它具有时代感、整体观和创新性，教师直接参加教育科研，从中可以发现新情况，研究新问题，创造出更新的教育方法和措施以适应新的变化，从而更直接地掌握教育工作的主动权。再次，中小学教师参加教育科研，将进一步明确教育改革的实质，以科学的态度投入教改，更好地当好教改骨干，提高教育改革的质量。

（三）未来教师的职业角色

2001 年，我国开始了新一轮的基础教育课程改革。新课程改革对教师角色提出新的要求，教师对自身角色进行重新审视与定位，树立正确的角色意识，以多重身份、多重角色的新形象身体力行地体现新一轮课程改革的基本理念。

1. 引导促进者的角色

新课程倡导教师要重视学生在教学中的主体地位，充分发挥学生的积极能动性。在这一理念指导下，教师不再是教学过程中知识的灌输者，而是学生学习的引导者，是学生全面发展、自主发展和个性发展的引导者。在教学中教师要善于创设问题情境，引导学生质疑和探究。除此之外，教师还要引导学生在情感、态度和价值观等方面全面提高，特别是引导学生树立正确的世界观、人生观和价值观。

2. 合作者的角色

教育教学活动是一种团队活动。因为教学过程本身就是一个多边互动的立体交往过程。在教育教学活动中，只有教师与教师之间、师生之间、生生之间产生互动，相互交流，才能做到共同发展，教学相长。要达到这最佳效果，既需要加强教师之间的合作，更需要强化教师与学生，学生与学生之间的合作。教师间互通信息，资源共享，交流经验，合作攻关，能整合资源，提高整体能力；师生之间的合作，师生身份平等，教师与学生一起经历探索过程，交流过程中的经验，分享整个过程，指导学生积极参与、勤于动手、独立思考，培养学生搜集和处理信息的能力、分析和解决问题的能力、交流与合作的能力；学生和学生进行合作，相互交流学习心得，共同探讨学习方法，互相激发学习欲望，形成良好的你追我赶的学习氛围。

总之，在工作中强化合作意识，才会有利于培养学生的协作精神，提高合作共事的能力，使学生在合作中进步，教师在合作中提高。

3. 学习者的角色

随着教师教育体系的转型，那种"安于现状"的教师必然被社会所淘汰。为此，教师要树立学习者的角色意识，以终身学习为己任。不断学习，善于接受新知识、新观念；善于展开教育教学研究，不断地反思总结教育教学实践经验。只有这样，才能不断地提升自身素质，以满足教育教学改革发展的需要。

总之，在教育发展过程中，教师应加快推进角色转换的过程，以适应新时期社会发展的需要。

二、教师职业角色的形成

社会职业要求人们扮演各种不同的职业角色。不同的职业角色，对应不同的职业期待。职业者逐步满足不同的职业期待的过程，也是职业者职业角色的形成过程。职业角色期待反映了社会对从事某一职业的人的行为要求，从事这一职业的人会逐步认识到自己的职业角色，在实践的基础上将角色期待内化成自身个性的一部分，形成具有与某一角色高度适应的心理特征和顺利完成这一角色任务的能力。

教师职业角色的形成是一个循序渐进的过程。一般来说，教师需经过长期系统地培养及教育教学工作的实际锻炼，逐步走向成熟。一个成熟的教师具有以下特征：①以教为乐，自觉奉献。成熟的教师有明确的职业角色意识，热爱教育事业，热爱学生，对培养一代新人有高度的社会责任感；②积极探索教育教学规律，主动发现、解决问题；③发挥自身优势，形成独特的教育风格。

一般来说，一位新教师成长为一名成熟教师，其职业角色的形成要经过三个阶段。

1. 对教师角色的认知

角色认知是指角色扮演者对某一角色行为规范的认识和了解，知道哪些行为是合适的，哪些行为是不合适的。对教师职业角色的认知，就是教师对教育事业的深刻理解过程，包括教育工作是怎样的职业，它所承担的社会职责是什么，它在历史、现实中处于怎样的地位等。只有对教育工作有了较高的认识，才能理解其伟大和神圣之所在，进而产生荣誉感和责任感。对教师角色的认知应该是在职前教师教育阶段，通过相关的师范专业的课程的学习来完成的。

2. 对教师角色的认同

教师角色的认同是指个体亲身体验接受教师角色所承担的社会职责，并以此来控制和衡量自己的行为。对教师角色的认同不仅在认识上了解到教师角色的行为规范、社会价值和评价，并经常用优秀教师的标准来衡量自己的心理和言行，自觉地评价与调节自己的行为。同时在情感上也有了体验，表现出较强的职业情感。如热爱教育事业，热爱学生等。对教师角色的认同是一个人正式充当了教师这一角色，有了相应的实践经验后才真正开始具有的角色意识。因此，对教师角色的认同主要是教师入职以后逐步形成的。

3. 建立对教师角色的信念

信念是个体确信并愿意以之作为自己行为指南的认识。信念表现为一种信仰和追求。教师职业中的信念表现为对教育事业的热爱和献身的精神。在此阶段中，教师角色中的社会要求转化为个体需要，形成了教师职业特有的自尊心和荣誉感、教师意识和教师特有的情感，使他们自觉地为教育职业奉献出毕生的精力。

三、教师角色的冲突与适应

（一）教师角色冲突

1. 教师角色冲突的含义

角色冲突是当一个人扮演一个角色或同时扮演几个不同的角色时，由于不能胜任，造成不合时宜而发生的矛盾和冲突。

（1）角色间冲突

这是角色紧张造成的。有两方面的表现：一是角色承担者所承担的几个角色同时对其提出履行角色行为的要求时，就会发生角色间的冲突；二是当两个角色同时对一个人提出两种相反的角色行为要求时，引起的角色间的冲突。如教师在一天之中，可能表现为丈夫（妻子）、父亲（母亲）、子女、下属、同事、朋友等不同的角色。当同一个人同时拥有两种以上不能协调的甚至互相竞争的身份时，则容易发生角色冲突。

（2）角色内冲突

主要表现在两方面：一是不同群体对同一角色持有相互矛盾的期待，使其角色行为发生矛盾，引起角色冲突；二是角色行为的主体对规定的角色行为有不同的理解，甚至持有相反的意见，但还必须履行的时候，在角色内部会发生剧烈的冲突。例如，校长和学生期望教师管理的态度不同；学生家长与教育行政部门对教师的期望也有差异，这时容易造成角色冲突。

（3）角色混淆

角色混淆是指个人无法获得明确清晰的角色期望，或因角色期望无法一致而产生的混乱。例如，有的学生家长要求教师应该照顾学习能力差的学生，即使因此延缓整个班级的教学进度也是应该的；而有些学生家长则认为，教师不应该如此做，否则会妨碍大多数人的学习；等等。

（4）人格与角色的冲突

由于人格需要不能与要求相协调而无法实践角色所要求时，则人格特性便成了角色冲突的来源。例如，缺乏耐心及满怀敌意的人将不适于从事教育工作。对教学工作不能胜任愉快，教师的行为往往迎合人们需要和喜爱，一旦遭到学生及家长的厌恶和对立，便会引起角色冲突。

总之，教师扮演的角色介于校外环境与学校内部环境之间，成人世界与儿童世界之间，外在的社会价值期待与内在的劳动、尊严与快乐之间。因此，教师角色难免发生冲突。下面这个案例充分地说明了这一点。

案　例

学生打老师以后

某年某月某日某校某班，X 老师正在上课，学生 Y 在下面频频撒欢儿，其他同学无不侧目。X 老师以目示意其几次，然 Y 依旧我行我素。X 老师实在忍无可忍，便让其到教室外面。谁知学生 Y 竟岿然不动斜目而视，老师强压怒气，欲伸手拉之，Y 不甘示弱，挥拳猛击，教室顿时乱成一团。其他教师闻讯赶来，好言相劝始把 Y 拽开。

Y 生家长：什么？老师在课堂上打俺的孩子了？打着哪儿了没有？伤着了没有？这还了得！马上给他叔、他舅、他姑和他姨打电话，都过来，人越多越好，找他们评理去。俺的孩子长这么大可一句赖话都没听过，更别说受这份气了。就这还说是俺打老师了，总是你老师惹俺了，你老师是咋当的？俺儿子再有不对，正查倒数着也挨不着你老师来教训，先让儿子做个 CT，验验血，全身检查，在家养着。这回要是学校不给俺个说法，不满足俺的条件，俺就到教委去告他们，俺就给记者打热线电话，俺就上十字路口扯横幅去。

该校校长：哎，这小 X 平常瞅着不傻呀，今儿这是咋的了，怎么犯了昏了。他说话就让他说你别管他不就得了，人家愿意拿钱来混，就让他混么。现在都初三了，还能在咱们这儿祸害几天，忍一忍不就过去了么。平常咱们大会小会地讲，学生纵然有一千个一万个错误，也不能批评，你得哄着，要把他们当成自己的孩子去对待。可你真以为那是你自个儿的孩子？教训了没人管？你怎么就认不清现在的形势呢？现在可好，人家家长堵着校门，让给孩子治病，并赔礼道歉，赔偿精神损失费一万元，否则就要上访去。事儿一旦闹大了，我们的工作就太被动了，这社会舆论咋办？上级领导会怎么看？学校可不能替你背这个黑锅，你的事儿你自己处理，与学校没有一点关系。

X 的同事：哎，身败名裂，引火烧身，不值呀，教训呀。归根结底，还是年轻啊。这样的学生你还管他干啥？人家家长都不怕，你瞎操心什么？睁一只眼闭一只眼讲好自个儿的课，愿学的下点功夫管好，对得起自己的良心就行了。一片好心换来驴肝肺，你这又是何苦来着？挨了学生的打，不分青红皂白，就让老师登门道歉赔钱，俺们当老师的就可以没有尊严？真是窝囊到家了，这老师还有法干么？自己的孩子将来如果敢再端这碗饭，我就跟他断绝关系！俺们强烈建议在学生守则中再加一条：禁止学生体罚老师。

X 的学生：俺老师太冤了！俺们都可以作证，从始至终俺老师都没出手，Y 怎么就受伤了？那个 Y 压根儿就不是好东西，别说俺们班，就是外班的没被他欺负过的都不多。他简直就是个社会小混混，折腾得俺们连课都没法上，俺们也联名给校长写过信，可都不了了之。后来他干脆连检查也省了，越来越横。提起他，没有几个不又怕又恨的，心说这回他该落报应了，但怎么反倒是让老师赔礼道歉拿钱？听说还要写检查，全市通报批评。俺们都想不通，难道这就是俺们心目中的老师？

教育专家：学生是中学生吧？应该还不具有完全民事能力吧？按照《未成年人保护法》等相关法律，老师是要承担责任的，如若造成严重后果的，还须追究其刑事责任。当然了，我并不是说老师该打，只是他处理问题的方式有问题，太不理性，还是要用爱来融化他们。当然学生的家庭教育也很有问题，家长的素质也很低。

当地媒体：说实在的，我们都很同情 X 老师的遭遇，也想客观公正地报道此事，探讨一下如何在保护未成年人的同时，也保护老师的合法权利不受侵害。但我们接到了上面的通知，不准报道此事，说是怕影响不好。

作为旁观者，你如何看待这件事？假设你就是 X 教师，你有什么想法？

（资料来源：《中国教师报》2006 年 7 月 16 日）

这则案例看似荒诞可笑，但笑过之后，却不能不引发人们的思考：为什么教师会遇到这样的事情？遇到这样的事情教师应如何处理？教师又该如何避免类似这样的事情的发生？

2. 教师角色冲突的原因

教师的角色冲突比其他大多职业角色的冲突更为突出。其原因是多方面的。

（1）教师角色弥散性质造成的冲突

角色责任的弥散性或模糊性，是一些角色扮演者感到冲突和紧张的根源。教师角色的责任具有一种弥散性。这种弥散性指教师在不改变学生的兴趣、行为、态度和价值观等更为广泛的责任范围里，却很难证明已经取得什么成绩。因为没有明确的界线，使角色扮演者不知道他在什么时候才算"完成了工作"。也就是"教师个人希望看到自己角色扮演的成果需要与他的角色扮演中许多成果的'无形性'之间的矛盾"。

（2）教师角色定势的冲突

由于当代社会里人人对教师应做什么和怎样做都有自己的看法，例如，在一般人眼里，教师是教育者，但在学生方面，则希望教师是朋友；在家长方面，认为教师要如同父母，但在学校方面，则希望教师是得力的员工。同时，在班级管理方面，要求教师既是管理者，又是心理咨询师等。这些对教师角色的看法（不同期望），成了应当怎样扮演教师的各种相互冲突的角色期望的焦点。

（3）学校机构的特征造成的冲突

角色所处机构的脆弱性加重了教师角色承受外在压力的脆弱性。在所有的职业中，教师对于他们所处的机构控制最低。这种情形中之所以出现教师的角色冲突，是由于他们感到机构的安排和社会中人们对待他们的方式、他们所渴望的职业地位与自我形象不一致。

（4）教学中角色责任与个人事业方向造成的冲突

人们遇到的最基本的角色冲突情景是自我利益与他人利益之间的关系问题。由于教学角色具有的弥散性和情感性特征，其角色所负的责任和现代社会就业倾向之间存在着相互背离，这种背离造成了最为严重的冲突。教师是社会一员，他和别人一样，然而，教学角色却要求与特定的儿童维持一种持久的关系。这样就必须较持久地投身于一种特定的情景。因此，一方面要求持续固定，另一方面要求寻求机会发展，因而造成角色冲突。

（5）不同价值观造成的冲突

在不同的文化背景下，教师的角色冲突的可能性很大。这种冲突表现为对传统价值的理解上，如年长教师比年轻教师更容易使传统价值内化，正是这些年长教师在价值观变化的情境中将面临严峻的潜在的角色冲突。同时急剧的社会变革，价值的多元化，也势必造成角色冲突。

（6）角色的边缘地位造成的冲突

大多数角色扮演者可能会感到，他们的活动对于他们成为其一员的机构来说是重要的，而且顺理成章地处于中心地位。一旦当他们感到在同事或管理部门看来，他们仅仅处于一种无关痛痒的边缘地位时，冲突的情境就会发生。主要表现为教师担任不同学科所体验的不同满意度。例如，有升学任务的学科的教师似乎享有较高地位和保障。而没有升学任务的学科的教师职业满意程度较低。

3. 教师角色冲突的解决

教师角色冲突的广泛性及造成后果的严重性，不能漠然视之。要在客观分析、正确认识的基础上，恰当解决教师角色冲突。

（1）社会方面

目前教师角色冲突的加剧，与社会大环境有一定的关系。因此，要在社会上树立正确的教师观，通过相应的社会改革为教师角色活动提供必要条件和创造良好的外部大环境；充分理解、合理评价、切实尊重教师的角色活动，增加教师角色行为的光荣感，提高教师的经济待遇和社会地位。

（2）学校方面

学校是教师的工作场所，学校对教师角色的影响是直接的、重要的。因此学校要抓好内部的管理体制改革。管理科学化即要充分调动教师工作的积极性，加强教师的角色教育，调整教师的角色任务，协调教师的角色关系，消除教师的角色紧张。总之，要为教师工作与发展营造一个和谐适宜的学校氛围。

（3）个人方面

个人是角色改变的关键，因此教师首先要提高角色的知觉水平。角色的知觉是个体在社会情境中对角色及其有关角色现象的整体反映。主要包括 3 方面，即对自我角色认知、对他人角色的认知、对角色期待的认知。任何一种角色行为只有在角色知觉十分清晰的情况下，才能使角色得以实现。其次，是加强角色学习，也就是教师了解和掌握角色的行为规范、权利和义务、态度和情感、必要的知识和技能。角色学习也是社会适应的过程。最后，重视角色技能。角色技能是指个体所具有的那些能成功地、有效地扮演角色的特质和方式。例如，角色的视角转换、角色排练的适宜性、角色行为的折中性及防御性机制的合理运用。

（二）教师角色适应

调整自己以适应变动的社会，就是角色适应。教师角色适应是教师从事教育教学活动的心理前提。因此，教师要依据社会的期望与职业活动的要求以及特定的教育情境，随时调整自己的心理与行为，以适应教师这个角色。

1. 角色形象适应

角色形象适应是对教师外部形象上的要求，包括社会对教师的期待与学生对教师的期待。一个教师要成功地适应职业活动，首先要适应社会对教师的普遍看法，甚至是某些刻板的印象。在外部形象上适应教师角色，否则就会受到非议。其次，学生所喜欢的教师，正是他们所期望的教师品质。因此，教师必须尽量适应学生的期待，努力实践学生心目中理想的教师形象。你想了解在学生心目中教师应该是什么样的形象吗？请阅读下列资料：

学生对教师的角色期待

许多研究发现，当学生喜欢某个教师时，会去认真学习这个教师所教的学科，并能够取得比较优异的成绩。这就是所谓的亲其师，则信其道。学生喜欢的教师形象代表了学生对教师的角色期待，那么，学生喜欢的教师具有哪些特征呢？有研究者曾以"好教师应具备什么条件"为题在中学生中进行了调查，排在前十位的条件如下：①热情、耐心；②根据学生的不同水平进行教学；③公正、不偏心；④学识渊博；⑤工作注意方式方法；⑥工作认真负责；⑦关心学生课余生活；⑧虚心、平易近人；⑨以身作则；⑩注意学生兴趣。

另一项以中国、美国、日本三国中学生为对象的调查中，发现三国儿童都把教师"理解儿童""待人公平""和蔼可亲""乐于言谈"这四项排列在了前面。

有人采用开放式问卷，以"你心目中的理想教师"为题，对不同年龄阶段的学生进行了调查。结果发现，青少年学生所看重的理想教师主要反映在教师对学生的态度、教师的性格、敬业精神、个人修养等方面。其中敬业精神、公正平等、平易近人、幽默风趣等是不同年龄阶段学生看法相近的教师特征。"平易近人"是青少年学生都很看重的，而且教师与学生做"朋友"几乎是中学生的强烈呼吁。对初中生来说，更强调教师要有"爱心与耐心""关心爱护学生"，强调教师要有和蔼、亲切、开朗、活泼的性格特征。高中生则在意教师的理性、威信、学识和品德等。而大学生则更在意教师的个人修养、人品、学识和才能等。

（资料来源：教师网 2006 年 5 月）

从上述的调查结果中可以看出，大多数学生所喜欢的教师应平易近人，有爱心的人格特征。从教师所扮演的社会角色看，教师应该知识广博，对学生要求严格，但应与学生平等相处，关爱学生，让学生感到教师的温暖与亲切，才能取得最佳的教育效果。教师的一些不良行为，如偏向、爱发牢骚、容易发怒等，都会令学生感到厌烦。因此，教师在教育实践中应力图防止这些消极行为。教师应努力扮演好自己的角色，在学生中树立起较高的威信，成为学生喜欢的人，成为学生心目中的模范与榜样。

2. 角色职责适应

教师的社会职业角色就是教育者，这是教师必须要明确的基本点。同时教师还担任与教育活动有关的其他角色，这些角色相互联系，并且相互重叠，有些角色相互补充，而有些角色又相互矛盾。因此，教师必须在执行教育赋予自身的职责基础上，恰当考虑正确处理好自身的多种教育角色，从全局和整体上适应教书育人的职业责任。

3. 角色的自我人格适应

这是对教师的人格要求。教师在获得相应的角色经验、角色技能的同时，不仅从形象与职责上进行角色适应，还应从自身的人格方面进行塑造与锻炼，达到教师角色的最高境界。

教师的角色适应也可以通过角色训练的办法来实现。角色训练是指按照担任的角色期望，设立模拟情景进行训练的过程。角色训练就是要培养一系列特定的个人行为能力。教师的角色训练主要目的是矫正不符合教师角色期望与要求的心理与行为，加强符合教师角色期望与要求的心理与行为。如对一个教学时间不太长的年轻教师，通过角色心理训练使其不稳定、有偏心、对师生接触不自然等心理行为得到矫正。而对一个文艺活动型教师来讲，通过多种身份的角色扮演，使其多才多艺、活泼外向的特点得到发展。

教师角色训练应注意的问题是：①教师的角色训练应以真实、实效为主，不能流于形式上的模仿，要具体问题具体分析；②角色训练要有明确的目的性，也要有训练结果的检验及过程的反馈；③角色训练时要避免新的角色混淆，尽可能使角色行为与自己的个性特点相接近。

四、教师职业角色的发展趋势

世界的变化是不以人的意志为转移的，而且变化非常迅猛多样。变化的世界就需要变化的教育方式。这其中教师的角色发生了明显的变化，出现了角色的转换问题。

教师职业角色发展的一般趋势：①在教学过程中更多地履行多样化的职能，更多地承担组织教学的责任；②从一味地强调知识的传授向着重组织学生学习，并最大限度地开发社区内部的新知识资源转化；③注重学习的个性化，改进师生关系；④实现教师之间更为广泛的合作，改进教师与教师的关系；⑤更广泛地利用现代教育技术，掌握必需的知识与技能；⑥更密切与家长和其社区成员合作，更经常地参与社区生活；⑦更广泛地参加校内服务和课外活动；⑧削弱加之于孩子们身上特别是大龄孩子及其家长身上的传统权威；⑨加强课堂教学与实际情况的联系，加强课堂教学与学校所在社区的联系。

第三章 教师的职业要求及
教师的权利与义务

一、教师的职业要求

教师职业要求主要是指国家对教师资格及教师基本职业操守的规定和要求。我国教师职业要求具体涉及两个方面的内容：一是国家对教师从业资格的规定；二是对教师职业道德的规范。

（一）国家对教师从业资格的要求

《中华人民共和国教师法》第十条规定：国家实行教师资格制度。中国公民凡遵守宪法和法律，热爱教育事业，具有良好的思想品德，具备本法规定的学历或者经国家教师资格考试合格，有教育教学能力，经认定合格的，可以取得教师资格。

1. 教师资格的分类及相应的学历要求

根据《中华人民共和国教师法》及《教师资格条例》的相关规定，教师的资格可以分为七种类型，这七种类型的教师应具备的学历如下。

（1）幼儿园教师资格

公民如果要想取得幼儿园教师资格，应当具备幼儿师范学校毕业及其以上学历。

（2）小学教师资格

公民如果要想取得小学教师资格，应当具备中等师范学校毕业及其以上学历。

（3）初级中学教师资格

包括初级中学教师资格和初级职业学校文化课、专业课教师资格。公民如果要想取得初级中学教师资格，应当具备高等师范专科学校或者其他大学专科毕业及其以上学历。

（4）高级中学教师资格

公民如果要想取得高级中学教师资格，应当具备高等师范院校本科或者其他大学本科毕业及其以上学历。

（5）中等职业学校教师资格

包括中等专业学校、技工学校和职业高级中学文化课、专业课教师资格。教师如果要想取得中等教师职业学校教师资格，与高级中学教师资格相同，也应具备高等师范院校本科或者其他大学本科毕业及其以上学历。

（6）中等职业学校实习指导教师资格

包括中等专业学校、技工学校和职业高级中学实习指导教师资格。公民要想取得中等职业学校实习指导教师资格，应当具备各类中等职业学校毕业及其以上学历；同时还应当具备相当于助理工程师以上专业技术职务或者高级以上工人技术等级的特殊技艺者，通过省级教育行政部门教师资格认定机构对其教育教学能力考察后，报经省级教育行政部门批准，其学历条件适当放宽。

（7）高等学校教师资格

公民要想取得高等学校教师资格，应当具备研究生或者大学本科毕业学历。

2. 取得教师资格证书的途径

目前取得教师资格证书的途径有两条：一是考入师范专业，修完相应的师范专业的规定的各门课程，经考试合格，取得毕业资格，即可获得教师资格；二是具有非师范类专业的学历，还需参加教师资格培训机构组织的教育课程的培训，在规定时间内参加统一的教师资格考试，达到相关教师资格条件后，可认定教师资格，取得教师资格证书。

目前，无论从事何种级别的教师工作，取得相应的教师资格证书是基本条件。

（二）国家对教师职业道德的要求

2008 年 9 月 1 日教育部、中国教科文卫体工会全国委员会，对 1997 年国家教委和全国教育工会联合印发的《中小学教师职业道德规范》进行了重新修订，颁发了新的《中小学教师职业道德规范》。

新颁发的《中小学教师职业道德规范》的基本内容继承了我国的优秀师德传统，并充分反映了新形势下经济、社会和教育发展对中小学教师应有的道德品质和职业行为的基本要求。《中小学教师职业道德规范》对教师的职业道德起着指导作用，是调节教师与学生、教师与学校、教师与国家、教师与社会相互关系的基本行为准则。

教师是人类灵魂的工程师，是青少年学生成长的引路人。教师的思想政治素质和职业道德水平直接关系到中小学德育工作状况和亿万青少年的健康成长，关系到国家的前途命运和民族的未来。加强中小学教师职业道德建设，提高教师的师德素养，对于确保党的事业后继有人和社会主义事业兴旺发达，全面建设小康社会，构建社会主义和谐社会，实现中华民族伟大复兴，具有十分重要的意义。新旧《中小学教师职业道德规范》的区别主要体现在四个方面：

（1）条目数量由 8 条改为 6 条

教育部新修订的《中小学教师职业道德规范》在条目上由之前的 8 条改为现在的 6 条，但在具体内容上却得到了充实。比如，在第三条"热爱学生"中，旧条款要求教师对学生严格要求，新条款则修改成"对学生严慈相济，做学生的良师益友"。与此前公布的新规范征求意见稿相比，正式公布的版本基本构架相同，但在一些词语使用方面进行了微调。在征求意见稿中，第二条款为"敬业奉献"，而正式版中，改回到 1997 年版的"爱岗敬业"。"勤勤恳恳，兢兢业业"也被改为更为简练的"勤恳敬业"。而第三条款将"热爱学生"改为"关爱学生"，一字之差感觉更人性，更具亲情味。第四条款中的"勇于探索创新，不断提高教育教学水平"则被"循循善诱，诲人不倦，因材施教"所取代。

（2）"保护学生安全"首次纳入新规

此次修订是根据近年来教育和教师工作的新形势做出的更加科学和有针对性的修订。是根据近年来教育和教师工作出现的新情况、新问题、新特点，在前期充分论证、广泛征求意见、深入研究的基础上进行的。值得一提的是，"保护学生安全"被首次写入了新规范第三条关爱学生中。写入该内容是在明确"保护学生安全"是教师应遵守的职业精神。

（3）明确抵制有偿家教现象

有偿家教的恶果很明显：一是导致教师"拜金主义"，二是影响正常教学进行。此次修订的条款更加清晰和简洁，在具体内容上也得到了充实。"自觉抵制有偿家教，不利用职责之便牟取私利""不得违规加重学生课业负担，不以分数作为评价学生的唯一标准"，也首次明确列入其中。

（4）"终身学习"被单独提出

作为一名教师，只具备与教学相关的专业知识已远远不够。现在社会发展变化快，几乎所有人都需要不断学习。更何况是教师这种特殊行业。所以在新规范中，"终身学习"被单独提出。

中小学教师职业道德规范（2008 年修订）

一、爱国守法。热爱祖国，热爱人民，拥护中国共产党领导，拥护社会主义。全面贯彻国家教育方针，自觉遵守教育法律法规，依法履行教师职责权利。不得有违背党和国家方针政策的言行。

二、爱岗敬业。忠诚于人民教育事业，志存高远，勤恳敬业，甘为人梯，乐于奉献。对工作高度负责，认真备课上课，认真批改作业，认真辅导学生。不得敷衍塞责。

三、关爱学生。关心爱护全体学生，尊重学生人格，平等公正对待学生。对学生严慈相济，做学生良师益友。保护学生安全，关心学生健康，维护学生权益。不讽刺、挖苦、歧视学生，不体罚或变相体罚学生。

四、教书育人。遵循教育规律，实施素质教育。循循善诱，诲人不倦，因材施教。培养学生良好品行，激发学生创新精神，促进学生全面发展。不以分数作为评价学生的唯一标准。

五、为人师表。坚守高尚情操，知荣明耻，严于律己，以身作则。衣着得体，语言规范，举止文明。关心集体，团结协作，尊重同事，尊重家长。作风正派，廉洁奉公。自觉抵制有偿家教，不利用职务之便谋取私利。

六、终身学习。崇尚科学精神，树立终身学习理念，拓宽知识视野，更新知识结构。潜心钻研业务，勇于探索创新，不断提高专业素养和教育教学水平。

新规范共六条，体现了教师职业特点对师德的本质要求和时代特征，"爱"与"责任"是贯穿其中的核心和灵魂。

1. "爱国守法"——教师职业的基本要求

热爱祖国是每个公民，也是每个教师的神圣职责和义务。建设社会主义法治国家，是我国现代化建设的重要目标。要实现这一目标，需要每个社会成员知法守法，用法律来规范自己的行为，不做法律禁止的事情。

贯彻这一要求，教师首先要知法懂法。国家制定的一系列法律法规，如《中华人民共和国教育法》《中华人民共和国义务教育法》《中华人民共和国教师法》《中华人民共和国未成年人保护法》等，教师都要认真学习，树立法律意识，掌握法律知识。其次，教师还要把法律法规内化到教育教学的行动中去，养成自觉依照法律法规进行职业活动的习惯。

案　例

辱骂声中陨落的花朵

2003 年 4 月 12 日，按照学校的要求，重庆市一名字叫丁婷（化名）的学生应于上午 8 时到校补课，但未按时到校，其班主任汪宗惠询问她迟到的原因，用木板打了她，并当着某同学的面对她讲："你学习不好，长得也不漂亮，连坐台都没有资格。"12 时 29 分左右，丁婷从该校中学部教学楼八楼跳下，经抢救无效，于当天中午 12 时 50 分死亡。经过重庆市渝中区人民法院审理一审宣判，被告人汪宗惠犯侮辱罪，被判处有期徒刑一年，缓刑一年。

人格权是公民的基本权利。《中华人民共和国宪法》第三十八条明确规定："中华人民共和国公民的人格尊严不受侵犯。"《中华人民共和国未成年人保护法》第四条规定："尊重未成年人的人格尊严。"《中华人民共和国教师法》第八条规定："教师应当履行下列义务：……（四）关心、爱护全体学生，尊重学生人格。"教师如果做出污辱学生人格的行为，不仅会造成学生精神上的痛苦和心理上的创伤，而且也会带来更严重的损害后果。本案例由于教师的教育失当致使一个鲜活的生命过早地凋谢，令人扼腕叹息，痛心疾首。这一反面案例，像警钟一样时刻提醒教育工作者：教师要规范自己的教育行为，依法施教，刻不容缓！

2. "爱岗敬业"——教师职业的本质要求

没有责任就办不好教育，没有感情就做不好教育工作。教师应始终牢记自己的神圣职责，志存高远，把个人的成长进步同社会主义伟大事业、同祖国的繁荣富强紧密联系在一起，并在深刻的社会变革和丰富的教育实践中履行自己的光荣职责。

爱岗敬业要求教师忠诚于人民教育事业，志存高远，勤恳敬业，甘为人梯，乐于奉献。对工作高度负责，认真备课上课，认真批改作业，认真辅导学生，不得敷衍塞责。

案 例

一位教书的愚公——记全国模范教师王生英

这是一所只有一个老师的学校。很长一段日子里，50名学生，三个年级，语文、数学、音乐、美术、体育五门课程，王生英，这位全国模范教师，就是在这里创造出"三级复式教学法"的。

卸甲平村地处深山，王生英小时候的山里孩子：放羊，砍柴，嬉戏打闹，有几个能上得起学？但倔强的她硬是拖着一条小儿麻痹的腿，读完了高中。1974年，这个17岁的"秀才"以优异成绩考取了民办教师，从此，她在家乡执起了教鞭。

从王生英家到学校，中间隔着一条大河，每到雨季，山陡路滑，河水暴涨，架在河上的木桥常常被洪水淹没、冲断。为了孩子们的安全，她只好让他们回家，自己拖着残疾的腿脚，挨家挨户叩开每个学生家的门扉，把"课"送到家。在这里，她创造了"小灶教学法"。

年久失修，教室墙壁多处脱落，地面坑坑洼洼，窗户没有玻璃，屋顶一些瓦片已经破碎。王生英知道，村里也难，她没向村里提任何要求。工作之余，和丈夫一起挖泥沙，抹墙壁，买玻璃，修门窗，并拿自家的瓦把教室屋顶的破瓦片换掉。孩子们在课余时间也跟着一起干，边干边听她讲故事。王生英把这叫"实践教学法"。这座"仓库教室"，最终还是在1993年的一场罕见暴雨中坍塌，王生英只好领着孩子们到野外上课。一块黑板，一群孩子，一遇风吹雨打，或靠山崖，或钻山洞，她称之为"游击教学法"。

万般无奈，王生英和丈夫商量，决定把孩子们领到自己家里上课。可太拥挤了，她和丈夫决定盖房，把自家的房子加盖成二层小楼。丈夫用三轮车把家里的大豆、玉米、谷子和小麦全部拉到集上卖了，又向亲戚朋友们去借债。在建房的日子里，王生英和丈夫一起刨石子、挖大沙、搬砖、和泥，不知熬了多少个不眠之夜。终于，她家房顶上的五间新教室落成了。

王生英的办公室是一间标准的"陋室"。在这里，记者记录下她的女儿和学生们想对她说的话。女儿说："我小时候挺怨妈妈的，十几年前的一个傍晚，妈妈补课回来，路上重重摔了一跤，当她艰难地爬起来，强忍疼痛赶回家时，却看到了令她心痛的一幕：当时五岁的我把两岁的小弟弟搂在怀里，倚着墙根瑟瑟发抖。小弟弟满脸是血，我的脸上挂着泪珠。目睹此情此景，妈妈的泪水夺眶而出，抱着我和弟弟哭成一团。"

学生王冰冰说："王老师为了偿还盖教室欠下的外债，一家人整天拾柴火做饭，挖野菜充饥。可对我们，她比对自己亲生的孩子还要亲，谁的衣裳脏了，王老师给洗；谁的头发长了，王老师给剪。有一回我肚子饿了，只见王老师转身出去，一会儿就给我端来了一碗热腾腾的面条……"

学生张小华告诉记者，前年春天，她的父亲去世，母亲改嫁，年幼的她跟着爷爷奶奶生活。有一天，王老师在课堂上发现张小华冻得直打哆嗦。下课以后，她拿来自己的毛衣给张小华穿上。孩子当时"哇"的一声哭了，对着王老师大声叫着"妈妈"。

这就是王生英，一个胸怀博大、安贫乐道的乡村老师。她的工资，每月拿过5元、10元、30元、40元，后来涨到70元。1996年镇里通知她到安阳参加一个民办教师转公办教师的考试。她一算，连来带去需要三天时间，不能让学生们"放羊"。于是，她毅然决定放弃。她说："什么'公办'不'公办'的，我在心中早就给自己转正了，我是公家的人，只要心里有'公'，心态也就平衡了。"

学生们给老师算了一笔账：每天往返学校和接送学生，至少要走 12 公里的路程。12 公里×300（每年上课的天数）×30（年）＝108 000公里。这个数字，正好是绕地球两圈半的长度。有人说，她在进行教育的长征；也有人说，她是一位教书的愚公。

（转自 2007 - 08 - 03 大河网《河南日报》）

王生英老师爱岗敬业，教书育人的美德感动教育着我们，值得每一位教育工作者、每一位师范生学习。

3."关爱学生"——师德的灵魂

亲其师，信其道。没有爱，就没有教育。美国教师约翰·施拉特曾说："我是劳动者当中最幸运的人。医生是将生命带进世界的引导员，而我每天都可以看到生命的变化，看到一个个日臻成熟和美好的生命；建筑师可以匠心独运，将一幢大厦耸立几个世纪而仍然巍峨壮观，而我用爱和真理所创造的却可以一代又一代地永久地传播下去。"[1]

教师必须关心爱护全体学生，尊重学生人格，平等公正对待学生。对学生严慈相济，做学生良师益友。保护学生安全，关心学生健康，维护学生权益。

教育是培养人的活动，教师的教育对象是人。离开了热爱学生这一基础，一些方法、技巧都会变得苍白无力。教师只有关爱学生，用情感去感染学生心灵，才能唤起学生对美好事物的追求，进而培养学生健康的人格。

案　例

润物细无声——记霍懋征老师"爱的教育"

"随风潜入夜，润物细无声。"霍懋征老师的爱就像这春雨，能润进每个学生的心田。

---

① 庄辉明. 明天的教师：师范生必读［M］. 上海：华东师范大学出版社，2008.

　　霍懋征，1921 年 9 月生于山东济南一个教师家庭，母亲是山东济南一所中学的音乐教师，幼小的霍懋征亲眼看见了那份美好的师生之情。1943 年毕业于北京师范大学数理系，毕业后留任师范大学第二附属小学工作。1956 年被评为全国首批特级教师。1962 年加入中国共产党。1978 年获"全国三八红旗手"称号。霍懋征老师毕业后在小学教师的岗位一干就是 60 年，被周恩来总理称为"国宝"。她倡导"没有爱就没有教育""没有教不好的孩子"。如今 85 岁高龄的霍老师回到她的母校——北京师范大学，不禁感慨万千，和我们谈起她 60 年来在教育岗位上的体会和点点滴滴。

　　谈到毕业时为何拒绝了留校工作的机会，去一个小学教书，她说主要有两个原因："一、我爱小孩子，喜欢小孩子；二、相信万丈高楼平地起，只要基础好了，楼就坚固，所以要去教小学生。"新中国成立后，她从小平同志的讲话中懂得了这样做一个好老师，积极贯彻素质教育的方针。在庆祝霍老师教龄 50 年大会上，她用六个字总结了自己——"光荣、艰巨、幸福"。光荣是为国家、为民族培育了有用的人才；艰巨是孩子们来自不同的环境，要让每一个孩子成材谈何容易；幸福是孩子们长大成人后都为国家做出了贡献。在从教 60 年的庆祝会上，她说："我 60 年没有丢下一个孩子，所以没有教不好的学生。"要教好学生，秘诀是"没有爱就没有教育；没有兴趣就没有教育"。育人首先要育德，用无私的爱和责任心来育德，爱是教育的前提、根本、动力，要以热爱事业之心来爱每一个学生。

　　"爱每一个学生"这句话说起来容易，要做好却很难，要在和学生的生活学习中一点一滴地灌输爱。首先，老师的爱应该是无偏见，真诚、无私、广泛的。对所有的孩子要从小培养良好的学习、生活习惯。老师的爱如同伟大的母爱，以关心、爱心、信心、细心来对待每一个学生。其次，对不同的孩子，表达爱的方式要有所不同，特殊的孩子需要更多的爱，对习惯不好、调皮的孩子不要讨厌他，要接近他、关爱他、体谅他，在学习、生活中，把做人的种子播进他的心里。

　　在具体的教学中，爱将如何才能做好，霍老师总结为八个字"激励、赏识、参与、期待"。激励，是一种教育的艺术，可以打开孩子的心扉，使其有奋斗的方向。要相信每一个学生都有某方面的潜能，要启发他，通过适当的方式来激励他。只要孩子真正有了一个目标和理想，他才会投入到学习中。赏识，孩子都盼望得到赞美，要抓住闪光点进行赞扬。爱是阳光，可让坚冰融化；爱是春雨，可让枯草发芽；爱是神话，可让顽石变成美玉。学习对大多数孩子来说是痛苦的，这种痛苦更多来自于没有成就感，得不到认同，抓住孩子们的优点进行赞美，可以让他们爱上学习，不会觉得累。多创造成功的机会，让每个学生都感受到成功的喜悦。参与，让孩子参与到班级的活动中，参与到老师的教学中来，调动每一个学生的积极性，能更好实现"快乐教育"。比如组织社会调查活动，让家长也参与到班级的管理中来，把学校、家庭、社会融为一个整体。期待，期待是对孩子的信任，是一种漫长的等待，不断的引导和帮助。要有耐心，要相信学生能行。总的说来，就是让学生永远有学习的兴趣。没有兴趣，也无教育，有了兴趣才能学好。要建立良好的师生关系，使学生亲其师，信其道，老师既是良师更应该是益友。

老师的爱就像那春雨，让每一个孩子感受到那份滋润。回想这 60 年的点点滴滴，霍老师心中感到无限的欣慰：自己当初的选择没有错！自己珍爱一生、一生珍爱这个事业太值得了！而如今在经济大潮中，我们尊敬的灵魂雕琢者——教师更应该保持这伟大而无偏见的"爱"，让学生在"爱"的渡船上到达理想的彼岸。（作者：朱孝林）

4."教书育人"——教师的天职

"教书育人"是指教师关心爱护学生，在传授专业知识的同时，以自身的道德行为和魅力，言传身教，引导学生寻找自己生命的意义，实现人生应有的价值追求，塑造自身完美的人格。

教书育人是教师的天职，也是教师的基本使命和主要工作。教书指教师要向学生传授知识和技能，教学生学会学习，而育人是指教师在完成教学任务的同时还要对学生进行思想品德教育，培养学生健康的人格。邓小平同志早就指出："振兴民族的希望在教育，振兴教育的希望在教师。"教师是人类灵魂的工程师，是教育基本任务的主要载体，高校教育的任务主要通过教师的工作来实现。广大教师必须站在培养社会主义建设者和接班人的高度，全面地认识自己所担负的根本任务。

教书育人二者紧密联系，不可分割。德国教育家赫尔巴特认为教学永远具有教育性。作为教师在教书育人的问题上，要摆正位置。教书是育人的基础，育人是教书的目的，教的目的是为了育人，不教则难育，只育无教，育则无从谈起。处理好教书与育人的问题。教师不但要"授业""解惑"、教好课、搞好科研，而且要"传道"，要对学生的德育负责。如果教师只传授文化科学知识，而忽视培养的方向，这样的教育必然是失败的教育。

教书育人要求教师遵循教育规律，实施素质教育。循循善诱，诲人不倦，因材施教。培养学生良好品行，激发学生创新精神，促进学生全面发展。不以分数作为评价学生的唯一标准。

案　例

魏书生教育故事的启示

一、找优点

有个叫张天的同学是个违纪大王，以前的老师都让他烦透了。面对这样的学生，魏老师该怎么教化呢？

这天班会课，魏老师给大家布置了一道家庭作业——"找优点"。第二天，本子交上来后，一查，没有张天的。

魏老师把张天请到办公室，问："张天啊，你怎么没交本子呢？"

张天没有吱声。

"怎么，忘记找优点了？"

张天挠了挠头说："老师，我没有优点。"

"怎么没有优点？我已经看出你有好几个优点了。"魏老师笑着说。

"老师，我真没有优点，全是缺点。"

魏老师摸了摸张天的头，说："那这样吧，你回去再找找，明天来告诉我。"

次日，张天如约来到魏老师办公室。他不好意思地对魏老师说："老师，我找到了，可只有一个——我心眼好。"

"心眼好，这是很大的优点啊！"魏老师高兴地说，"你不只是心眼好。你能遵照老师的吩咐，回去认真找了，这不也是优点么？还有，你非常诚实，有一说一，这也是优点。还有……"魏老师连着帮张天找了好几个优点。

"老师——"张天红着脸说，"我没有你说的那么多优点。"

听到这里，魏老师话锋一转："张天啊，你只有七八个优点，不像有些同学有几十个优点，他们随便丢掉一个优点没关系，可你丢不起啊！优点越少就越要珍惜，你说是不是？"

张天懂事地点点头。

自此以后，张天就像换了个人似的。渐渐地，他的优点越来越多，学习成绩也一点点提高了。期末考试，张天门门功课都及格了。魏老师教的语文，他竟然考了80多分。

古人云：数子十过，不如奖子一长。魏老师可谓深谙其中真谛。对张天这样的后进生，魏老师没有排斥，更没有放弃，而是用"放大镜"帮助他们寻找自身的闪光点，进而去放大这些闪光点。魏老师是用激励唤起"张天们"的自信，用自信来促进他们的成长。

《学记》中有句话："教也者，长其善而救其失者也。"教育，最难的是怎样去转化后进生，让这些后进生也能慢慢地前行。老师只有学会"长其善"，方能"救其失"。那么，老师该怎样"长其善"呢？我想，首要的是走近他们，喜欢他们，做他们的朋友；然后帮助他们发掘自身的优点，培养他们的自信心和成功感。

二、懒老师

魏老师应邀去某校上一节公开课。

面对新的教材新的学生，这节课，魏老师会怎么上呢？

轻轻地推开教室门，魏老师带着微笑走上讲台，先跟同学们唠嗑，熟悉过后，他说："请同学们把书翻到第47页，我们来学课文。"

"对照以往的课文学习，大家琢磨一下，这篇课文有哪些是需要我们掌握的？"

学生议论纷纷。魏老师把学生提到的学习要求一一写在黑板上。他说："这篇课文共有7点学习要求，下面我们来逐一解决。先看作者简介，请大家在课文下面的注释或资料上找找，看有谁能回答这个问题？"

话音未落，就有学生举起了手。魏老师让该生回答后，问大家："这个问题还需要我讲吗？"

"不需要。"

"那好，我们接着来解决第二个问题……"如此这般，写在黑板上的几点要求学生都一一落实了。孩子们一个个脸上乐开了花。

这节课快要结束前，魏老师问学生："大家觉得我怎么样啊？"

有个学生站起来说："魏老师，这节课的问题都是我们自己回答的，你好懒。"

听了这个学生的评价，魏老师一下笑了起来："说得好，我确实很懒。可是，只有懒老师才能培养出勤学生。你们说是不是？"

"是！"掌声一片。

魏老师的这节课，让我感悟最深的就是教师的角色变了，课堂不再只是教师的"一言堂"，教师由学生的知识保姆转变为学生的知识导游，起的是一种引导的作用。

细想一下，课堂上教师讲的少了，学生的思考就多了；教师单向传授少了，学生之间、师生之间的互动、合作就多了，学生的学习兴趣就提高了，思维就被激活了。学生主动参与，不但能感受学习的快乐，更会品尝到成功的喜悦。既然如此，做一个有思想的懒老师，又有何妨呢？

三、会了，可以不写

课文上完后布置作业。

魏老师在黑板上写作业要求，还没写完，背后就传来学生的嚷嚷声。不用转身，魏老师就知道是王欢。这学生成绩不错，可就是有点淘气。

"王欢，你嚷嚷什么？"魏老师一脸的严肃。

"老师，你留的作业我不写行不行？"

"开玩笑，不写作业，成绩怎么能上去？"

"老师，作业我都会了，一定要写的话，这不是无效劳动嘛。"

"这……"魏老师听了一愣，心想，王欢这话在理呀，自己布置作业时怎么没考虑到这一点。怎么办？是强压着王欢做作业，还是……经过一番思考，魏老师说："王欢说得有道理。同学们讨论一下，怎样对待老师留的作业呢？"

教室里一下子炸开了锅。大部分学生认为：老师留的作业有时候有用，有时候没用；对于有用的作业就写，对于没用的作业就不写，但是每天要完成一定的作业量。

"会了，可以不写。"这是魏老师的郑重承诺。以后，在魏老师的语文课上，学生们可以自由选择作业。

教育需要民主。面对学生王欢"我不想写"的挑战，魏老师没有采用高压手段，而是认真反思王欢不写作业的原因。魏老师意识到，"作业风波"的根源在于自己没有考虑到学生的个体学习特性，从而及时改变作业的布置方式，把作业的主动权交给学生，以平等的心态与学生交流，并尊重学生的意见。这样既保护了学生学习的自主意识，又增强了作业布置的实效性，同时也维护了教师的权威性。

这个故事给我的启示是，当教师意识到自己的教育方式失当时，切不可为了所谓的"师道尊严"而"将错误进行到底"。

（摘自《教育文汇》2010 年第 10 期）

5. "为人师表"——教师职业的内在要求

教师的职业特点决定了教师职业具有强烈的师范性。古人云：师者，人之模范也。是说教师要严格要求自己，成为人之楷模。为人师表要求教师要坚守高尚情操，知荣明耻，严于律己，以身作则。衣着得体，语言规范，举止文明。关心集体，团结协作，尊重同事，尊重家长。作风正派，廉洁奉公。自觉抵制有偿家教，不利用职务之便谋取私利。

学生具有天然"向师性"的特点，教师在教书育人中，既要言教，又要身教，身教重于言教。身教可以给学生提供一个活生生的榜样，使学生懂得应该怎样做，不应该怎样做，给学生留下深刻、难忘的印象。身教可以增强学生对教师所授知识的信念，加深学生对接受教育的感受，从而转化为他们的本领和技能。正确处理言教与身教的矛盾，要认真把握三点：第一，言行一致，身体力行。凡是要求学生做到的，教师必须率先做到；凡是要求学生不做的，教师带头不做。第二，学为人师，行为世范。教师职业的特点就是以人格来培养人格，以灵魂来塑造灵魂，这就决定了教师的言行要有很强的典范性，教师要用自己的人格能力去影响、感染学生。教师对学生的影响将贯穿于学生整个受教育过程的始终，甚至可以说影响学生的一生。作为教师要有一种为人师表的形象，以便让学生鉴别和模仿。我们把它概括为这样几句话：坚持原则、作风正派；思想敏锐、品德高尚；治学严谨，谦虚好学；待人和气、文明礼貌；仪表端庄、朴素大方。第三，严于律己，勇于自责。"金无足赤""人无完人"，教师也会有缺点、失误和不足之处。教师做错了事，要敢于承认，善于改正。教师知错改错，勇于自责，也能给学生以具体生动的教育。

6. "终身学习"——教师专业发展不竭的动力

终身学习是时代发展的要求，也是教师职业特点所决定的。学习化的社会必然要求教师要不断学习，只有不断学习，提高自身专业素质及能力，才能适应教育发展的需要。

终身学习，要求教师必须树立起终身学习的理念，教师不仅是一个教者，而且也是一个学者，更是一个研究者。终身学习要求教师崇尚科学精神，树立终身学习理念，拓宽知识视野，更新知识结构。潜心钻研业务，勇于探索创新，不断提高专业素养和教育教学水平。

案　例

全国教书育人楷模于漪老师先进事迹（节选）

于漪，上海市杨浦高级中学名誉校长，我国第一批语文特级教师。在讲台上挥洒数十年，立体化施教，全方位育人，深受学生爱戴，形成了闪烁着智慧与人格魅力的教学风格与教育思想，影响巨大，享誉全国。

1957年下半年，工农速成中学向普通中学转轨。于漪于1958年初调往上海市第二师范学校任教。

刚到新学校，本以为能学以致用的她，被副校长当头"泼"了一盆冷水——学校不缺学教育的教师，缺的是历史教师。副校长要她带师范二年级6个班的中国古代史，每班3节课，每周18节课。"我不是学历史专业的，教起来当然千疮百孔。不过，我对历史本来就有兴趣，反正可以边教边学，边学边教。"

过不了多久，校领导又找于漪谈话，让她改教语文。

谈话很简单，两分钟。于漪说自己不是学中文专业出身，教语文有困难。领导反问："你不是大学毕业了吗?"于漪如实答："隔行如隔山。"领导不由分说："工作需要。'在战争中学习战争'，这是最高指示。"一锤定音，于漪又进了语文教研组。

"隔行如隔山"不是托词，于漪捧起语文书，难题迎面而来。"文言文可以串讲，现代文学生基本能看懂，该怎么教? 汉语拼音根本没学过，得先从 b、p、m、f 补起，汉语语法也得从零开始。"从此，于漪不得不用双倍乃至数倍的时间学习，力求在两三年内把中文系的主要课程捋一遍，这样教学才能有点底气。光学没有用，还得把课上好。为了备好一堂课，于漪常常要花 10 个、20 个小时，甚至更多的时间。"经过上百篇教材的独立钻研，我总算摆脱了茫然的状态，算是有了一点穿透力与判断力。拿自己的真切体会指导学生学习，就不会沉迷于空洞的概念、大话、套话，学生就能真正受益。"

除了自学，于漪又开始在比较和借鉴上下功夫。向高手求教，广泛阅读，回忆自己求学时的学习经历⋯⋯这些方法都成了于漪进入语文教学之门的指南针。

教起语文来神不乱、心不慌，能够得心应手固然不错。然而，随着时间的推移，于漪发现，如果仅局限于此，远远不够。"教语文不能像烂泥萝卜——洗一段吃一段，语文教师的脑子里必须有整体的框架结构，要培养学生的语文能力，要有很强的目的性，不能像脚踏西瓜皮，滑到哪里算哪里。"

经过反复推敲，于漪对从古至今就争论不休的语文学科的目的、任务，有了自己的认识："教文和育人必须紧密联系，不可分割。只有把'文''道'两者辩证统一起来进行教学，缘问释道，因道解文，才能使学生在弄懂语言文字的基础上，深刻地理解文章的思想内容，受到启发与感染。"

在教文中育人，说起来容易，真正做到极不简单。在于漪看来，教学和学生的实际，正如"矢"与"的"一般，不看准靶子，只管射箭，就是无的放矢。

基于这样的认识，于漪和学生交朋友，通过望、问、听、阅和材料跟踪等各种途径了解学生、研究学生在语文学习发展上的变化。不仅如此，学生的思想、性格、兴趣、爱好、学习心理、学习习惯等也都是她潜心研究的对象。

于漪说"选择了教师，就选择了高尚；选择了教师，就选择了理想。一辈子做教师，一辈子学做教师"。

（资料来源：上海市金卫中学网络）

锐意进取，严谨治学是任何一个优秀教师具备的优良品质之一。于漪老师是我们学习的典范，她向我们展现了教师应有的精神风貌。

二、教师的权利

教师在法律上的权利分为两部分，一是教师作为一般公民所享有的权利，二是教师作为教育者的权利。作为普通公民，教师享有《宪法》所规定的公民的基本权利，如公民的政治权利，宗教信仰和自由，社会经济权利，文化教育权利等。作为专业人员，教师在从事教育教学活动中有其特殊的权利。这是一种职业特定的法律权利。而我们这里所谈的教师权利是针对教师的职业权利而言的。

教师权利，是指教师在教育教学活动中依法享有的权益，是国家对教师能够做出或不做出一定行为，以及要求他人相应做出或不做出一定行为的许可与保障。法律上的教师权利包括教师实施某种行为的权利以及要求义务人履行义务的权利。当教师的权利受到侵害时，有权诉诸法律，要求确认和保护其权利。

关于教师的权利，我国《教育法》规定，教师享有法律规定的权利，履行法律规定的义务。我国《教师法》对此作了具体规定。

1. 教育教学权

教育教学权即进行教育教学活动，开展教育教学改革和实验。这是教师的最基本权利。

作为教师，有权依据其所在学校的教学计划，教育工作量等具体要求，结合自身教学特点自主地组织课堂教学；有权依照教学大纲的要求确定其教学内容、进度，不断完善教学内容；有权针对不同的教育教学对象，在教育教学的形式、方法、具体内容等方面进行改革和实验。任何人不得非法剥夺在聘教师行使这一基本权利。而不具备教师资格的人不得享有这项权利。虽取得教师资格，但尚未受聘或已被解聘的人员，此项权利的行使处于停顿状态，待任用时方能行使这一权利。学校及其他教育机构依法解聘教师的，不属于侵犯教师权利的行为。

2. 科学研究权

科学研究权即从事科学研究，学术交流，参加专业的学术团体，在学术活动中发表意见。这是教师作为专业技术人员所享有的一项基本权利。

作为教师，在完成规定的教育教学任务的前提下，有权进行科学研究、技术开发、撰写学术论文、著书立说；有权参加有关的学术交流活动，参加依法成立的学术团体并在其中兼任工作；有权在学术研究中发表自己的学术观点，开展学术争鸣。教师在行使此项权利时，要注意处理好教学与科研的关系，使之相辅相成，更好地提高教育教学质量。

3. 管理学生权

管理学生权即指导学生的学习和发展，评定学生的品行和学业成绩。这是与教师在教育教学过程中的主导地位相适应的一项基本权利。

作为教师，有权根据教育规律和学生的身心发展特点，因材施教，有针对性地指导学生的学习，并在学生的升学、就业等方面给予指导；有权对学生的思想品德、学习、文体活动、劳动等方面给予客观公正的评价；有权运用正确的指导思想和科学的方式方法，使学生的个性和能力得到充分发展。教师在行使管理学生权时，要注意加强对学生的各方面管理，将关心爱护学生与严格要求相结合，促进学生德、智、体等方面全面发展。

4. 获取报酬待遇权

获取报酬待遇权即按时获取工资报酬，享受国家规定的福利待遇以及寒暑假期的带薪休假。这是教师的基本物质保障权利。

教师的工资报酬，一般包括基础工资、职务工资、课时报酬、奖金、教龄津贴、班主任津贴及其他各种津贴在内的工资性收入。福利待遇主要包括教师的医疗、住房、退休等方面的各项待遇和优惠，以及寒暑假期的带薪休假。作为教师，有权要求所在学校及其主管部门根据国家教育法律、教师聘任合同的规定按时足额地支付工资报酬；有权享受国家规定的福利待遇。要动员全社会力量，采取有效措施，依据法律的规定，切实保障教师这一基本权利的行使。

5. 民主管理权

民主管理权即对学校教育教学、管理工作和教育行政部门的工作提出意见和建议，通过教职工代表大会或者其他形式，参与学校的民主管理。

这是教师参与教育管理的民主权利。是宪法中所规定的"公民对任何国家机关和国家工作人员，有提出批评和建议的权利"的具体体现，有利于调动教师参政议政的自觉性和积极性，发挥教师的主人翁作用，加强对学校和教育行政部门工作的监督。作为教师，有权通过教职工代表大会、工会等组织形式以及其他适当方式，参与学校民主管理，讨论学校改革、发展等方面的重大事项，保障自身的民主权利和切身利益，推进学校的民主建设。以教职工代表大会形式为例，教师的参与管理权体现在以下方面：听取校长的工作报告，讨论学校年度工作计划、发展规划、改革方案、教职工队伍建设等重大问题；讨论职工奖惩办法以及其他与教职工有关的基本规章制度；讨论教职工的住房分配以及其他有关教职工的一些福利事项；监督学校管理工作。教师在行使民主管理权时，应注意遵循民主集中制的原则，并充分发挥自己对学校、教育行政部门工作的监督作用。

6. 进修培训权

进修培训权即参加进修或者其他方式的培训。这是教师享有的继续教育的权利。

现代社会和科技的飞速发展，要求教师及时更新知识，不断提高自身素质。作为教师，有权参加进修或其他多种形式的培训，以提高思想政治觉悟和业务水平。教育行政部门、学校及其他教育机构，应采取多种形式，开辟多种渠道，努力为教师的进修培训创造有利条件，切实保障教师权利的实现。当然教师培训权的行使，要在完成本职工作的前提下有组织、有计划地进行，不得影响正常的教育教学工作。

三、教师的义务

如同教师的权利一样，教师的义务也分为两部分。一是教师作为公民应承担的义务，二是教师作为教育者应承担的义务。这两部分义务既有联系又有区别。一方面教师作为公民应承担的一部分义务体现在教师的特定义务之中，另一方面教师特定义务中的一部分又是公民义务的具体化和职业化。还有一部分内容是相互独立的。在此我们是针对教师特定义务而言的。

所谓教师的义务，是指依照法律规定教师从事教育教学工作必须履行的责任。表现为必须做出或不做出一定行为。

关于教师的义务，我国《义务教育法》规定："教师应当热爱社会主义教育事业，努力提高自己的思想、文化、业务水平，爱护学生，忠于职责。"我国《教师法》第二章第八条专门对教师义务作了具体规定。

1. 遵守宪法、法律和职业道德，为人师表

宪法和法律是国家、社会组织和公民活动的基本行为准则。任何组织和公民都必须遵守。教师要教书育人，就应模范地遵守宪法和法律，而且要在教育教学工作中，自觉培养学生的法制观念和民主精神。教师职业是一种专门化的职业，有着自身的职业道德准则，教师应当自觉遵守职业道德，做到敬业爱岗，热爱学生，诲人不倦，博学多才，关心集体，团结奋进。国家教委和全国教育工会于1991年发布了《中小学教师职业道德规范》，明确规定了中小学教师应当遵守的职业道德准则。中小学教师应严格遵守。教师是人类灵魂的工程师，担负着培养下一代的任务，他们在传授科学文化知识的同时，对学生的思想品德、个性形成有着重要影响，所以教师要注意言传身教，做到为人师表。

2. 贯彻国家的教育方针，遵守规章制度，执行学校的教学计划，履行教师聘约，完成教育教学工作任务

教师在教育教学活动中，应当全面贯彻国家关于教育必须为社会主义现代化建设服务，必须与生产劳动相结合，培养德、智、体等方面全面发展的社会主义事业的建设者和接班人的方针；自觉遵守教育行政部门和学校及其他教育机构制定的教育教学管理的各项规章制度；认真执行学校依据国家规定的教学大纲、教学计划或教学基本要求制定的具体教学计划；严格履行教师聘任合同中约定的教育教学职责，完成规定的教育教学任务，保证教育教学质量。

3. 对学生进行宪法所确定的基本原则的教育和爱国主义、民族团结的教育，法制教育以及思想品德、文化、科学技术教育，组织、带领学生开展有益的社会活动

这是对教师教育教学工作内容方面的全面规范。作为教师，应结合自身教

育教学业务特点，将政治思想品德教育贯穿于教育教学过程之中。对学生进行政治思想品德教育，不仅是政治思想品德课教师的职责，也是每一位教师的基本义务。在对学生进行政治思想品德教育的内容上，教师要遵循我国宪法确定的坚持社会主义道路、坚持人民民主专政、坚持中国共产党的领导、坚持马克思列宁主义、毛泽东思想四项基本原则，并将其作为对学生进行思想政治教育的首要内容。教师应当有意识地对学生进行爱国主义教育、民族团结教育、法制教育、文化科学技术教育，弘扬中华民族优良传统，引导学生逐步树立科学的人生观和世界观，教育学生热爱祖国、爱人民、爱劳动、爱科学、爱社会主义，把学生培养成为有理想、有道德、有文化、有纪律的社会主义新人。在德育教育的形式和方法上，应注意根据学生身心发展的特点，采用灵活生动的形式，注重实效，反对形式主义。

4. 关心爱护全体学生，尊重学生人格，促进学生在品德、智力、体质等方面全面发展

我国《宪法》规定："中华人民共和国公民的人格尊严不受侵犯。"人格尊严是宪法赋予公民的一项基本权利。由于学生在教育教学活动中居于受教育者的地位，其人格尊严往往容易受到侵犯。作为教师要关心爱护全体学生，对学生应一视同仁，不因民族、性别、残疾、学习成绩等因素歧视学生，尤其是对那些有缺点的学生，教师应给予特别关怀，要满腔热情地教育指导，绝不能采取简单粗暴的办法，不能侮辱、歧视学生，不能体罚或变相体罚学生，不能泄露学生隐私。因污辱学生影响恶劣或体罚学生经教育不改的，应依法承担相应的法律责任。

5. 制止有害于学生的行为或者其他侵犯学生合法权益的行为；批评和抵制有害于学生健康成长的现象

保护学生的合法权益和身心健康成长，是全社会的共同责任。作为教师自然更负有此项义务。教师履行此项义务具有特定的范围。主要是制止在学校工作和与教育教学工作相关的活动中，对侵犯其所负责教育管理的学生合法权益的违法行为；批评和抵制社会上出现的有害于学生身心健康成长的不良现象。

6. 不断提高思想政治觉悟和教育教学业务水平

教育教学工作是一项专业性较强的工作，担负着提高民族素质的使命，这就要求教师具有较高的思想觉悟和业务水平。同时这也是社会进步和科学技术发展对教师提出的要求。为此，教师应加强学习，调整知识结构，不断提高思想政治觉悟和教育教学业务水平，以适应教育教学的实际需要。

教师的基本权利、义务基于教育活动产生，由教育法律规范所设定，是一种职业特定的法律权利和职业特定的法律义务。它们之间是对立统一、相互依存的关系。"没有无义务的权利，也没有无权利的义务。"作为教师，既是权利的享有者，又是义务的承担者，因此应正确行使自己的权利，严格履行自己的义务。

附录：

教师资格证报考指南①

报考条件

（一）思想品德条件：遵守宪法和法律，热爱教育事业，履行《教师法》规定的义务，遵守教师职业道德。并经申请人员单位或户籍所在地乡（镇）或街道办事处思想品德鉴定合格；应届毕业生，由所在学校进行思想品德鉴定。

（二）学历条件：申请认定幼儿园教师资格必须具备幼儿师范学校毕业及其以上学历；认定小学教师资格必须具备中等师范学校毕业及其以上学历，其他中专学历为不合格学历；认定初级中学教师资格必须具备高等师范专科学校或其他大学专科毕业及其以上学历；认定高级中学、中等职业学校教师资格，必须具备高等师范本科院校或其他大学本科毕业及其以上学历；认定中等职业学校实习指导教师资格，必须具备中等职业学校毕业及其以上学历，并具有相当于助理工程师以上的专业技术职务或者中级以上的工人技术等级；取得高等学校教师资格，应具备研究生或者大学本科毕业学历；认定成人教育教师资格，应按照成人教育的层次、类别。依照上款规定，分别具备高等、中等学校

---

① http://www. hteacher. net, 2010 - 11 - 16 09: 12.

毕业及其以上学历。

（三）教育教学能力

1. 具备承担教育教学工作所必需的基本素质和能力。非师范教育类专业毕业的人员需参加教育学、心理学补修、测试和教育教学能力测评，成绩合格。

2. 普通话水平应当达到国家语言文字工作委员会颁布的《普通话水平测试等级标准》二级乙等以上标准，并取得相应等次《普通话水平测试等级证书》。

3. 具有良好的身体素质和心理素质，无传染性疾病，无精神病史，适应教育教学工作的需要，经教师资格认定机构组织在县级以上医院体检合格。

申请认定

（一）提交申请认定材料。申请认定教师资格者应当在规定的时间内向教师资格认定机构或者依法接受委托的高等学校提交下列基本材料：

（1）由本人填写的《教师资格认定申请表》（一式两份）。

（2）身份证原件、复印件，户籍原件、复印件和工作单位证明（或所在乡镇、街道证明）。

（3）学历证书原件和复印件。

（4）教师资格认定机构指定的县级以上（含县级）医院出具的《××省申请教师资格人员体格检查表》。

（5）普通话水平测试等级证书原件和复印件。

（6）由申请人工作单位或者其户籍所在地乡（镇）政府或街道办事处提供的《申请人思想品德鉴定表》。

（7）非师范教育类专业毕业的申请人员，需提供《××省教师资格认定教育学心理学合格证》及教育教学能力测评成绩证明。

（8）申请认定中等职业学校实习指导教师资格的人员还需提供专业技术资格证书或工人技术等级证书原件和复印件。

（9）近期二寸免冠半身正面相片两张。

（二）考核申请人是否具备的申请能力是否具备教育教学能力、是否适合做教师是教师资格认定中要考察的一项重要内容。热爱教育事业，思想品德好，能为人师表，能完成教育教学工作和思想品德、文化科技教育，能带领学生开展有益的社会活动，关心爱护学生，尊重学生人格，促进学生德、智、体等全面发展等内容都是准备执教的人应当具备的素养。为此，鉴定要对申请人的教育教学能力专门进行面试（答辩）、试讲和心理测试。

考试内容

教师资格考试主要考教育学和心理学课程。不过有些省份还需要考教师职业道德，教育政策法规，学科专业素质，教育方法，教育教学基本素质和能力，教学法。具体考试内容详见当地教育行政部门或者受委托的高等学校的有关规定。

第四章　教师的礼仪规范

一、教师礼仪概述

（一）教师礼仪的内涵

礼仪是人际关系中的一种艺术，是人与人之间沟通的桥梁，礼仪是人际关系中必须遵守的一种惯例，是一种习惯形式，即在人与人的交往中约定俗成的一种习惯做法。礼仪，对于个人，是文明与教养的表现；对于社会，是发展与进步的标志；对于民族，是精神风貌的展现。

我国是历史悠久的文明古国，几千年来创造了灿烂的文化，形成了高尚的道德准则、完整的礼仪规范，被世人称为"文明古国，礼仪之邦"。中国古代的"礼"和"仪"，实际是两个不同的概念。"礼"是制度、规则和一种社会意识观念；"仪"是"礼"的具体表现形式，它是依据"礼"的规定和内容，形成的一套系统而完整的程序。我国历代学者都十分重视"礼"的教育，如孔子曾说过"为国以礼""不孝礼，无以立"。孟子倡导修身、养性。荀子则强调道德修养的重要，他曾说过："人无礼而不生，事无礼则不成，国无礼则不宁。"以上都说明"礼"的重要性。在现代社会，我们仍然接受中国传统道德和礼仪的熏陶和规范，去糟取精，继承发展，培养良好的礼仪规范对于修养良好个人素质，协调和谐人际关系，塑造文明的社会风气，进行社会主义精神文明建设，具有现代价值。人类社会要发展，要推进，就必须弘扬并推行礼仪。

教师不仅是科学文化知识的传播者，而且是学生思想道德的教育者，还担负着教化社会的职责。教师素质的高低，决定着学校办学水平的高低，教师的礼仪也是教师素质的重要内容。因此，礼仪对教师更具有特殊的意义。所谓教师礼仪，是指教师在教育活动中应遵循的尊敬他人、讲究礼节的程序，是教育工作者必须掌握并娴熟运用的人际传播技能。①

示范性是教师劳动的特点之一，教师的言行举止对学生会产生潜移默化的影响，中小学生的身心特点决定了他们更容易受到与他们朝夕相处的老师和同伴的影响，对教师礼仪的倡导，不仅是为了提高个人修养，更对学生的价值标准、审美标准的形成，对提高当前学校礼仪教育起着至关重要的作用。

规范教师礼仪是师德建设的重要内容之一，道德素养是师德的内涵，礼仪是师德的外在表现，高尚的道德素养往往表现出得体的举止、优雅的仪态，而高雅优美的礼仪行为又能促进道德品质的形成，因此，要开展教师礼仪教育，全面提高教师的师德素养，彰显教师儒雅气质，以人格魅力和学识魅力影响和教育学生。

（二） 教师礼仪存在的问题及改进策略

近年来，我国各级教育行政部门对师德建设愈加重视，地市教育局不断出台《教师礼仪规范》，用以规范教师行为，鼓励教师做文明礼仪的倡导者、参与者和示范者，身体力行将文明之风吹进校园、带进课堂、融入学生心灵，与学生共同营造积极向上的和谐文明的校园，从而使教师的礼仪有了很大的提高。但与教师礼仪相悖，乃至缺乏起码的礼仪常识的现象在教师队伍中仍然存在，这需要引起我们的重视。

2004 年，在北京就教师礼仪做了一次大规模的抽样调查和访谈。从调研分析的结果来看，北京市广大中小学生对教师礼仪现状的基本评价是：大多数教师能为人师表，率先垂范。许多老师有着儒雅的风度和规范的礼仪，堪称学生的楷模。他们在课堂上穿戴整洁得体，上课前总会亲切地道一声"同学们好"，下课时会礼貌地与学生告别。他们讲课时认真负责，耐心细致，关心学生的学习情况，和蔼可亲，爱护和尊重学生。在课下，他们对学生也比较有礼貌，主动关心学生的学习和生活，与学生交流谈心。同时，也有一些教师让学生失望，他们的所作所为与身份不符，个别教师甚至缺乏起码的礼仪修养，根本不

---

① 韩立福. 新课程教师礼仪规范与指导［M］. 北京：首都师范大学出版社，2006.

配做教书育人的工作①。

由于受传统教育观念的影响，很多教师只顾知识的灌输，忽视了与学生的情感沟通，漠视学生在教学中的主体地位，很少关注学生在人格、态度、道德、能力、个性等多方面的发展。将课堂变成"一言堂"，把自己看成是权威，把学生当作完全的被动接受者。对学生傲慢无礼，用轻蔑的语气讽刺、挖苦学生，致使教学过程缺乏主体性、人文性。有的教师行为举止随意，不修边幅，公共场所不注重形象，在校园内吸烟，在会场交头接耳，这些都严重损害了教师的公众形象，教师礼仪尚待加强。

1. 树立以学生为本的理念

以学生为本是教育目的最根本的体现。以学生为本就必须从爱学生入手，尊重、善待、信任学生，充分尊重学生作为一个"人"的权利，关注学生的学习与生活、情感与爱好、烦恼与疾苦等。真正把学生摆在教育教学的主体地位，平等对待学生，真诚为学生服务，尊重学生的个性与爱好，让学生在宽松和谐的教学氛围中学习。

2. 加强与学生的沟通与交流

懂得沟通是教师应具备的基本素质之一，目前我国教育的一个弊病就是教师缺乏与学生基本的沟通与交流，从而导致学生只能作为一台知识的接收器和考试器。学生渴望在学习之余能够得到教师的关怀和指导，他们期待的不是灌输式的教育方式。作为一名教师，应学着了解、关心、理解学生，要急学生之所急、想学生之所想，真正知晓学生的内心世界，要与学生进行心与心的沟通，与学生在情感上产生共鸣，真正成为学生的良师益友。

3. 规范言行，举止得体

"教育无小事，教师无小节。"教师的举手投足、衣着举止处处体现着教育，对学生产生重要的影响。言谈举止大方得体是教师礼仪的基本要求，外表是内心的体现，一位温文儒雅、言语生动形象的教师，肯定是一位学识渊博、修养良好的教师，而举止随意、言语笨拙的教师是得不到学生欢迎和尊重的。古人云："佛要金装，人要衣装。"教师同样要服饰得体，仪表端庄，将富有朝

---

① 韩立福. 新课程教师礼仪规范与指导［M］. 北京：首都师范大学出版社，2006.

气的教师形象展现在学生面前。服装得体、美观，能给人赏心悦目的感觉，对学生会产生更强烈的吸引力和感染力，更有利于教育教学工作的完成。教师以整洁大方的形象对学生进行着礼仪美的熏陶，这种无形的教育更能产生难以估量的作用。

二、教师礼仪内容

我们推行教师礼仪，是从教师的工作特点和交往需要出发，在校内，就是要为教育、教学服务，全面提高办学质量；在社会，就是要塑造教师的良好形象。

教师礼仪一般可以分为两大类：校内礼仪，包括言语礼仪，仪表、仪容、仪态礼仪，课堂礼仪，办公室礼仪，学校集会的礼仪，与学生交往的礼仪；校外礼仪，包括与学生家长交往的礼仪，通讯礼仪，人际交往的一般礼仪，涉外礼仪。对于教师来说，教师礼仪不仅是与公众交往的"通行证"，也是其修养素质的一种标志。以下将从教师言语、教师举止、教师仪容仪表等方面对教师礼仪进行阐述。

（一）教师言语

语言是人们交流思想、联络感情的重要工具和手段，俗话说："言为心声，语为人镜。"对于教师来说，语言是其工作的基本手段。教育家苏霍姆林斯基曾说过："教师的语言修养极大程度上决定着学生在课堂上脑力劳动的效率。"教师以语言为工具系统的传授知识，使学生准确无误地理解所学知识并消化吸收，教师的教学效果很大程度上取决于他的语言表达能力，言语技能是教师最重要的才能和必备的基本功。语言文明是教师职业道德的基本要求。因此，作为一名教师，要注意表达语言时应遵守的礼仪礼节。

1. 科学规范，确切简明

语言的科学性指的是语言的准确、严密和精练。这是教师语言礼仪最基本的要求之一。首先，教师要正确使用概念。概念是人类思维的基本形式之一，它反映客观事物的一般的、本质的特征。使用概念要注意掌握概念的内涵和外延。课堂教学的一大功能就是传授知识，教师将不断地使用概念，或者解释概念。许多基本概念要靠教师长期的讲解，才能潜移默化地"移植到"学生的知识库里。因此教师必须准确地使用概念、科学地进行判断，使学生更容易接受新知识。其次，教师要准确使用专业知识术语。术语是某门学科中的专业用语。教师在讲授各门学科时会不断地使用术语，在循序渐进地讲授中，甚至还要用某些已经学过的术语解释新使用的术语。因此，教师要熟悉、规范地运用术语，以助于学生准确、便捷地掌握相关知识，并为将来进一步深化有关专业知识打下坚实的基础。

对于学生来说，教师是无所不能的。教师的一言一行都可能对学生产生深刻的影响。因此，教师的语言必须规范。要用普通话教学，能讲流畅、准确的普通话。一位教师用方言讲课滔滔不绝，一用普通话就反应慢。他说："我用普通话讲课，思维跟不上。本来普通话不好，讲课的时候用它，既要想着讲课的内容，还要想着普通话怎么去表达，真是累人啊。"但是，推广普通话是国家的一项重要的语言政策，学校是推广普通话的前沿阵地，每一位教师都应该成为推广普通话的模范。教师语言规范，潜移默化之下，学生也便能讲规范化语言；反之，教师语言不规范，则会产生消极的示范效应，使学生学了不规范的语言而不自知。

2. 语言文明，礼貌待人

语言能体现出一个人的文明程度。教师的语言修养是其为人师表的重要因素，会对学生的道德品质培养和审美修养产生极大影响。苏霍姆林斯基指出："对语言美的敏感性，是促使孩子精神世界高尚的一股巨大力量。这种敏感性，是人的文明的一个源泉所在。"因此，教师就要用文明醇美的语言去触动学生心弦，启迪学生心灵，给学生以美的享受，使其形成纯洁、文明、健康的心灵世界。

教师使用文明的语言是尊重学生的最直接的体现。礼仪的精髓是"真""善""美"，维护和体现人的尊严是礼仪的价值所在。在与学生、同事交流过程中，教师的语言要文雅、和气、谦让他人，多用"请""谢谢""您好"等礼貌用语，不说粗话、脏话，不强词夺理，恶语伤人。教师在教育学生时，不能用刻薄蛮横的话语对学生进行讽刺、挖苦、训斥、奚落。如果一位教师教育学生时粗话连篇，满嘴脏话，那么，他实际上是在强化学生的自卑心理和逆反心理，是在把学生推向不幸的深渊。如果教师帮助少数调皮学生，维持课堂纪律或处理一些鸡毛蒜皮的小问题时缺乏自制力，不加分辨地对全体学生进行歇斯底里的破口谩骂，这不仅损害了教师的"形象"，还会给学生心灵带来污痕和创伤，不利于学生的健康成长。因此，教师在任何时候、任何情况下，说话都要讲究文明礼貌，都要自爱自重，尊重别人，保持自己良好的风范形象，提高教师职业道德水平。

3. 准确谨慎，幽默生动

准确地使用语言，是让学生正确理解教育内容的关键一环，是一个教师成功教学应具备的基本功。要求教师在教育过程中有话则长，无话则短，切忌拖泥带水，避免与主题无关的话语。深入了解教育对象的特点，掌握教学内容的重点、难点，做到对症下药、因材施教。如果教师不能使用准确的语言传授知识，就会让学生如入云里雾中，出现不说还清楚、越讲越糊涂的情况。

教师语言还要把握严密的逻辑性和严谨性。语言逻辑严谨主要是要求教师在讲课时注意教材的内在线索，把握各部分之间的本质联系。培根说得好，逻辑使人长于思辨。教师授课必须思维清晰准确，有层次，有条理。在学生已有知识的基础上，对新讲授的知识进行详细严密的论证，使观点与材料统一，自然地得出结论。另外，教师语言的严谨性还表现在讲话时语言的组织上，教师不但要努力学习和掌握语言修辞知识，更要注意使自己思考问题的方式符合思维规律，只有这样，才能提高课堂语言的严谨度。

教师语言在做到规范准确的基础上，必须进一步做到生动幽默。中国、日本、美国的有关专家在对三国大学生进行的问卷调查中，发现中国有71%、日本有54%、美国有96%的大学生喜欢具有"幽默感"的教授。[①] 幽默是教师智慧、学识、机敏、灵感在语言运用中的结晶，讲话幽默生动的教师，不仅会给学生增添快乐，在谈笑风生中领略知识的真谛，更会使自己的语言具有诱人的魅力。孔子云："言之无文，行而不远。"所以教师的语言不仅要讲求科学性、规范性，还要讲求艺术性。在教学中，我们常会看到这种现象，教师备课仔细

① 冯克诚. 教师行为规范全书——教师语言行为规范 [M]. 北京：华语教学出版社，1996.

认真，讲课也很卖力，语言也较简洁准确，但学生就是不爱听，课堂效果与教师的努力程度不成正比。究其原因，很重要的一点就是教师只重视了语言的科学性、规范性，却忽视了它的艺术性，因而事倍功半。因此，教师必须加强思想文化的修养，丰富铸练自己的语言，并努力培养开朗、明快和乐观的性格，只有这样，教师才能让学生置身于优美的文化氛围、浓郁的语言环境中，受到教育和感染。

4. 言行一致，表里如一

孔子早在两千年前就说过："其身正，不令而行；其身不正，虽令不从。"由此可见，教师的言行对学生良好品质的形成至关重要，它起着潜移默化的作用。小学生年龄较小，身心正处在迅速发展阶段，人生观、世界观还未确立，可塑性较大，独立辨别是非能力差。他们认识事物，辨别是非，常常是从具体形象的事物开始。教师的言行和教师对事物所持的态度，都对学生有着特别重要的影响。因此，教师既要"言传"，又要"身教"，要求学生做到的，首先教师自己必须先做到，无论何时何地，都必须言行一致，决不能言行相悖。当一个教师要求学生的自己没做到，就会给学生一个说话不算数的感觉，"己不正，不能正人"，这是一条真理。所以，教师倘有不正之处，要马上改正，勇于在学生面前纠正自己的错误，为学生做出表率。教师若言行不一，表里不一，会污染学生的心灵，影响新一代的成长，给祖国的未来造成不可估量的损失。总之，教师要规范行为，要以身作则，为人师表，率先垂范。

（二）教师举止

我们很重视教师的语言表达能力，但我们忽略了教师的体态也是一种语言，它无声地向学生传达着很多的信息。公元 3 世纪的时候，有一个叫刘劭的人写了一本书叫《人物志》，他在书中把人的举止概括为"神、精、筋、骨、气、色、仪、容、言"九项内容，称为"九征"。不难看出，这"九征"中，人的体态占了大半。教育心理学研究表明，教师的榜样作用对学生的影响是巨大的，从幼儿园儿童到大学生都有模仿教师行为的倾向。[1] 学校里，教师的一

---

① 韩立福. 新课程教师礼仪规范与指导［M］. 北京：首都师范大学出版社，2006.

颦一笑、一举一动都会潜移默化地影响着学生。一个人的气质、自信、涵养往往从他的举止姿态中就能表现出来。苏联教育家马卡连柯曾经说过："一个高等师范学校，应从其他方面培养我们的教师，如：怎样站，怎样坐，怎样从桌子旁边站起来，这一切对教师来说都是很必要的。如果没有这些技巧，他就不能成为一名好教师。"可见教育家是何等重视教师的一举一动的。

因而，无论教师是否意识到体态语的重要性，都应该努力培养高尚的行为，做到举止文明、文雅谦和、言而有礼、行而有矩，举手投足间表现出对学生的尊重与关心，让学生受到感染与教育，逐渐养成彬彬有礼的文明习惯。

依据这一目的，教师举止礼仪具体可以从神态、身姿、手势等几个方面的礼节规范来掌握。

1. 神态的礼仪

教师要善于控制自己的面部表情，在工作和生活中，尽量使自己表情和蔼、亲切、庄重、自然。由于对教师形象理解的偏差，有些教师为了显示自己的权威和尊严，常常板着面孔，不苟言笑，让学生望而生畏，这种做法只能拉大师生间的距离，影响心灵的接触和沟通，也影响到教师在学生心目中的形象。教师应依靠渊博的学识、精彩的教学艺术赢得学生的敬佩，同时以真诚的微笑、谦和的态度来融洽师生感情，因为只有当学生亲其师，才会信其道。①

（1）教师要把握好目光的运用

眼睛是心灵的窗户，眼神可以传达出心情的起伏变化、喜怒哀乐。印度诗人泰戈尔说："一旦学会了眼睛的语言，表情的变化将是无穷无尽的。"赞赏的眼神、鼓励的眼神、威严的眼神，每一个眼神都可以在适当的时候起到"此时无声胜有声"的作用。在教学过程中，有这样的老师的存在：眼睛只顾着盯着教案、书本讲课，而从来不与学生有眼神的交流和触碰；后背对着学生板书，嘴里却叫着某某学生的名字让他回答问题；怒目圆睁，追问学生问题。所有这些都是教师不善于运用目光的表现，同时也是不礼貌的，是长期以来我们习惯了居高临下地对待学生的一种表现。

首先，目光是教师赖以与学生沟通的特殊语言，教师的目光要柔和、亲

---

① 韩立福. 新课程教师礼仪规范与指导 ［M］. 北京：首都师范大学出版社，2006.

切、有神，给人以平和、易接近、有主见之感。当讲话出现失误被学生打断、或学生中出现突发事情打断你的讲课时，不能投以鄙夷或不屑的目光，这样做有损于你在学生心目中的形象。

其次，科学的投射注视的目光。合乎礼节的做法是：用柔和有神的目光注视对方面部，将视线停留在对方双眼与下颌之间的"T"区域，注视时要适当变换视角，以免使人有压迫感，这样就能显示出对对方的礼貌和专心。标准注视时间是交谈时间的 30% ~ 60%，称为"社交注视"①。当教师与年龄较小的小学生交谈时，可亲切地注视学生双眼和胸部之间的部位，配合着轻拍头部和肩膀的动作能传递出教师真诚的关怀、喜爱、体贴之情，但对同事和青春期的学生尤其是异性不能采取这种注视方式，也不宜长时间地凝视对方，否则将有失庄重，会使对方产生误解。在严肃的教育场合，如找个别违纪学生谈话时，用严肃的目光注视学生前额区域，就能给对方一种威严的感觉，在需要的时候适当使用这种注视方式，会取得比和颜悦色更好的教育效果，但要注意把握分寸不宜滥用。

（2）教师要用微笑面对学生

微笑是一种健康的、文明的举止。微笑是维护教师和学生关系的润滑剂，可以拉近彼此间的距离。微笑是教师在教育教学过程中重要的体态语。如果希望自己做一个受欢迎的教师，第一要旨就是学会微笑。教师面带微笑，让学生在轻松愉悦的课堂氛围中学习，情绪智力将稳步提高。

微笑代表着友好，微笑代表着鼓励，当学生在课堂上回答问题时，无论正误，教师都应以微笑的目光注视对方，以鼓励其把话说完，切不可用轻视的表情对待回答较差的学生。微笑可以让学生如沐春风，消除胆小、恐惧的不良情绪。真正的微笑，其本质就是爱，是发自内心、表里如一的。教师只有学会了微笑，才会变对立为对话，变批评为鼓励，促进学生的全面发展。

2. 身姿的礼仪

按礼仪要求，人们的举止应合乎约定俗成的行为规范，做到"站有站相，坐有坐相"。对于教师来说，更应注意坐、立、行的姿势和手势，举手投足都

---

① 李兴国. 教师礼仪［M］. 上海：华东师范大学出版社，2006.

学校走廊墙壁上的一幅画，
表现出特有的学校文化

课堂上教师的微笑鼓励着学生，
课堂气氛自然而融洽

应表现出教师应有的文明礼貌，要注意自己在各种场合的行为举止，做到大方、得体、自然、不虚假。

（1）站姿

对教师而言，健康向上、挺拔自信的站立者形象，是外在风度与内在气质的完美统一的体现。教师站着讲课，既是对学生的重视，更有利于用身体语言强化教学效果。

具体而言，教师的站姿应是：抬头、挺胸、收腹、立腰，身躯正直，下颌微收，双眼平视，双肩自然放松，身体重心落在两脚正中。男教师双腿可适当分开，以双脚不超过肩宽为宜。女教师应双膝自然并拢，一脚略微向前置于另一脚的中后部，两脚呈"丁"字步，或两脚跟并拢，脚尖张开呈"V"字形。如长时间站立，为防止疲劳，可采用稍息姿势，稍息姿势对身体出现的倾斜度要适度，适度为美，如过于后仰或者歪斜，就有失风度了。教师的站姿有四忌：一忌弯腰弓背，歪头斜肩、倚桌靠椅，过于放松和随意；二忌双腿叉开过大，女教师尤应注意；三忌双手插在裤兜里；四忌踮脚颤腿，身体乱摇晃。①

（2）坐姿

教师的坐姿，是一种静态造型，端庄优美的坐姿，会给学生以优雅、稳重、自然、大方的美感，从而提升教学效果。教师得体的坐法是：入座时，动作从容不迫，轻盈和缓。女教师着裙装入座，通常应先用双手拢平裙摆，再平

---

① 韩立福. 新课程教师礼仪规范与指导 [M]. 北京：首都师范大学出版社，2006.

稳坐下。落座时，应坐椅面的 3/4 左右，坐满座椅是有失风度的。落座后，最合适的姿势是头要端正，肩平背直，膝盖成直角。男教师可双膝略微分开，不要超过肩宽，双脚平踏于地。女教师应并拢双膝，双脚一起朝向一边或一只脚稍前、一只脚稍后放置地上或采取小腿交叉的姿势。当教师与学生交谈时，要注意身体的方向，教师上身应微微向对方前倾，眼睛平视学生，面带微笑，表示对学生的尊重与关注，切不可把身体的侧面或背面面对学生，这是教师傲慢无礼的表现。

教师坐着的时候还要避免双腿叉开过大，抖腿、跷二郎腿等不文雅的动作。

（3）走姿

教师在课堂上适当的走动，可以改变学生注视的角度，减轻视觉疲劳。教师的走姿要优雅、从容、落落大方，速度适中，头正颈直，两眼平视前方，上身挺直，挺胸收腹，步履轻而稳，两臂自然摆动，行走时不能弯腰曲背、东张西望、摇摆拖沓、边吃边走、勾肩挎臂，否则将有失庄重，难以形成威仪。

上课时，教师在讲台上，不能走动过频、过急，这样会分散学生的注意力，也不能久站不动，这样会使课堂显得呆板。教师应根据教学的需要，在适当的时候，从容走动或变换一下位置，如果看到有学生不注意听课，可以走到他的座位旁，给以提醒。

3. 手势

教师的手势是教态美在三维空间的延伸，教师应注意手势的运用，要做到得体、自然、恰如其分，使对方感受到尊重友好，而非轻视厌恶。

教师应多用柔和曲线的手势，让人感到自然亲切；教师的手势要适度舒展，一般来说向上、向前、向内的手势表示成功、尊重、肯定；向后、向外的手势表示失败、否定、悲伤等，不能词不达意，错误使用手势。

教师在接取东西的时候，在够得着的范围内动作应是两手持物，五指自然并拢，这样显得庄重而有教养。当学生在学习活动中有突出表现时，教师可以微笑着伸出右手拇指表示赞许，或者为其鼓掌，给予肯定。教师站立时的基本手势是双手叠放或握于腹前，或者双手伸直下垂贴放于大腿两侧。教师应避免对人指指点点、勾动手指招呼别人、蔑视性地伸出小指评价学生、拍桌子等，这些动作传递的信息都容易挫伤学生的情感与自尊，让学生产生抵触情绪。

特别要提醒的是教师理应改掉不自觉形成的一些不良习惯，如当众掏耳朵、擤鼻涕、有意无意地提勒裤腰带、随地吐痰、用粉笔投掷小声说话的学生和对着他人伸懒腰、打哈欠等不文明的动作，这些都会引起学生发笑和厌恶，有损教师形象，削弱教育效果。

4. 人际距离

人际距离是人际关系密切程度的一个尺度。人们总是根据自己对他人的感情而选定彼此之间的距离。在教学中，教师要把人际距离调控作为一种重要的课堂管理手段，通过妥善把握人际交往中空间距离的礼节体现教师的教养与智慧。

在课堂教学中，教师与学生的距离大都在三米开外，这种距离能形成教师的威严，但容易拉开师生间的心理距离，学生的注意力也容易分散。如果教师在适当的时候走下讲台，走到学生中去指导帮助或征询意见，就能缩短师生间的心理距离，增强教育效果。

教师俯身注视着学生，学生会感受到老师对自己的关心

当教师在课下与年龄较小的小学生相处时，可以让学生依偎在自己身边，同时，帮学生擦擦小脸，整理一下衣服，这样能消除小孩子的紧张情绪，让学生感受到教师的关心与爱护。但是对于年龄稍大的异性学生，单独谈话或辅导功课时不能距离过近，应保持至少半米的距离，一般也不能有过多的身体接

触，否则将有失检点①。举止伴随教师一生，在课堂上是一种极为微妙的沟通师生感情、加强师生联系的工具。要像重视教学内容和教学方法一样，去琢磨它，去斟酌它，于举手投足之间培养自己的礼仪修养，塑造良好的教师形象。当然，做到举止得体、大方的前提是教师要拥有一颗真挚的爱心，热爱教育事业、热爱学生、热爱生活，只有满怀无私的爱心而又深谙礼仪之道的教师才能真正赢得人们的尊敬与爱戴。

（三）教师仪容仪表

美国心理学家彼德·罗福认为一个人的服装不只表露了他的情感，还显示着他的智慧。而莎士比亚进一步强调说："服装可以表现人格。"孔子说："不可以无饰，不饰无貌，无貌不敬，不敬无礼，无礼不立。"服装是一种无声的语言，是人向外界表达自己的一个重要窗口。一个人的外表形象如何，直接体现着这个人的精神风貌。教师的仪容着装，是自尊的表现，也是对别人的一种尊重，既要美，又要自然。

1. 服饰

在人与人的交往中，每个人的仪容都会引起对方的特别关注，并影响到对方对自己的整体评价。教师着装得体，会成为无形的教育力量。创造高考神话的河北名校衡水中学几年来都由学生投票选出几位"最佳仪表教师"，这项评选的本来目的并没有与教学相联系，但几年下来，评选结果总是与教师的教学效果高度相关，那些最佳仪表教师往往也是教学成绩最好的教师。一位着装得体、整洁大方的教师，会给学生带来赏心悦目的感觉，从而产生一种崇敬和愉悦的心理，激发学生积极向上的情绪，从而提高教学质量。因此，教师着装应遵循一定的礼仪规范，将健康、积极、阳光的形象展现在学生面前。

首先，教师着装要适宜。对于教师来说，只讲"穿衣戴帽，各凭所好"，显然是不够的。在家里，我们可以穿得随便一些，但在校园里一定要注意衣着的整洁，大方合体，使之适合所处的场合、时间、地点、教学对象和自己的体型、性格、年龄。TPO原则是目前国际上公认的衣着标准，T，P，O分别是英

---

① 韩立福. 新课程教师礼仪规范与指导［M］. 北京：首都师范大学出版社，2006.

语中 Time，Place，Object 三个单词的首字母缩写。"T"指时间，泛指早晚、季节、时代等；"P"代表地方、场所、位置、职位；"O"代表目的、目标、对象。着装遵循了这个原则，就是合乎礼仪的。

其次，教师要注意衣着的色彩搭配。研究表明，人们在观察物体的时候，色彩感觉占80%，服饰的协调主要是色彩的协调。服饰专家们认为，女教师的服饰色彩应该是明快的、温暖的。因为有研究表明，儿童乃至青少年，对明快、温暖的色彩特别感兴趣，所以，白、苹果绿、柠檬黄、天蓝、粉红、湖蓝、橘黄等颜色，是女教师的首选。一般印象中的女性"办公一族"的黑、白、灰等经典色，不是教师着装的最完美选择。教师服装色彩单调，对课堂气氛和学生的情绪会起间接的消极影响。所以可以尝试在沉稳的深色系列服装中加入一点亮点，一些细节的色彩处理会使服装产生不一样的视觉效果。

2. 发型

头发处于人体的"制高点"，其干净、整洁与否往往是他人一目了然的。作为教师，应当像重视自己的服饰一样，对自己头发的干净与整洁给予高度的重视。良好的发型可使人仪表端庄，显得彬彬有礼，蓬头散发会给对方不礼貌的感觉。"爱美之心，人皆有之"，有的教师追赶时尚，希望把头发染成漂亮的颜色，烫成新式的发型，但把头发打理得过于花哨，会对学生产生不良的影响，因此，教师的发型要以整齐、清爽为首要条件，为学生树立好的榜样。

中篇：教师专业化与教师成长

第五章　教师专业化

一、教师专业化概述

（一）什么是教师专业化

"化"，按《辞海》解释，是"表示转变成某种性质或状态"，这里包含过程和性质的含义。关于专业化也有两层含义：一是指一个普通职业群体逐渐符合专业标准，成为专门职业并获得相应的专业地位的过程；二是指一个职业群体的专业性质和发展状态处于什么情况和水平。目前，教育理论界对专业化所持的普遍的观点是：教师专业化是指教师个体专业水平提高的过程以及教师群体为采取教师职业的专业地位而进行努力的过程，前者是教师个体专业化，后者是指教师职业专业化。教师个体专业化与教师职业专业化共同构成了教师专业化。

教师专业化的基本含义是：①教师专业既包括学科专业性，也包括教育专业性，国家对教师任职既有规定的学历标准，也有必要的教育知识、教育能力和职业道德的要求；②国家有教师教育的专门机构、教育内容和措施；③国家有对教师资格和教师教育机构的认定制度和管理制度；④教师专业发展是一个持续不断的过程，教师专业化也是一个发展的概念，既是一种状态，又是一个不断深化的过程，教师专业化本质上强调的是成长和发展的一个过程。

目前，随着教师专业化进程的不断深入，人们逐渐将研究的视角由关注群体专业化的策略转向提高教师个体专业化水平，从而更加强调"教师专业发展"的重要意义。但从广义的角度说，"教师专业化"与"教师专业发展"这两个概念是相通的，均指加强教师专业性的过程。

哈格里夫斯和古德森两位学者总结了教师专业化的七项原则：

第一，教师对于所教内容的价值以及它们的道德和社会目的，包括核心的课程设置和对体现这些价值及目的的各种相关问题的评估，具有参与的机会和愿望。

第二，在教学、课程设置以及关怀、影响学生方面，教师行使自主判断的机会和责任不断增加。

第三，承诺在一种相互帮助、相互支持的合作氛围中与同事协作，运用共享的专门性技能和知识解决当前专业实践中存在的各种问题，而不是将共同合作作为一种功利性的手段去完成他人外在的命令。

第四，它是一种职业性的他律，而不是自我保护性的自律，即教师的工作既不失其权威性，又是开放的和合作的，是在更广泛的范围中与他人特别是与家长和学生展开的合作性工作。

第五，它是一种主动关心学生的承诺，而不仅仅是一种安慰性的为学生服务的承诺。在这个意义上，教师的专业化必须承认和包括教学中情感和认知的取向，以及认识到专业技能和处理方法对于承诺和有效的关心是非常重要的。

第六，它具有一种自主的研究和与自己专业技能、知识和行为标准相关的持之以恒的学习探索，而不是应他人的要求去顺从那些变化多端的和令人疲惫的各种义务要求。尽管这些要求也常常打着继续学习和完善工作的幌子。

第七，它应该具有对更复杂和更高的任务的创建和认识，以及随着这种复杂性的提高，相应的提高其地位和收入层次。

（二）教师的专业标准

任何一种职业要成为一门专业，必须符合以下几个标准①。

（1）运用专门的知识与技能：这里指一套完善的专门知识和技能体系，作为专业人员从业的依据，简称专业知能。

（2）强调服务的理念和职业伦理：这里指服务或奉献的专业道德。专业道德是该职业群体为履行责任、满足社会需要、维护职业声誉而制定的自我约束行为规范，即一套一致认可的伦理标准。

（3）经过长期的培养与训练：成熟的专业必须通过长时间的专业训练，有一个养成的过程。

（4）需要不断地学习进修：作为专业的职业生涯，在几十年的专业活动中，随着社会的进步与变迁，对于专业的挑战几乎每天都在发生，所以需要不断适应和学习进修，才能使专业知能不断跟上时代前进步伐，被发展着的社会所认可。

（5）享有有效的专业自治：当一个专业处于相对强盛的地位时，它的专长能满足重要的社会需求，它的科学知识体系已经高度专门化而十分深奥复杂，以至于外行人员不能挑战专业人员的技术判断，专业自治便成了可能，专业自主的人员可以自己决定进入该职业所需的教育和培训标准，并在帮助国家形成规范这一职业实践的法律上，发挥巨大影响力。

（6）形成坚强的专业团体：一种工作是否专业，也可从是否形成坚强的专业组织上来看。专业的成员发起组织，诸如学会、协会等设定入会资格的民间组织，形成由专业人员组成的自我管理的专业团体并对专业人员的个人成就给予认可。一方面能够保证专业地位的确定，保护和提高他们的个人利益；另一方面则能通过设立章程和伦理法规，促进伦理规范与权利义务的实施，强化个人以及团体的责任感，保障客户和公众的利益。

---

①　刘捷. 专业化：挑战 21 世纪的教师 ［M］. 北京：教育科学出版社，2002.

二、教师专业化的提出

教学是不是专业？教师是不是专业工作者？这两个紧密联系在一起的问题在我国一直是受人关注且引起广泛争论的问题。人类在古代长期的历史发展中，并没有把教书视为一种专门化的职业，教师也没有经过专门的训练。起初是"养老与育幼相结合，师长合一"的古老习俗，后来是"官师合一""僧师合一"的漫长历程，并无专门的机构与特别的制度，教师的养成模式基本上是简单的"艺徒式"。后来随着师范教育理论与实践的产生、丰富和发展，教师职业才逐渐成为专门的科学的职业。20世纪60年代以来，教师专业化运动逐步发展起来。1966年联合国教科文组织和国际劳工组织召开的"教师地位之政府间特别会议"，通过了《关于教师地位的建议》，指出："应该把教育工作视为专门的职业，这种职业要求教师经过严格地、持续地学习，获得并保持专门的知识和特别的技术。"20世纪八九十年代以后，教师专业化运动进一步走向深入，1986年，美国的卡内基工作小组、霍姆斯小组相继发表《国家为培养21世纪的教师作准备》《明天的教师》两个重要报告，同时强调确立教师专业性为教师教育改革和教师职业发展的目标。教师专业化运动开始在世界众多的国家中蓬勃发展起来，教师成为专业工作者的观念广为人们所接受。

我国20世纪30年代就对教师职业展开过讨论，当时有人认为，"时至今日，教师不独是一种职业，并是一种专业，其性质与医生、律师、工程师等相类似""教师地位日益提高，师范教育日益重要"。尽管如此，我国对教师是不可替代的专门职业仍有分歧，不少人认为，在不合格教师仍然存在、中小学教师专业性不强、整体素质不高的情况下，难以让人认同教师是专业工作者。

20世纪八九十年代以来，"教师是专业工作者"的声音逐步在我国增强，并且逐步得到法律的认可。《中华人民共和国教师法》已经确立教师作为"履行教育教学职责的教育专业人员"，将我国教师的专业权力扩展到了教学改革、科学研究、学术自由、民主管理等方面。这是对我国教师专业权力和职业性质的重大突破，它不仅标志着我国教师的劳动性质发生根本意义上的变化，也表明教师的角色开始从传统的教书匠转变为从事教育教学工作的专业工作者。

1998 年，在北京召开的"面向 21 世纪师范教育国际研讨会"明确指出："当前教师教育改革的核心是教师专业化问题。"目前，无论是理论研究者还是一线教育工作者都一致认为，21 世纪的教师必须是接受过专业化训练，有着较高专业素养的教育专业工作者。

三、教师专业化的意义

在知识经济时代，教育的变革使得教师发展的意义日益凸显。知识经济，是以知识为基础的经济，维系知识经济时代人类经济生活的，已经不是静态的知识，而是知识的不断创新。创造是人类的天性，在当代教育历史进程中，教师不是单纯的任务执行者，而是教育的思想者、研究者、实践者和创新者。在专业发展路径上，教师的主体地位、精神和意识得到了时代推崇，教师专业化发展和对教师的重新发现，将对 21 世纪教育产生重大影响。教师发展，是时代发展的客观诉求。

（一）教师专业化是提高教育质量的关键

振兴国家和民族的希望在于教育，振兴教育的希望在于教师，这已成为人们的共识。鉴于教师在教育活动中所扮演的角色和所起的作用，可以说，离开教师的专业化发展，任何教育改革和发展的设想都难以变成现实，这是人们在教育实践活动中得出的经验和教训。以美国为例，20 世纪 80 年代初，美国社会进行了第一次教育改革浪潮，这次改革试图以课程为突破口，来提高基础教育的质量，但由于改革忽视了教师的参与和专业发展问题，使得这次教育改革浪潮最终以失败告终。因此，在第一次教育改革之后，美国开始把教育改革的中心转向教师的专业化发展，以便在教师发展的基础上来实现基础教育质量的提高。由此，美国 20 世纪 80 年代又掀起了第二次、第三次教育改革浪潮，教师教育改革开始成为教育改革的主题。这个思想又深刻地影响了世界其他国家。当前，世界上的大部分国家都达成了共识：教育质量的提高与教师发展是紧密地、有机地联系在一起的。

（二）教师发展是教育改革的原动力

任何教育改革方案的贯彻实施最终都必须落实到具体的教育活动中。由于教师在实际教育活动中所发挥的支配作用，教师的素质因而成为决定改革成败的一个重要因素。教师的思想观念、对改革的理解和所持的态度、能力素质、创新精神等决定了教师在推行改革方案时，其行为具有一定的主观能动性和选择性，这使得教育改革在一定程度上依赖于教师的能力素质。由于一些自上而下的教育改革往往以政府的政策和行政命令为改革的动力，忽视教师的素质和专业发展问题，因而在实践中出现遭到教师抵制和难以推行的问题。真正的、富有生命力的教育改革的原动力应该来自于教师的持续不断的专业发展，只有当教师通过持续不断的专业发展培养了变革意识、具备了改革创新的能力和奉献改革大业的崇高精神时，教育改革因此便获得了源源不断的巨大动力。

当前，我国基础教育新课程改革已经进入实质性阶段，但广大中小学教师的不适应性问题明显地摆在人们的面前。其原因虽然很多，但其中一个重要的原因仍然在于人们轻视了教师在课程改革中的作用。一些地区违背了新课程改革的意愿，一味地快速、强制性推行新课程，而不注重教师的积极参与，与新课程配套的教师培训没有及时进行或者流于形式。这使得部分地区的新课程推行陷入举步维艰的境地。因此，必须尽快澄清认识上的误区，确立教师发展是教育改革的原动力的观念，并切实加强对教师进行新课程的理念、教学、评价等方面的培训，使教师真正发挥起推动新课程改革的主体性作用。

（三）教师发展是教师自身幸福的源泉

教师职业具有极大的幸福价值。教师的幸福就是教师在自己的教育工作中，基于对幸福的正确认识，通过自己不懈的努力，自由实现自己的职业理想，实现自身和谐发展而产生的一种满足、自我愉悦的生存状态。教师的幸福不仅关系到教师的个人生活质量，而且也关系到教师是否能从教书匠向教育家过渡、教育质量是否能不断提高、教育改革是否能够顺利进行的大问题。教师的幸福感体现在很多方面，比如体现在教师对学生的理解和关怀中，体现在学生的不断成长中，体现在教师对教育事业的无私奉献中，更体现在教师在工作中获得的成就感、自我超越感以及持续不断的专业发展中。教师幸福感的获得离不开教师的能力发展。教师对幸福的理解、敏感、向往与追求，都是一种有待于发展的主体能力。因此，教师发展对教师幸福来说非常重要，没有教师发展，教师幸福便失去了源泉。

（四）教师发展是学生发展的前提

教师发展与学生发展是紧密地联系在一起的。如果从教师的角度来看，学生发展对教师发展有促进作用，这突出地表现在学生的发展为教师发展提供了许多机会。教师若能抓住这种机会，向学生学习，便能在教学中实现教学相长。如果从学生的角度来看，教师发展是学生发展的前提。学生的发展需要教师的引导和培育。离开了教师的发展，学生的发展便成了无源之水。我国最早的教育专著《学记》在先秦时期就阐述了教师与学生相互制约、相互影响的辩证关系。"学然后知不足，教然后知困。知不足，然后能自反也；知困，然后能自强也。故曰：教学相长也。"

四、教师专业化发展历程

从教师开始成为一种专门职业算起，教师专业化大概走过了 300 多年的历史。在这一历史进程中，教师职业从无到有，从"半专业"或"准专业"逐渐发展到专业化。

（一）教师专业化的无意识期——具有知识和经验的人员所担任的兼职教师

从奴隶社会开始，出现脑力劳动和体力劳动的分工；随着文字的出现，教育逐渐从体力劳动中分离出来，学校作为专门的教育机构开始出现。伴随着学校的出现，产生了以教育教学为职业的教师。由于受到社会生产力和生产关系发展水平的制约，教育发展十分落后，教师职业在很大程度上是一种"副业"。这一时期，教师还只是由一些具有知识和经验的人员所担任的兼职教师，没有经过专门的培养和培训，更谈不上有系统的教育教学理论作为指导。教师职业的发展处于一种很低的水平，教师的社会地位也很低，专业化更无从谈起。

文艺复兴时期，国民小学、初等中学和职业学校之类的群众性学校先后在欧洲各国举办和发展起来，它们与由中世纪大学和古典文科中学逐步演变而来的学术性学校一起，共同构成了欧洲现代教育的双轨学校制度。在这一背景下，原来的兼职教师明显不能满足教育发展的需要，于是就出现了专门从事教育的专职教师。

（二）教师专业化的准备期——出现了专门从事教育的专职教师

随着专职教师的出现，对教师进行职业培训势在必行。许多国家开始单独建立专门的师范学校来培养和培训所需规格和数量的教师。

1681 年，法国基督教兄弟会神甫拉萨尔在兰斯创办了世界上第一所师资培训学校。1695 年，德国的弗兰克在哈雷创设了教师养成所。18 世纪中下叶，随着普及初等义务教育逐步在一些资本主义国家的实施，教育理论界和教育实践界不断推进教育科学化运动，现代教学方法也渐成体系，教育理论更是有了长足的进步，师范教育理论的轮廓日渐明朗。在这一背景下，教师开始作为一门专业从其他行业中分化出来，形成了自己独立的特征。与此同时，欧美各国相继出现了专门培训师资的师范学校。1765 年，德国首创公立师范学校。1795 年，法国巴黎建立师范学校。1779 年，俄国政府在莫斯科大学附设师范学堂，1804 年在彼得堡兴建独立师范学堂。系统、正规的师资培训体系的出现，标志着教师专业化的到来，意味着教学作为一门科学被引入到学校教育之中。

19 世纪末，许多国家把义务教育的年限从初等教育阶段延长到初中教育阶段，对教师的量的需求明显增加，对教师的专业素质要求也越来越高，要求初等学校的教师也要具有高等学校的学历。因此，师资培训就相应地由原来的师范学校的单一培养逐步过渡到了由师范学院和综合大学来共同培养。原有的师范学校制度已不再适应时代的发展和需要。

20 世纪以后，发达国家都先后经历了从中等教育水平的师范学校教育到高等教育程度的师范学院教育，从师范学院的独立培养到综合大学的本科教育加大学后专门的教育课程训练的转变，并逐步形成了教育学士、教育硕士、教育博士的教师教育体制。

中等师范教育向高等师范教育的发展是教师专业化发展史上的一大转折，是教师教育由低层次向高层次迈进的重要标志。

20世纪70年代以后，世界上的许多国家都主张把教师职业变成一种特殊专业，教师的身份要由实践者转变为职业者，由技工型教师转变为职业型教师。

但是总体来说，由于教师的专业化程度远未达到理想的水平，相对于医生、律师等职业来说，教师专业还只能说是"半专业"，或者是一个"形成中的专业"，教师职业正处于"走向专业化的过程"。

（三） 教师专业化的发展期——要求教师专业化

20世纪60年代中期以后，人口出生率下降导致对教师的需求量也随之降低。此外，公众对教育质量愈发不满，引发了对教师教育的批评。因此，对提高教师"质"的要求就逐渐取代了对教师"量"的急需，对教师素质的关注达到了空前的程度，教师专业化形成了世界性的潮流。

1966年国际劳工组织和联合国教科文组织在法国巴黎召开的"教师地位之政府间特别会议"上，通过了《关于教师地位的建议》，首次以官方文件的形式对教师的工作性质作了界定，并对教师职业的专业化作出了明确的说明。文件提出："教育工作应视为专门职业。这种职业是一种要求教员具备经过严格而持续不断的研究，才能获得并维持专业知识及专门技能的公共业务；它要求对所辖学生的教育和福利具有个人的及共同的责任感。"

从宏观层面来看，教师专业化要求教师职业具有自己独特的职业条件和培养体制，有相应的管理制度和措施，包括国家规定的学历标准、必要的教育知识和教育能力、职业道德、教师资格管理制度等。

从微观层面来看，教师的教育工作不能再满足于传统的教育教学方式，即按照固定模式向学生灌输道德、传授知识和训练技能，而是要研究学生的不同特点，采取最恰当的教育教学策略，指导每个学生的发展，真正实现因材施教的教育目标。

20世纪80年代以来，教师专业化已经成为一种强劲的思潮，具有不可逆转的发展趋势，显示出了强大的生命力，影响着世界各国教师教育的发展。

1980 年 6 月 16 日，美国《时代周刊》刊载了一篇题为《救命！教师不会教！》的文章，广泛引起了社会公众对教师质量的担忧。一场以提高教师素质，促进教师专业发展为核心的教育改革运动的序幕就此拉开。

1980 年出版的以《教师专业发展》为主题的《世界教育年鉴》中指出，教师专业化必须分清楚两个层次：提高教师社会地位和待遇的专业化以及提高教师教学水平和扩展教师个人知识技能的专业化。

1986 年 5 月，美国卡内基教育和经济论坛工作组发表题为《国家为培养 21 世纪的教师作准备》的报告，建议重建教师队伍。同年，霍姆斯小组发表题为《明天的教师》的重要报告，提出以教师的专业性作为教师教育改革和教师职业发展的目标。

1989～1992 年，经合组织（OECD），相继发表了一系列有关教师及教师专业化改革的研究报告，如《教师培训》《学校质量》《今日之教师》《教师质量》等。

1996 年，联合国教科文组织召开的第 45 届国际教育大会提出："在提高教师地位的整体政策中，专业化是最有前途的中长期策略。"

当前，世界各国都把教师专业化看作是教师培训的出发点和归宿，是教师教育改革的核心，是当前世界教师教育所共同面临的一个重要问题。

五、教师专业化最新进展

当前，世界各国都在以强有力的教育行政措施来推进教师教育的一体化和专业化，力图统合教师的职前培养和职后进修的作用，通过教师教育大学化来促进教师素质的全面提高。

（一）教师职前培养改革

1. 教师教育课程设置合理化

具体表现在明显增加教育专业类课程的比重，突出教育专业课程在教师教育中的地位和作用，增加了教育实践机会，延长教育实践时间，重视教师教育基本技能训练，尤其是现代教育技术条件下的基本技能训练。

在美国，普通文化教育在学习时间上大约占学士学位课程计划的一半，占全部课程的40%左右；专业教育分为任教学科专业科目、人文及行为学科科目、教学理论与实践和教学实习四部分，占全课程的40%左右；教师教育，即涉及教师职业道德和多种有关的知识、能力和技能，包括教育基础理论课程、教育方法与技能课程以及教育实践活动，占全课程的20%左右。

当今世界发达国家的教师教育课程设置重视吸收科学技术和文化艺术的最新成果，加强普通基础课的作用与地位。例如，美国的基础课占总课程的40%，日本占37.7%，德国占33.3%。同时，在教育专业课程方面也注重增加课时。如德国的教育理论课程占总学时的25%，英国占25%，法国占20%。这些课程设置都更加充分地体现了教师职前培养的专业化走向。

2. 教师教育开放化

当前，教师职前培养模式已从封闭式、定向型向开放式、非定向型转变，经历了从经验模仿到一元封闭再到多元开放的三个演进阶段，逐渐从封闭的职前、职后"两级分离"走向开放的职前培养、入职教育和职后提高的"三环合一"的教师教育专业化轨道。

美国、英国、德国、日本、法国、新加坡等国相继对封闭型的高等师范教育体制进行改革，实行包括有综合性大学或非师范类院校、师范院校、教育学院参与中小学师资培养的多元、开放的教师教育体制，提高教师培养的专业化水平。

随着教师教育由封闭走向开放，原来单纯依靠师范院校培养师资的格局已经打破，综合性大学也加入到师资培养的队伍中来。

（二）教师进修制度改革

1. 广开进修渠道

在日本，全国除了有各级高等院校主办教师进修业务之外，还有500多个全国性和地方性的民间教育社团参与教师进修工作。

在英国，几乎所有的高等教育机构、教育研究所都积极参与教师的在职进修工作。

2. 进修目标多元化

在英国，向教师提供的教师进修课程主要有以下五种：①供学历不合格的教师进修补习的补习课程；②供已有了 3 ~ 5 年教龄的合格教师研习的高级研修文凭课程；③供师范院校毕业的中小学教师进修的教育学士学位课程；④供中小学教师攻读的教育硕士学位课程；⑤供各类教师研究解决教育教学实际问题的短期课程。

3. 进修方式多元化

首先是进修计划极富弹性，进修教师可根据自己的需要来选择合适的进修方式，有正规的进修和非正规的进修。

其次是进修的时间可长可短，可以根据进修教师的实际情况，选择在职进修或是脱产、半脱产进修。

再次是进修的方式方法多种多样，有面授、函授、实验研究、个人专题研究、小组研讨活动、调查访问、教学方法示范交流、考察观摩等。

4. 倡导终身学习理念

英国规定，新任教师可以有 1/5 的时间去进修，而正式教师可以每隔七年轮流脱产进修一次。

法国规定，每个中小学教师，每年都有权享受学习进修假两个星期，总计每位教师一生中有学习进修假两年。

日本规定，有五年以上教龄的中小学教师，可以被推荐到新教育研究生院大学深造。

5. 教师教育大学化

教师教育大学化是 20 世纪 90 年代以来西方发达国家，尤其是欧洲国家就教师教育提出的一个非常响亮的口号，是教师教育专业化发展的客观要求，其实质是大学教育学院的教师教育专业建制。

教师教育大学化是指那些没有教育学院的大学要建立教育学院，而有教育学院的大学必须在原有教育学院的制度功能上进行转型，即要建立多项目或多层次结构的教师教育制度。建立教师教育在高等教育中的学科地位，确立教师学位新观念；处理教师执照和证书之间的关系，解决教育学院与文理学院之间、教师教育者与教育理论家之间的矛盾；处理教师教育大学化与教师教育研究之间的关系等。

教师教育大学化要求确立教师教育在高等教育中的学科地位，进而建立与之相适应的教师教育学术制度。包括成立大学教师教育研究机构、建立教师教育研究会、创立教师教育杂志、建设教师教育课程、设立教师教育的学位制度培养教师教育的硕士和博士人才等。

第六章　教师专业化成长的规律

从 20 世纪 60 年代始，教育界开始大力关注教师专业发展的阶段性特征，研究者逐渐从不同视角对教师专业发展的过程、阶段和其规律进行研究，涌现出了许多教师专业发展的阶段理论。各种理论的核心都是围绕着教师在贯穿终身的专业发展过程中所经历的不同阶段及特点进行讨论，其目的都是为了探索教师成长的规律，帮助教师更清楚地了解及应对不同阶段的特点，做到有的放矢，更顺利地解决每一阶段中出现的问题和新情况，实现自身更好更快的发展。

一、教师专业化发展阶段的理论介说

（一）国外关于教师专业发展阶段的理论研究

1. 福勒的教师教学关注阶段论

教师专业发展阶段的研究，始于福勒（F. Fuller，1969）所进行的教师职前"关注探究"。福勒指出，一个教师的成熟发展必须经过四个阶段：

（1）任教前关注阶段。这个阶段是师资养成时期，主要指在校接受培训的师范生，他们仍然认为自己是学生。由于没有经历教学实践，所以他们只关注自己。而且对给他们上课的老师，常常是不表示同情，甚至是怀有敌意的。职前培养阶段，对于教师的角色处于想象中。

（2）早期生存关注阶段。此阶段初次接触实际教学工作，所关注的是作为教师自己的生存问题。所以，他们关注对课堂的控制、是否被学生喜欢和他人对自己的评价。故此阶段，他们具有相当大的压力。

（3）教学情景关注阶段。教师开始将注意力转移到教学情景中的种种问题和限制上，他们关注学校能否提供给他们教学上所需的资源和条件。但他们所关注的仍是他们自己在教学情景中的表现。

（4）关注学生发展阶段。此阶段的教师，已能自如地把注意力从自我身上转移到学生的学习需求和发展上。经过前三阶段的发展，他们已能适应现实的教学情景和本身的工作任务。因此，他们更能够专注于学生的心理和学习成果。而对于有些教师在他整个职业生涯中都没有进入第四阶段。

福勒的关于教师关注阶段的研究，使人们认识到个人成为教师的这一历程是经由关注自身、关注教学任务，最后才关注到学生的学习以及自身对学生的影响，这样的发展阶段是逐渐递进的。在不同的发展阶段，关注点有所迁移与变化，从一个侧面反映了教师发展过程中所呈现的规律，并开了教师专业发展研究的先河。

2. 费斯勒的教师生涯发展循环论

该研究由菲斯勒（Fessler，1984）提出。所谓循环，即认为教师的发展轨迹并非是一种直线式的阶段模式，而是一种具有可循环的、可重生的发展系统。教师的发展是个人环境（家庭影响、成长经历、重要事件、个人气质和个体经验等）、组织环境（学校自然环境、人际环境、专业组织机构、管理风格和社会期望等）和生涯环境（职业引导、能力建立、职业热情、生涯挫折等）相互影响和作用的结果。菲斯勒将教师专业发展划分为八个阶段：

（1）职前准备阶段。特定角色准备期，接受师资培训阶段。

（2）入职阶段。初任教师的前几年，教师要实现教育系统社会化，并学会做教学日常工作，努力寻求学生、同事、学校领导的认同。

（3）形成能力阶段。教师努力增进教学技巧和能力，设法求得新的教学材料、方法和策略。易接受新的教育观念，积极参加专业学习。

（4）热心和成长阶段。继续追求专业成长，热爱教育工作，热心教学改革。

（5）职业受挫阶段。教师对教学产生挫折、倦怠和幻灭，工作满足感逐渐下降，怀疑自己为什么要选择教师的工作。

（6）稳定和停止阶段。在此阶段的教师缺乏进取心、敷衍塞责，只做分内事，不会主动追求优秀。

（7）职业泄劲阶段。在此阶段，教师准备离开教学工作。怀着愉快的或苦涩的心情离开。

（8）职业生涯结束阶段。在此阶段，教师退休、自愿性离职或随意的中止工作。

费斯勒的教师生涯发展循环论对教师发展的阶段描述提供了一个较为完整的纵贯教师生涯的理论架构。更为突出的是费斯勒借用社会学的研究方法，将教师的发展回归到教师的现实世界中去。总之，费斯勒的教师生涯循环论无论是对于完整的教师生涯进行规划，还是依据教师各个发展阶段对其提供辅助支援，都具有重要的理论参考价值。

3. 斯德菲的教师生涯发展论

美国学者斯德菲以自我实现理论为依据，提出教师的发展为五个阶段。从人的自我需要的视角分析，每一个教师都希望成为好教师，都有被肯定评价、实现自身价值的需要。

（1）预备生涯阶段。主要为新任职的教师或重新任职的教师。前者需要三年的时间，才能进展到下一阶段，后者会很快超越此阶段。在此阶段的教师具有的特点：理想主义、有活力，富创意、接纳新观念，积极进取，努力向上。

（2）专家生涯阶段。此阶段的教师具有任教科目的多方面能力、知识和态度，也拥有多方面的信息。在此阶段的教师具有的特点：具有较高水平的教学能力和技巧；有较高的透视力，可随时掌握学生的动态，并对学生有较高的期望值；能激发自我潜能，达到自我实现。

（3）退缩生涯阶段。此一阶段，又可分为三个小阶段：初期的退缩、持续的退缩和深度退缩。初期的退缩阶段：教师很少致力于教学改革，教学内容年年重复，所教学生表现平平，个性表现固执、沉默、随波逐流。如果适时支持和鼓励，又会恢复到专家生涯阶段。持续的退缩阶段：教师表现出明显的倦怠感，经常批评学校、家长、学生教育行政部门，甚至表现好的教师。他们抗拒改革，个性也变得消极，或独来独往，或喋喋不休，人际关系不和谐。深度退缩阶段：教师表现出教学上的无力感，甚至有时会伤害到学生。但有些教师本人并不认为自己有这些缺点，具有强烈的自卫和防范心理。学校很难处理这一阶段的教师，通常是让教师暂时转岗或离开教师职业。

（4）更新生涯阶段。此阶段的教师在开始出现厌烦的征兆时，就采取较为积极的对应措施。如参加研讨会、进修学习或加入教师组织等。由于采取措施得当，就会出现主动致力于吸纳新知识，重新振奋起来，重新回到追求专业成长的状态——预备生涯阶段。但更成熟、更有针对性。

（5）退出生涯阶段——离开教师岗位。由于已经到了退休年龄，教师必须离开教学岗位。一些教师开始安度晚年，而一些教师则可以继续追求生涯的第二春天。

斯德菲的教师生涯阶段模式，非常清楚地反映了教师专业发展的特点，尤其是斯德菲的教师职业生涯发展模式中的更新生涯阶段，弥补了费斯勒的教师生涯周期理论中的不足，即当教师处于发展的低潮时，如果外界给予适时、适当的帮助与支持，教师是有可能渡过低潮期而继续追求专业成长的。

总之，教师成为教育教学的专业人员，要经历着一个从不成熟到成熟并贯穿职业生涯终身提高的发展过程。这一专业发展的过程会随其在不同阶段的发展在专业信念、教学关注以及课堂教学行为等方面体现出不同的特征。这些不同的变化特征研究为教师的专业发展提供了理论依据。

（二）国内关于教师专业发展阶段理论研究

1. 我国台湾学者饶见维的研究

1996 年出版专著《教育专业发展——理论与实务》，他根据教师专业发展的特性和目标，提出理想的教师专业发展进程为 3 个阶段 6 个时期：

（1）职前师资培育阶段，包括探索期（大学一年级前，探索教师的工作性质，试探是否符合自己的性向）、奠基期（大学一年级至大学四年级，奠立成为教师所需的基本素养）；

（2）初任教师导入阶段，包括适应期（任教第一年，求适应求生存）、发奋期（任教二至四年，大量学习以求尽快成为胜任教师）；

（3）胜任教师精进阶段，包括创新期（任教五至九年，不断自我创新和检讨）、统整期（任教十年以上，统整与建构，逐渐走向专业圆熟的境界）。

2. 吴康宁教授的研究

将教师专业化过程分为预期专业社会化与继续专业社会化两个阶段。

3. 傅道春教授的研究

将教师的职业成熟分为角色转变期、开始适应期和成长期三个时期。

二、中小学教师成长的一般阶段

教师专业发展不是一个简单的、线性的递进过程，而是一个螺旋上升的前进过程。因此，结合我国的教育现实，我们尝试将教师专业发展划分为职前阶段、入门阶段、胜任阶段、熟练阶段和专家阶段五个阶段。

（一）职前阶段

职前阶段，即师范生的专业化阶段，是教师角色的储备期，这一时期的教师专业发展主要是教师专业素质的养成。

职前教师专业发展的途径主要是通过在教师教育院校的学习来完成的，教师教育院校是培养师资的正式机构。目前，世界高等教师培养机构的设置存在三种类型：①师资培养是综合大学、文理学院等高等院校；②师资培养机构是独立存在的师范院校；③存在独立的教师教育机构，综合大学与文理大学也参与培养师资。我国教师教育机构以独立设置的师范院校为主体，师范院校包括中等师范院校、师范专科学校、师范学院（师范大学）以及少数综合大学的教育学院。职前教育学历的不同而决定其培训的年限有所不同。

（二）入门阶段

入门阶段指新教师从受聘上岗到转正前这一段时期所接受的指导和训练。这是新教师过渡、体验、培养责任感和使命感、更快进入学校文化系统扮演职业角色的重要环节。

初任教师的入职阶段在教师整个专业发展过程中的地位非常重要。具体表现为：①初任教师在入职阶段的发展直接影响着他们是否会继续留在教师岗位；②初任教师在入职阶段的发展影响着他们未来将会成为什么样的教师；③入职期是初任教师步入成人期的起始阶段。因此，重视入门阶段的教师教育对于教师专业成长具有重要的意义。

　　有关入门阶段的教师专业发展的具体对策我们将在下一章具体阐述，这里不再赘述。

（三）胜任阶段

　　在积累了更多的教学经验并尝到成功的喜悦后，一大部分新教师可以成为胜任教师，但并不是所有的教师都能达到这个水平。一般来说，大多数工作了三四年的教师可以达到胜任水平：①课前他们能有意识地选择教学内容，确定教学重点、难点，制订教学计划，明确采用适当的方法进行实际的课题教学；②授课时这些老师能引导学生轻松地掌握重点、难点知识，更重要的是他们能分析课堂环境和学生的实际听课情况，更主动地掌握课堂教学，了解自己的教学效果；③为了更有效地控制课堂，他们会积极主动地进行反思。如此一来，这些老师对教学更富责任感，以更高涨的工作热情投入到新的教学中去，希冀取得更大的教学效果。

（四）熟练阶段

　　在工作五年后左右，有一定数量的教师会进入教学水平相对熟练的发展阶段。这时，教师的直觉起着越来越突出的作用。他们对教学情境已有了直觉感受，并通过分析教学情境积累了比较丰富的教学经验，因此能够在更高的水平上发现教学情境的相似性，并加以有效的分析和判断，对新的教学情境进行提前预测。而且随着时间的积累，预测的明晰性和准确性不断提高。

（五）专家阶段

　　专家阶段是教师发展的最高级阶段。能进入熟练水平的教师不少，可是能发展为专家水平的教师却为数不多。进入此发展阶段的教师，能凭直觉把握教学，他们见闻广博，驾驭教学的能力极强。在课堂上娴熟自如，润物细无声，运用知识如春雨浇灌学生的心田。而且更重要的是他们能成功地鼓舞指导年轻教师，对年轻教师的专业成长起着引领作用，成为年轻教师模仿、学习的样板。

三、影响教师专业成长的因素

正确认识影响教师专业成长的诸多因素，积极探究促进教师专业发展的基本策略，对于推动教师专业成长和学校内涵发展，具有十分重要的意义。

教师专业成长是一个复杂的系统工程，是内外因共同作用的结果。影响教师专业成长的因素中既有（社会、学校、家庭）客观环境因素，又有教师自身的主观因素，其中后者是关键性因素。只有处理好内外部因素中各要素的关系，才能促使教师既健康又快速的成长。

（一）教师的专业发展的自身因素

教师本人是自身专业成长的主人。因此，教师本人的结构特征是影响教师自身专业成长的内因。教师个体因素是影响教师专业发展最直接、最主要、也是最根本的因素。从某种意义上可以说，教师自身是其专业成长中的决定性因素，也是影响教师专业发展的关键因素。教师的自身因素有：教育信念、知识结构、能力素养、人格因素、从业动机与态度、专业发展需要与意识等。

1. 教育信念

教育信念是指教师在对教育工作本质理解基础上形成的关于教育的观念和理性信念，它是指导教育行为的思想观念和精神追求。它在教师的专业结构中处于最高地位，统摄着教师专业结构中的其他要素。教育信念的本质是社会对教育的要求在教师知识结构中的体现，也是教师对自己教学能力和教学效果的一种感性的或理性的知觉。它也可以说是教师个体的教育教学理论素养与人性观相互作用的结果，主要体现在教学效能感和教师观与学生观上。教学效能感是指教师对于自己影响学生的学习活动和学习效果的能力的一种主观判断，包括一般教育效能感和个人教学效能感。教学效能感具有鲜明的社会时代性，能够直接影响到教师对教学工作意义的认识，进而影响教师工作中的情绪和情感，甚至个性心理特征和行为倾向。教师观主要指对教师地位作用以及职业特点总的看法的根本观点。学生观是教师对自己的教育对象的基本看法。无论教师观还是学生观都体现着教师对人性的看法。而积极的人性观是现代教师观和学生观的重要预测变量。当前我国中小学教师积极的人性观是他们把新时期的教师角色定位在学生学习的促进者、合作者和引导者上，并形成积极的学生观，对学生在品德、智能、个性及特长等方面的发展都充满了期望。

2. 知识结构

专业知识是教师职业区别于其他职业的理论体系与经验系统。教师专业发展过程首先在知识结构从广度、深度及创造性等方面不断拓展。知识的拓展水平和程度影响并标志着教师专业发展的水平与状态。

在教师个体的知识结构中，不仅存在着具有坚实科学和实证基础的、明确规范的显性知识，还存在个人的、在特殊背景中产生和使用的、但又没有通过符号或行为明确表达出来的隐性知识。隐性知识能否转化为显性知识，不仅依赖于个人能否通过体验、直觉和洞察来发现，而且取决于个人是否愿意并能够把知识表达并传播给别人。在教师的在职培训中，人们常忽视隐性知识显性化的问题。教师个人生活史分析、教育个案集体探讨、教师行动研究、校本课程开发等均是解决这一问题的有效策略和方法。

3. 能力素养

教师的能力应包括智力和教师专业特殊能力两方面。教师专业特殊能力又可以分为两个层次：第一层次是与教师教学实践直接相联系的特殊能力，包括语言表达能力、教学组织能力、对教学情境的敏感与适应能力、教学技能操作的自由度、课堂注意力分配能力以解决问题能力等；第二个层次是有利于深化教师对教学实践认识的教育科研能力。中学教师能否主动地、独立地把对自己日常教学活动的观察、思考，与在对自己的现实条件与需要进行全面、准确估计的基础上，做出的探索与尝试有机地结合是其教育能力发展水平的重要标志。因为该状态的出现说明教师个体已能适应并胜任教学工作；专业发展需要与抱负水平提高，表现出健康的职业情感，如满足感和价值感等。

4. 从业动机与态度

如果说知识和技能决定着个体有没有潜质从事某一职业活动的话，那么从业动机则决定了个人是否愿意发挥潜力并从事该类活动。动机是满足需要而追求特定目标实现的意识。引起动机的内在条件主要是需要、兴趣、价值观念和抱负水准；教师工作兴趣是从事教育活动的积极态度与倾向。教育活动本身和教育活动的结果都在诱发教师的兴趣，这种兴趣稳定下来，便形成对教师职业的热爱；教师的价值观念有更广泛、更长久的作用。价值观念的最高度的概括是理想，教育理想会影响教师的动机体系沿着努力追求较大价值目标的方向变化；兴趣与价值观念主要影响行动的方向，而抱负水准影响行为达成目标的程度。抱负水准是一种将自己的工作做到某种质量标准的心理需求。当工作结果超出预期的目标，便会产生成功感；反之就会出现失败感、挫折感。抱负水准受三种固定因素的制约：个人的成就意识；过去的失败经验；有影响力的人物和社会的期待。在三种因素中教师个人成就意识的作用最为重要。

5. 专业发展需要与意识

专业发展需要与意识是指教师个体认同自己从事职业所具有的专门职业的性质，了解专业标准及其对从业者的要求，能够清醒意识并规划自己的专业发展目标与方向，更具主动更新自己专业结构的主观愿望。教师的专业发展需要和意识包括：对自己过去专业发展过程的意识、对自己现在专业发展状态水平的意识和对自己未来专业发展的规划的意识三个方面。从本质上讲，专业发展需要与意识的存在意味着教师个体不仅能把握自己与外部世界的关系，而且具有把自身发展当作自己认识的对象和自觉实践的对象来构建自己的内部世界的能力；标志着独立的自我意识和自我控制能力的形成，说明个体已经成为完全意义上的自我发展的主宰。

以上教师专业发展结构要素在整个专业结构中也扮演着不同的角色：教师的教育信念是精神领袖；专业发展需要与意识是专业自我定位器；从业动机与态度充当着个人组织者和职业劳动管理器的角色；专业知识是教师专业发展的基础与保障；能力素养则是教师专业发展的核心内涵。各大要素并不是彼此孤立的，而是相互依赖、相互制约、相互影响的，而且在教师专业发展的过程中又都是动态的、变化的，使教师专业结构呈现出复杂性和可变性的特征。

（二）教师专业发展的外部因素

内因是事物发展的根据，外因是事物发展的条件。也就是说教师专业成长主要是由其自身因素所决定的，然而其外部环境的影响作用也是不能忽略的。因为教师的专业发展毕竟是在一定的社会环境中才能进行的。因此，对外部环境中影响因素的分析就具有了极其重要的意义。外部环境因素主要包括社会因素、学校因素和家庭因素。

1. 社会因素

社会经济文化的发展水平、全社会对于教育与教师的地位与价值的认识和看法、教育改革与发展对学校教育和教师的要求、教育行政部门对教师培养和发展的政策导向及奖惩机制、教育经济制度及政策法规等，都是作为社会环境因素影响着教师的专业成长。可以肯定地说，良好的经济发展水平、政府对教育的宏观重视、全社会尊师重教的良好氛围、新课程改革对教师提出的挑战和要求、教育行政部门重视和鼓励教师成长发展的良好政策导向，将为教师专业发展创造良好的环境空间。

2. 学校因素

学校是教师进行教育教学工作的主要场所，更是教师专业成长的主阵地。学校的自然环境、人际环境、文化环境、管理风格、制度建设、工作氛围等，对教师的专业发展起着重大的影响作用。学校是否营造一个敬业乐业、进取有为的成长氛围，是否制定目标规划、明确教师的培养要求，是否使教师明确自己的基本职责，是否唤醒、激发教师的自我发展需求，是否搭建舞台促进教师的成长等，将直接影响着教师的专业成长水平。

3. 家庭因素

家庭支持度、家庭文化背景、家庭的经济实力等因素也影响着教师的专业成长。

第七章 教师的专业素质

一、教师专业素质概述

(一) 教师专业素质的内涵

教师专业素质是指教师在教师教育和教育实践中获得的，在教育活动中体现出来并直接作用于教育过程的，具有专门性、指向性和不可替代性的心理品质。教师的专业素质是教师从事教育工作的心理条件，主要包括教育专业知识、教育专业能力和教育专业精神。

教育专业精神是教师对教育专业所抱有的理想、信念、价值观和道德操守等倾向性系统，是指导教师从事本专业工作的精神动力。其中包括：①专业理想；②专业情操；③专业性向。

教育专业知识是教师在教师教育和教育实践中获得的，直接作用于教育过程的实用性知识。可以分为："教什么的知识"和"如何教的知识"。"教什么的知识"是指教师应该知道教育工作中要"教什么"，也就是关于"教育内容"的知识。"如何教的知识"是指教师要掌握的教育工作的方法。

教育专业能力是教师组织教育活动，对学生施加有目的的影响的主体"行动"能力。这些能力通过教育活动来体现并保证教育活动有效进行，主要包括：①教学能力；②教育研究能力；③管理能力；④交往能力；⑤反思能力。

(二) 教师专业素质的意义

振兴国家和民族的希望在于教育，振兴教育的希望在于教师，这已成为人们的共识。鉴于教师在教育活动中所扮演的角色和所起的作用，可以说，离开教师的专业素质的发展，任何教育改革和发展的设想都难以变成现实，这是人们在教育实践活动中得出的经验和教训。以美国为例，20 世纪 80 年代初，美国社会进行了第一次教育改革浪潮，这次改革试图以课程为突破口，来提高基础教育的质量，但由于改革忽视了教师的参与和专业素质发展问题，使得这次教育改革浪潮最终以失败告终。因此，在第一次教育改革之后，美国开始把教育改革的中心转向教师的专业素质发展，以便在教师发展的基础上来实现基础教育质量的提高。由此，美国 20 世纪 80 年代又掀起了第二次、第三次教育改革浪潮，教师教育改革开始成为教育改革的主题。这个思想又深刻地影响了世界其他国家。当前，世界上的大部分国家都达成了共识：教育质量的提高与教师专业素质是紧密地、有机地联系在一起的。教师专业素质是直接影响课程与教学目标、内容、教学过程、教学方法、教学手段和课程评价等课程与教学因素的重要条件，直接制约着教学效率和教学质量，是一个十分重要的领域。

当前我国的基础教育新课程改革极大地改变了人们的教育理念、学生的学习方式，也将从根本上改变教师的教学方式。面对新课程，教师将一切从"新"开始：重新理解教育，重新理解课程，重新认识学生，重新设计教学。这对教师的专业素质提出了前所未有的新要求。作为新课程实施者的教师，应该以新课程改革为契机，不断地加强学习，提升自己的专业素质。

二、教师的专业素质结构

（一）专业知识

自 20 世纪 80 年代初开始，教师知识成为迅速发展的教师教育研究的一个焦点议题。在关于教师专业知识的研究中，较具影响的当首推舒尔曼所架构的教师知识的分析框架。

舒尔曼认为教师必备的知识至少应该包括如下七个方面：

（1）学科内容知识；

（2）一般教学法知识，指超越具体学科之上的有关课堂组织和管理的一般原理和策略；

（3）课程知识，指对作为教师"职业工具"的教材和教学计划的掌握；

（4）学科教学法知识（教学的内容知识），指对所教的学科内容和教育学原理有机融合而形成的对具体课题、问题如何组织、表达和调整以适应学习者的不同兴趣和能力以及进行教学的理解，可以说是学科内容知识与教育专业知识的混合物；

（5）有关学生及其特性的知识（即关于教育对象的知识）；

（6）有关教育脉络（或背景）的知识，包括班级或小组的运转、学区的管理与财政、社区与文化的特征等；

（7）有关教育的目的目标、价值、哲学与历史渊源的知识。

舒尔曼认为在上述知识中，学科教学法知识是特别重要的，因为它确定了教学与其他学科不同的知识群，体现了学科内容与教育学科的整合，是最能区分学科专家与教师的不同的一个知识领域。

根据埃尔伯兹（Elbaz，1981，1983）的观点，教师需要广博的知识，并将教师的这些知识称之为"实践知识"，认为当教师遇到各种任务和问题的时候，这些知识可以引导教师的工作。

（1）学科知识；

（2）课程知识（关于学习的经验及课程内容的建构）；

（3）教学知识（关于课堂管理、教学常规、学生的需要、能力及兴趣）；

（4）教学环境的知识（关于学校及其周围社区的社会结构）；

（5）自身的知识（关于他们自身作为教师的优势及弱点）。

吉尔伯特（Gilbert）、赫斯特（Hirst）和克拉里（Clary）也提出一个关于教师专业知识分类的一个框架。在说明不考虑学科内容知识的前提下，设计了教师知识的四个层次：

第一个层次：关于学校作为一种机构的知识。包括教育史、教育哲学、职业道德、公共政策、学校法规和学校组织方面的知识。

第二个层次：关于学生的知识。包括多元文化教育、社会经济因素、学习理论以及人的发展方面的知识。

第三个层次：教学知识。包括课程发展、教学方法、教育技术、测量和学习风格的知识。

第四个层次：关于决策层次的知识，又称实际应用的知识，其中有人际关系、教育管理、评价及建立模式方面的知识。

教师的教学需要多方面的知识，并且随着教育实践的变化，教师合理的知识结构对于成功的教学来说至关重要。在我国基础教育新课程改革中，教师如何适应新课程教学的需要，重新建构知识结构是目前教育界正在热烈讨论的问题。我们认为，新课程背景下的教师知识结构应该既包含科学精神，又包含丰富的人文精神，是一个包括文化知识、本体性知识、条件性知识、实践性知识等在内的多元的、复合的知识结构。

1. 广博的普通文化知识

比较完善的科学文化知识基础，指的是有关人文科学和自然科学的基础知识，相当于从小学到大学所学的人文科学、自然科学的基础知识。现在的教师，大多数毕业于高等师范院校和普通高等学校，理论上说，基础科学文化知识水平应该比较高，但是多年来，由于受应试教育的影响，相当数量的教师在学习的过程中存在一定偏科现象，并且个别教师偏科比较严重。从教师角色要求的角度说，这是一种缺陷。虽然一位教师只教一门或两门课程，即使他的专业课学得较好，但是如果没有广博的基础科学文化知识，他的授课质量也会受到影响。比如，一位教师的语文功底欠佳，可能教任何课都会存在理解和表达问题。而且，学生向老师求教，未必都是所教学科的问题，如果教师经常不能给以圆满回答，教师在学生心目中的威信就会受到影响。

目前，教师究竟需要掌握哪些普通文化知识呢？从世界各国教师教育的实践来看主要有：人文学知识，如哲学、社会学、人类学、经济学、政治学、伦理学、历史学、地理学等；科技类知识，如一般的自然科学常识，关于文理学科交叉的知识；工具类知识，如外语、数学、计算机、文献检索、应用文写作等方面的知识；艺体类知识，如体育、美育、卫生与保健、书法、音乐、舞蹈、戏剧、摄影、绘画、文学欣赏、影视评论等知识；劳技类知识，如一般的劳动生产知识，现代工农业生产的基本原理等知识。

2. 系统的、精深地学科专业知识（本体性知识）

教师的教学工作最终都落实到特定的学科之中。因此，教师要完成教学任务，必须具备与自己任教学科相对应的专业理论知识。教师只有完整、系统、扎实、精深地掌握学科专业知识，才能在科学体系中把握自己任教的学科，在教学中通观全局地处理教材，使知识在教学中不只是以符号形式存在，以推理、结论方式出现，而且能展示知识本身发展的无限性和生命力，能把知识"活化"；才能教给学生掌握各种知识、技能的方法，发展学生的智能；才能根据不同的教育对象选择有效的教学方法进行教学，在教学中真正实现科学精神和人文精神的统一。

3. 坚实的教育专业知识（条件性知识）

国内外的研究表明，教育专业知识对于教师的教育教学工作以及教师自身的专业发展是不可或缺的。

教师的专业知识包括哪些方面的内容呢？

（1）一般教育学知识。它的范围比较广泛，包括教育基本理论、心理学基本理论、德育学、教学论、教育史、教育社会学、教育心理学、教育管理学、教育法学、比较教育、教育改革与实验、现代教育技术知识、教育科学研究等，教师只有全面系统地掌握这些知识，才能确立先进的教育观念，正确地选择教育教学的内容和方法，高效地实现知识的传递和能力的培养，促进教师和学生的共同发展。

（2）学科教学知识。教师不仅要掌握所教学科的系统知识，而且还要具备把这些学科知识传授给学生的方法性知识。从某种意义上说，是否掌握教育理论和技巧，决定教师从事教育活动的成败。教师的教育对象是有理智、有情感的学生，教师只有懂得教育学和心理学的基本知识，才可能按照学生身心发展的规律和有关的教育理论有效地教育学生。

新课程的综合化要求教师必须具备多元知识结构和学科知识整合能力。新课程、新教材加强了学科之间的联系，加强了科学精神与人文精神的渗透与融合，进一步促进了课程综合化的发展。

案例一

在"到北京去旅行"这一综合性学习单元中，学生围绕着到祖国首都————北京去旅行之前应做的准备工作，学习各科中的各项内容。例如：要知道北京在中国的位置，从自己所处的位置到北京需要运用什么交通工具，乘坐哪路列车或几号航班，中间经过哪些地区，跨过哪些大江大河？中国行政区划、中国地形、中国铁路交通网等——地理知识；要知道北京的气候和各季度的气温，以便决定所带的衣物——气候、气温等地理学知识；到某个旅游景点如长城或故宫，如何根据地图查找到达路线——地图及其使用；了解这些旅游景点的背景，如天安门广场发生的历史故事，就可以了解有关历史——中国历史；要知道旅游期间的饮食如何保证健康安全不生病，就需要了解一些旅游保健知识和人体生理卫生知识——生物学……

案例二

人教版物理七年级上册第一章"声现象"的导语

在非洲干旱炎热的草原上，万籁俱寂。一群大象慢慢地向前走，小象在母亲身边听话地跟着。这群象要去哪里？也许，它们发现了水源，或者可口的食物。象群的行进速度虽然缓慢，但方向是确定的。忽然，不知什么原因，象群停住了。一些象竖起鼻子站在那儿，另一些则左顾右盼犹豫着。但是很快，它们又继续前进了，不过这次它们改变了方向。也许你会问："这又不是生物课，怎么让我们读大象的故事？""这些大象的活动是在无声无息中进行的，这和声有什么关系？"

从这两个案例可以看出，新课程中的知识综合化程度非常高，教师要引领学生高质量地学习课程内容，自己就必须具备这些方面的知识。

（二）专业能力

教师能力素质的高低决定了教育教学活动的最终效果以及教育目标的实现程度。在一定意义上可以说，能力是影响教师教育教学效果的最直接、最基本的因素。

1. 教师的一般能力

（1）良好的语言表达能力

表达能力可以分为语言表达和非语言表达能力两大类，两者都是教师用来进行人性陶冶和知识传授的重要工具。语言表达特别是口头语言表达能力的强弱，直接影响着教师主导作用的发挥，也直接影响着学生语言和思维的发展。非语言表达主要包括除语言表达之外的其他方式的表达，诸如身体姿势，眼神等。

（2）组织管理能力

现代教育视域中的教师管理能力，不应把学生仅仅作为一个抽象的、被动的管理对象把他们管死，而是要把学生组织起来，积极为他们创设各种有利条件，充分发挥他们每个人的个性潜能或特长；为形成一个有利于每一个学生都能得到生动活泼发展的集体，为人人能在集体中有自己的平等地位，能为集体做出自己的奉献，又能从集体中汲取力量、感受温暖、学会协作而共同努力。教师的管理能力主要体现在能够确立符合实际的活动的预期目标，拟订周密的教育教学工作计划，充分发挥学生的积极性、主动性与创造性，从而保证良好效果的产生。

拓展阅读

如何组织课堂教学①（节选）

组织教学是课堂教学的重要环节，它对于集中学生注意力，安定课堂秩序，引起学生的学习兴趣和求知欲，保证教学的顺利进行起着重要的作用。小学生活泼好动贪玩，往往已经上课了，而注意力还仍然停留在课间活动上。小学生无意注意占优势，他们容易被新异刺激所吸引；他们的自我控制能力差，在课堂上时常出现违反纪律的行为。因此，组织教学对于小学的课堂教学尤为重要。

组织教学首先要抓好教学的开头，使教学有一个良好的开端。

教师在讲课前做短暂的讲话是必要的，它是组织教学的重要一环。它对于调动学生的学习动机，稳定学生的情绪，集中学生的注意力起着重要的作用。它是使教学顺利进行的保证。

---

① 孙晨红. 浅谈如何组织课堂教学［J］. 中小学教育（中国人民大学复印报刊资料），1991（2）.

　　教师在课前采用何种方式开头，才能达到组织教学的目的呢？列举如下几种方式。

1. 表扬式

　　所谓表扬式，就是教师在讲课前，能够及时地抓住学生中好的倾向，给予肯定，使学生在听讲之时，处于一种积极的心理状态，并使学生始终具有学习活动的良好心境。如有的教师在讲课前是这样说的："今天我一走进教室，就感到同学们学习热情很高，我希望在我讲课的时候保持下去。"也有的教师是这样说的："咱们班同学的作业比以前做得好，这是大家上课认真学习的结果。"短短的几句表扬，可以调动起学生的学习积极性。

2. 鼓励式

　　鼓励式就是教师用启发性的、激励性的语言去鼓励、感染学生，使学生以饱满的热情上好这节课。如有的教师在讲课前这样说："我们每节课都很好，我相信这节课也会很好。"还有的教师这样说："前排的同学纪律好，已经准备上课了，我希望其他同学也像他们这样。"

3. 提示式

　　所谓提示式，就是教师在预备铃打响后，就站在讲台前，并告诉学生这节课要学的科目。提示学生做好课前的准备。这对组织教学来说十分必要。

4. 检查式

　　所谓检查式，就是教师在课前检查学生学习用品的准备情况，如所用的教科书、笔记本、笔、尺等；与这节课无关的东西是否拿走。也可以让学生互相检查或自己检查准备情况。及时地表扬好的个人或小组。目的在于引起学生对这节课学习的重视。

5. 竞赛式

　　课前告诉学生："这节课我们要展开学习竞赛，看看哪个小组（或哪个学生）守纪律、认真听讲、举手发言、学得好、课堂作业完成得好，老师要给这些同学发小红花。"我们知道，小学生的行为往往受直接动机的支配。竞赛式的目的是调动小学生的直接动机。

6. 引导式

　　讲课前告诉学生学习这节课的学习目的、意义以及学习方法、过程。把学生的注意力引导到这节课的学习活动中来。

7. 命令式

命令式就是教师用命令的口气要求学生，如坐好、守纪律、注意听讲等。

在组织教学过程中，教师应采用何种方式去组织教学，应该结合班级的具体情况，灵活运用，要求多样性，避免单一。多给学生以新异刺激，会收到意想不到的效果。

教师是整个教学活动的组织者，组织教学必须贯穿在教学过程中。教师组织教学能力的高低应是衡量教师教学水平高低的标准之一，教师必须努力提高自己的组织能力。

（3）处理教材的能力

处理教材的能力主要是指教师具有全面掌握并正确处理教材的能力，教师全面地了解教材体系，弄清教材的重点、难点和关键，对教材内容的理解和掌握达到懂、透、化的程度。分析教材内涵，并从实际出发，对教材内容进行增删、选择操作等。在理清教材知识的基础上，要根据学生的思维特点和接受能力，学生的知识水平和年龄特点对教材进行科学的组织加工，选择和运用最佳的教学方法，采用学生易理解和感兴趣的形式来进行知识的传授，在此基础上，发展学生的智力、培养能力。

（4）课程开发的能力

现代教师不但要有现代课程意识，而且必须具备课程开发的能力。课程开发的能力主要是指课程资源的开发和利用的能力，对课程的解读和对教材的变通能力，课程评价和研究能力。

新课程除了要求教师要具备课程开发的能力外，还要求教师具有课程资源的整合能力。所谓的整合，就是指通过一个系统内各要素的整体协调、互相渗透，使系统各要素发挥最大效益。课程整合是使分化了的教学系统中的各要素及其各成分形成有机联系并成为整体的过程。

（5）了解学生的能力

了解学生的能力是指教师对教育对象的个性特征、心理素质、道德行为、学习能力及身体状况等方面具有把握的能力。在多元化社会条件下学生的道德、精神等已发生了一定的变化，因而，教师充分地了解学生的能力在时下显得更为重要。同时，科技的发展也对教育冲击，复杂的社会环境、生活背景等主客观条件，使学生内心意念、学习能力、学习方式方法等千差万别，所以了解学生也是教师的必修课，能否有效地了解学生也是教育教学能否最优化的重要前提。现代教育要求弘扬学生的主体精神，开发学生的内在潜能，促使学生在不同方面不同程度地得到发展。多元智能理论给我们的一个重要启示是：人才是多样化的，所以要有多元的评价标准和多元的成才观。美国哈佛大学心理学教授加德纳提出的"多元智能理论"认为每个人至少有 7 种智能，即语言、数理逻辑、音乐、空间、人际交往、身体运动、自我认识等，不同的人形成了不同的优势智能和弱势智能的组合，从而在不同的学习环境中表现出不同的学习效益。所以，重要的是怎样构建一种较为理想的教育，让学生有充分展示自己长处的时空，使其能充分发挥自己的才能和尽可能牢牢掌握自己的命运。

（6）理解他人以及与他人交往的能力①

现代教学论认为：教学过程是师生交往，积极互动，共同发展的过程。没有交往，没有互动，就不存在或未发生教学。那些只有教学的形式表现而无实质性的交往发生的教学是"假"教学，是一种抽象的工具性存在，而没有其应有的生命活力与创造性意蕴，是一种本真人的缺失或空场，而没有对人性的尊重与张扬。

良好的交往能力是教师适应环境、做好工作、实现自我价值的需要。教师不仅必须具有理解学生并与学生进行有效的交往与沟通的能力，而且还需要能够建立与家长合作和相互支持的关系，与社区有关机构人员的关系。

（7）自我监控能力

自我监控能力是指为保证教育教学的成功，达到预期的教学目标，教师在教学的全过程中将教学活动作为意识的对象，不断地对其进行积极主动地计划、检查、评价、反馈和调节的能力。其表现有三：一是教师对自己教学行动上的事先计划与安排；二是对自己进行的教学活动进行有意识地监察、评价和反馈；三是对自己的未完成的活动进行调节、校正和有意识地自我控制。教师

① 叶澜. "新基础教育"探索性研究报告集［R］. 上海：上海三联书店，1999.

自我监控能力的生成，就可面对变化的环境，灵活自如地处理教学过程中可能遇到的问题，从而保证教育教学的正常进行。

（8）教育研究能力

具有科研的意识、知识与能力是所有专业人员的共同特征。因此，提高教师职业专业化水平，必须强调有关研究能力的要求。以往对教育传递知识功能的强调，使人们忽视了教师工作的创造性特征。科研能力在此主要是指研究学习及教育实践的能力。教师的研究大量是结合自己的实践工作与对象开展的，因此，科研能力也是高质量教育和教师自身专业能力不断发展的必要条件。教师的研究能力，首先表现为对自己的教育现象的反思能力，善于从中发现问题，发现新现象的意义，对日常工作保持一份敏感和探索的习惯，不断地改进自己的工作并形成理性的认识。

2. 教师的专业性技能

专业化的教师必须具备从事教育教学工作的基本技能和能力。教学技能指教师在教学过程中运用一定的专业知识和经验顺利完成某种教学任务的活动方式。在心理学中，技能一般被分为狭义的技能和广义的技能。狭义的技能指技能的初级阶段或初级水平，即在一定的知识基础上按照一定的方式通过反复练习或由于模仿而达到"会做"某件事或"能够"完成某种工作的水平；广义的技能则是指技能的高级阶段或高级水平，即在掌握初级技能的基础上经过反复练习，使活动方式的基本成分达到自动化的程度。教师基本功可以看作是属于狭义的教学技能的范畴，一般泛指教师具有书写钢笔字、粉笔字、毛笔字（简称"三笔"）和用普通话说话、讲课、朗读（简称"一话"）的本领，以及会制作教具、教学挂图，会编写教案、编排板书、画教学示意图，熟悉教学大纲和教材等。广义的教学技能即教学技巧（technical skills of teaching），是教学技能的高级阶段，是"教学行为专业性"的重要方面，反映了教师运用已有知识或经验来完成教学任务的熟练程度和水平。

在新课程的背景下，教师精深的信息技术知识、娴熟的将信息技术教育与学科教学整合的能力对于顺利地完成信息技术教育和学科教育的多重任务是非常重要的。并且，事实也表明，以往的那种把信息技术视为学科教学的演示工具的观点已经不适合新课程的要求了。当前，教师不仅要掌握信息技术的基本知识和应用技能，更重要的是要善于将信息技术与学科课程整合起来，发挥学生的主动性和创造性，从而为学生创新能力和信息能力的培养营造最理想的教学环境。这是新课程对教师能力发展的又一新要求。因此，在专业发展中，教师应该自觉地把加强信息素养，培养自己的信息技术技能作为一项重要内容。

美国在 20 世纪 60～70 年代开展了一项教师能力的研究，提出教师的 1 276 项能力表现。其主要方面包括：

（1）量度及评价学生行为的能力；

（2）进行教学设计的能力；

（3）教学演作的能力；

（4）负担行政职责的能力；

（5）沟通能力；

（6）发展个人技巧；

（7）使学生自我发展的能力。

1992 年 9 月，国家教委师范司印发了《高等师范学校学生的教师职业技能训练基本要求（试行稿）》，1994 年又颁布了《高等师范学校学生的教师职业技能训练大纲（试行）》，要求师范生在教育学、心理学和学校教育理论指导下，以专业知识为基础，掌握从事学科教学的基本要求，形成独立从事学科教育工作的技能。这些技能包括五个方面：

（1）教学设计技能；

（2）应用教学媒体技能；

（3）课堂教学技能；

（4）组织、指导学科课外活动的技能；

（5）教学研究技能。

澳大利亚的特尼等人通过研究把教学技巧分为七大类。这一分类具有比较广泛的代表性，简述如下。

（1）动力技巧：包括加强学生的行为，多样化刺激、入门、鼓励学生参与、接受并支持学生感受，表达温暖热情以及认识并满足学生的需求。

（2）讲授及交流技巧：包括解释、戏剧化、阅读，使用试听教学辅助器具，终止、使用沉默，鼓励学生反馈，澄清、表情、速度以及有计划的重复。

（3）提问技巧：包括反复集中与指导、引导，高难问题、歧义性与多样性问题以激发学生主动性。

（4）小组个人辅导技巧：如组织小型小组工作，培养独立学习能力，咨询、鼓励合作活动及学生间的相互作用。

（5）培养学生思考技能：如鼓励探索性学习，指导发明，制定概念，使用刺激手法，使用角色和游戏刺激思维，培养学生解决问题的能力，鼓励学生进行评价与判断并培养其批判性思维。

（6）评估技巧：包括认识与评价学生进步，确定学习困难，提出补救办法，鼓励自我评估及组织评估讨论。

（7）课堂管理与纪律：包括认识专心与不专心行为，监督课堂小组工作，鼓励以任务为目标的行为，给予指导并解决多重问题。

总之，21世纪教师的专业素质应该由专业精神、专业知识和专业能力等子系统构成，每个子系统又由若干因素构成。其中专业精神是核心、是灵魂，其作用类似于机器系统中的发动机，决定和支配着其他系统的工作状态和工作质量；知识、能力素质是教师胜任教育教学工作的基本条件，是基础的基础，它们更多以外显的形式而存在，表现为教师日常的教育教学行为和教育教学质量；专业精神是教师从事教育教学工作的内在动力和保障，它是教师自我不断成长和发展、构建完整素质结构，进行自我更新，走向专业成熟的内在驱动力。各子系统互相作用，相互结合，构成了完整的教师专业素质结构。

（三）专业情意

1. 专业理想

教师的专业理想是教师成为一个成熟的教育教学专业工作者的向往和追求，它为教师提供奋斗目标，是推动教师专业发展，并献身于教育工作的根本动力。教师的专业理想，也就是我们所说的师德，其核心是对学生的爱，包括诸如事业心、责任感和积极性等方面内容。

（1）高尚的职业道德观念。表现为：①对教师职业社会定位的认同及其表现——敬业意识；②教师职业目标理想的确立及其表现——乐业意识。

（2）崇高的职业道德精神。教师的勤业与精业是教师对其职业价值的积极追求和具有崇高职业道德精神的重要表现。勤业表现为忠于职守，认真负责，执行规范，坚持不懈，积极进取，它是实现教师职业功能的基本保证。精业表现为本职工作的业务纯熟、精益求精、不断改进，它是实现职业劳动最高效益的价值追求。

2. 专业情操

教师的专业情操是教师对教育教学工作带有理智性的价值评价的情感体验，它是构成教师价值观的基础，是构成优秀教师个性的重要因素，也是教师专业情意发展成熟的标志。

从内容上看，教师的专业情操包括：①理智的情操——光荣感和使命感；②道德的情操——责任感和义务感。

具体表现为：第一，良好的职业道德态度。教师对职业规则的信奉和职业规范的遵守是教师具有良好职业道德态度的具体表现。第二，高尚的职业道德行为。①知识传授上的道德性，即以科学、准确的科学知识和例证等发展学生的身心，使学生获得对世界的正确认识；②人格发展上的道德性，即以公正、健康、积极、向上的思想意识和行为，教育学生形成良好的人格，以身正而正身；③思想品德教育上的道德性，即以道德的方式方法实施道德的教育。

教师的人格素质是教师素质的核心和灵魂。苏联教育家乌申斯基说："任何章程和任何纲领、任何人为的管理机构，无论他们设想的多么巧妙，都不能代替人格在教育事业中的作用……只有人格能对发展和形成人格起作用。只能用性格来形成性格。"这就是说教师的感情、道德等人格在教育过程中的巨大作用，是任何规章制度不能与之相比和代替的。因而教师优良的人格特征不仅是促进教育发展的"催化剂"，同时也是促进学生心理健康发展的重要奠基石。如果一个教师在自己不健康的心理诱使下，在教育教学过程中经常采用"心罚"（讽刺、挖苦、讥笑、歧视、冷落等）的手段对待学生，其结果使学生在背负沉重的巨大精神压力之下，诚惶诚恐，畏缩逃避，谈何全面发展，谈何提高素质。因而，教师心理素质，是全面发展人才的必备素质之一。

教师的人格素质：①爱心。爱心是指把自己所有奉献给对方而不求回报的情感，是人生长、发展的需要。教师职业的这种特点，要求教师必须具有高度的责任感和事业心，应该把为社会培养教育下一代当成神圣的天职，把自己的全部心血都倾注到热爱学生，热爱教育事业之中，为国家培养出更多更好的合格人才打下基础。②坚韧与自制。任何工作都不是一帆风顺的。教师要有良好的意志品质，自觉地克服困难，在困难面前永不畏惧，有坚定的原则和信念，态度严肃认真而又诚恳明朗，措施果断又以理服人，当机立断和深谋远虑结合起来，积极和善的态度中蕴藏着坚定性，对既定的合理目标一定要追求到底，对不该追求的目标要果断放弃，有顽强的自制力。只有坚韧不拔，能自我控制、自我调适的人，才能良好适应社会生活。③好学与创新。只有乐于并善于学习的人才能不断积累知识经验，教师的知识经验是其从事教育工作的前提。知识渊博的教师往往赢得学生的爱戴，知识贫乏可能使教师感到焦虑或神经紧张。教师要引导学生的探索精神，自己就要有创新意识，心理健康的教师在教学活动中善于学习，不断创新，能根据学生的身心特点富有创造性地理解教材、改进教学方法、设计教学环节，使教学达到预期的教学目标。其实，人的心理调节机制也需要不断学习才能逐步发展与完善，教师要学会在教学活动中不断学习，不断进步，不断创造。

案　例

江苏南通某高级中学一线教师"教师人格魅力"塑造①

1. 威而不令。教师在树立自己威信时，不能简单粗暴，一味命令，更不能借外界的权力来压制学生。比如拿家长、领导来压制学生，或以分数、评优等来要挟学生。

2. 严而不死。对待认知与做人，来不得半点马虎。教师应该严格要求学生，增强学生的自律意识与责任感，但要严而有度，讲原则也要有方法。

3. 亲而不猥。教师之爱如父母不能太宠，似朋友不能太亲，要给学生心理造成一种距离感。教师不要随意踏入学生安全区，多留给学生一份安全感与温馨感。

4. 活而不散。教师应尊重学生好奇爱动多变的个性特点，为学生创造一

---

① 管宏斌. 教师人格魅力：德育的无形资源［J］. 教育实践与研究（小学版），2006（5）.

个自由活动的环境，给学生更多的生活空间。但这并不意味着放任自流，纵容学生处于游离状态；要活而有序，培养学生的纪律观、法制观，以及道德等公共准则至上的观念。

5. 宽而不乱。学生在成长、发展过程中，难免会出现各种各样的失误和错误。教师应予以宽容，并积极鼓励、正确诱导，给学生一个改正的机会，提供改正的途径。但教师不可容忍错误，包庇缺点，掩饰失误，美化弱点。

6. 博而不骄。教师不宜因此而居高临下，自称专家，而漠视学生的新观点、新创造。教师需要存有谦虚、严谨的作风。

7. 新而不怪。教师在知识创新与教学创新时不能图新鲜走形式，玩花架子、屡出怪招来糊弄学生。创新教育要有新意，但还应注意基本功训练，尊重教育规律。

8. 雅而不俗。教师生活在当今社会中，也有喜怒哀乐七情六欲，也有自己的追求和希望。但教师又不能太俗气，鸡肠小肚，随波逐流，人云亦云，势利虚伪，阿谀奉承，行为粗俗或跟着感觉走，赶时髦，追风头，一派"闪亮登场式"的明星作风。

9. 刚而不愎。教师发表自己的看法时要观点鲜明，分析深刻，要有针对性和实效性。但同时不要过多地渗入个人感情色彩，滔滔不绝，一味坚持自己的观点；要给学生留有思考的时间和判定的机会，允许并鼓励学生不同于己甚至超越自己。

10. 愤而无私。教师要让学生明辨是非、美丑、善恶，就少不了针砭时弊，揭露丑恶，鞭笞虚伪。教师应坚持正面教育，不可把阴暗面夸大，过分渲染；或把个人生活的挫折、人生的苦恼、工作的困惑等传染给学生。

教师人格魅力价值意义重大。因此，对于中小学学生而言，教师的人格魅力是其他任何魅力都不能替代的最灿烂的阳光。教师高尚的人格对学生不是一种暂时性的教育因素，它像种子一样撒播在学生心田，迟早会在学生的精神世界里绽放出灿烂和美好。

3. 专业性向

教师的专业性向是教师成功从事教学工作所具备的人格特征，或者说适合教学工作的个性倾向。优秀的教师的专业性向应该具有如下特征：

①有见识；

②有奉献精神；

③有敏锐的洞察力和分析力，见微知著，富有预见性；

④有独立性。不囿于教学的刻板教条、清规戒律，勇于实验与创新；

⑤在人际关系中，耿直、坦率、幽默、诙谐。

4. 专业自我

教师的专业自我是教师个体对自我从事教学工作的感受、接纳和肯定的心理倾向。教师的专业自我情意对教师的教学行为和教学效果具有显著的影响。教师应具有独立的人格，以积极的方式看待自己，能够准确地、现实地领悟到自己所处的环境，对自己具有深切的认同感、自我满足感、自我信赖感和自我价值感，有效地作为独特的个性"自我"来进行教育教学，提高教育效果。

三、新课程与小学教师素质①

实施新课程，教师的素质起着重要的作用。因此，研究新课程理念下教师应具备什么样的素质及如何提高教师素质是摆在我们面前亟待解决的新课题。

(一) 小学教师在实施新课程的特殊地位

1. 小学教师对儿童的影响

小学教师的教育对象是年满 6 周岁～12 岁的儿童，他们天真、单纯、求知欲强、善模仿，崇拜教师，对教师有着特殊的感情，希望得到教师关注。应当说这个时期是儿童接受教育的最佳期。儿童能否受到良好的教育，个人潜能能否得到开发，能否具备一定的知识技能；养成良好的习惯及品德，小学教师对他们的影响是最直接的，所起的作用是最大的。它关系着儿童一生的发展。

2. 小学教育是基础教育

要提高整个教育事业的质量，必须从小学教育抓起。在实施九年一贯制的

---

① 孙晨红. 新课程与小学教师素质 [J]. 教育探索，2004 (9).

新课程改革中，小学教育改革是初始阶段，这个阶段的改革能否收到预期的效果，将影响到中等教育、高等教育乃至整个教育事业的发展。因此，新的课程理念能否得到正确的理解、领会及贯彻实施，关键还在于小学教师的工作，提高小学教师的素质是至关重要的。

（二）小学教师的素质

1. 综合的专业知识素质

要求小学教师掌握多方面的知识。具体要求是：具有一般的文化知识、学科专业知识、教育专业知识，并将这些知识加以综合，形成综合化的知识结构。

为适应新课改的需要，小学教师的专业知识结构应具有综合性、基础性、适应性。

（1）综合性

这次课改，在结构上做了较大的调整。小学阶段以综合课程为主，小学低年级开设的综合课有思想品德与生活、艺术等课程；小学中高年级开设的综合课有思想品德与社会、科学、艺术、综合实践活动等课程，体现出小学教育具有极强的综合性。因此，教师要改变传统教学以学科课程为主的倾向，而形成跨学科的知识结构。小学教师原有的单一的知识结构已经不适应新课改的需要。小学教师应具有科学、自然、历史、天文、人文、地理、艺术、心理学、教育学等多学科的知识素养，综合化的知识结构是时代对小学教师的必然要求。

（2）基础性

课程改革纲要明确指出：改革课程内容难、繁、偏、旧和过于注重书本知识的现状，精选终身学习必备的基础知识和技能。因此，适应基础教育课改的要求，小学教师除了具备综合性的知识以外，还强调教师掌握扎实的基础知识，强调知识的基础性。

（3）适应性

一是适应时代的发展，不断更新自己的知识结构，加强课程内容与学生生活及现代社会和科技发展的联系，善于更新旧知识，把最新、最鲜活的知识呈现给学生；二是教师还要适应小学生的认识水平，关注学生的兴趣和经验，呈现给学生的知识富于趣味性、启迪性、能够激发学生的智慧的火花，促进学生身心健康发展。

2. 综合的专业能力素质

教师的专业能力是教师综合素质的最突出的外在表现。教师专业能力具体要求是：①设计教学能力；②表达能力；③教育教学机智；④教育教学管理能力。除此之外，适应新课改的要求，在教师专业能力方面必须有新的提高。

（1）运用信息技术能力

新课程要求改变传统的教学方式，大力推进信息技术在教学过程中的普遍应用，促进信息技术与学科课程的整合，逐步实现教学内容的呈现方式、学生的学习方式、教师的教学方式和师生互动方式的变革，教师充分发挥信息技术的优势，为学生的学习和发展提供丰富多彩的教育环境和有利的学习工具。

（2）具备课程开发能力

新课程使教学过程中教师可支配的因素增多，课程内容的综合性和弹性加大以及课程标准、教材等，都为教师留有很大的余地，教师可以根据教学需要，采用自己认为最合适的教学形式和教学方法，决定课程资源的开发、利用。为此，教师要具备一定的课程整合能力、课程设计能力和课程开发能力，而对教科书的依赖程度将越来越低。新课程要求教师不能满足于会"教"书，还要会选择教学内容、处理编写教材，新课程为教师提供了一个创造性发挥教育智慧的空间。

（3）增强交流合作能力

新课程增强了教育者之间的互动关系，将引发教师集体行为的变化，并在一定程度上改变教学的组织形式和教师的专业分工。新课程提倡培养学生的综合能力，而综合能力的培养要靠教师集体智慧的发挥。因此，必须改变教师之间彼此孤立与封闭的现象，教师必须学会与他人合作，与不同学科的教师打交道。例如，在研究性学习中，学生将打破班级界限，根据课题的需要和兴趣组成研究小组，同时由于一项课题往往涉及语文、地理、历史等多种学科，需要几位教师同时参与指导。因此，教师之间的合作，教师与校外人员甚至与家长的合作将直接影响课题研究的质量。在这种教育模式中，教师集体的协调一致、教师之间的团结协作、密切配合显得尤为重要。

3. 小学教师的职业道德素质

教师的职业道德，主要包括以下几方面：①热爱祖国、教育事业；②热爱学生、关心学生；③遵纪守法，为人师表；④探索科学、追求真理。小学教师的教育对象是小学生，这又决定了小学教师师德的特殊性。小学教育工作繁重而又复杂性，小学教育管理工作的具体性、细微性等方面的特点，决定了小学教师这个群体的敬业精神与其他群体的不同之处，那就是对自己的事业有更多的奉献精神，对学生要有更细微的关心、更充分的耐心和更强烈的爱心。新课程改革对教师的师德的发展提出了更高的要求。有强烈责任心，自觉地投身于改革中去，学会反思自己的行为，善于发现问题，及时改变旧的观念、行为和习惯，小学教师要在实践活动中不断完善自己，提高自身的职业道德，这对于实施新课程是非常重要的。

（三）提高小学教师素质的途径

1. 自我教育

教师自我教育就是专业化的自我建构，它是教师个体专业化发展的最直接最普遍的途径。教师自我教育的方式主要有经常性的系统的自我反思、主动收集教改信息、研究教育教学中的各种关键事件、自学现代教育教学理论、积极感受教学的成功与失败等。教师自我教育是专业理想确立、专业情感积淀、专业技能提高、专业风格形成的关键。

2. 在职培训

教师在职培训主要是为了适应教育改革与发展的需要，为在职教师提供的适应于教师专业发展不同阶段需要的继续教育。主要采取"理论学习、尝试实践、反省探究"三结合的方式，引导教师掌握不断涌现的现代教育理论，培养教师研究教育对象、教育问题的意识和能力，掌握计算机知识、现代化的教育技术手段。

培训的形式可以是校本培训和校外培训。校本培训则通过学校紧密结合新课改的需要，组织各种形式的教育教学研讨活动，例如，教研组和年级组活动、全校研讨，开展公开教学，组织教师进行集体观摩、相互评课等，学校为教师创建一个有利于其成长的工作环境，是教师提高自身素质的最佳途径；校外培训是组织教师利用业余时间到专门的教育机构学习进修。在实施新课程过程中，目前针对教师的培训有新教师的岗前培训、在职教师进修等，通过培训使教师在短时间内掌握有关课程改革的教育理论知识及现代教育信息技术等，从而促进教师专业素质的不断提高。

第八章　教师的专业成长途径

　　教师专业成长是指教师个体通过学习和实践，由不成熟教师而逐渐发展为成熟教师的专业化发展过程。教师专业发展的空间是无限的，成熟是相对的，而发展是永恒的。有关教师专业发展阶段的理论研究表明：教师专业发展是一个复杂多层次的过程，在这个过程中会经历不同的阶段。在不同的发展阶段，其发展的内涵是多层面，多领域的。一个教师由准教师—新教师—成熟教师乃至成为专家教师，不是一朝一夕的事情，而是需要长期的累积和实践锻炼。在教师专业成长过程中，如果我们能够遵循教师专业成长规律，引领中小学教师的专业成长，这对于教师的专业成长无疑具有重要的推动作用。

一、职前师范生的专业成长

　　前面我们讲到，职前师范生成长阶段是教师角色的储备期。这个阶段的主要活动是专业准备和学习，其专业化的目标是：①形成教师思想品德素质；②具备专业知识、技能素质；③具有良好的身体、心理素质；④初步形成教师职业能力素质。

（一）大学一年级师范生的专业成长

　　大学的一年级是职前教师专业化的探索期。这个阶段的发展目标是如何增进人际关系，如何适应师范院校的环境，如何自我选择，同时如何从广泛性的熏陶中，建立未来的学习专业及专门知识的基础。因此，大学一年级的专业教育一方面引导师范生适应师范院校环境，适应大学的学生生活，同时进行初步的专业教育，通过课程的学习培养师范生应有的专业知能。

　　一般而言，大学一年级的课程学习主要包括：普通文化课程、教育类的基础课程、学科专业的基础课程。其中，普通文化课程所占的比例较大，旨在为师范生奠定广博的文化知识基础，一年级的普通文化课程的学习，对于培养师范生的人文素养和科学素养起着重要的作用。

案例

我的大一生活

没有了老师的督促，没有了成堆的作业，没有了各种测试，在火车的隆隆声中，我来到了不曾出现在我梦想里的大学，成为哈尔滨学院的一员，开始了我"始料未及"的大学生活。

大学似乎并没有别人所说的那样轻松，曾经听别人描述他们的大学，那完全是自由的天堂，他们要做的只是在那个被称为大学的校园里待够四年，然后去寻找自己喜欢的工作。然而，在大学里待了近一年的时间，我并不觉得大学很轻松，尽管它是自由的，但我依旧早晨六点多就要从被窝里爬起，做早操，上早读，吃早餐，然后匆忙地去上课，压力似乎并不比高考前少，时间似乎也变得更加紧张……尽管很忙，但我却觉得这样才更加充实，更有意义，青春在忙碌中绽放出它应有的光彩。

某天，突发奇想地去了学校的图书馆，那琳琅满目的书籍让我顿时觉得眼前一亮，仿佛找到了一片天堂，总是担心没有机会将老师推荐的书目尽收为我所有，此刻，那一部部大部头的书就在我眼前，于是，我的生活又多了一种味道。在那里，我找到了那个压抑在我内心深处的自己，我贪婪地吮吸着书的精华，把那略显陈旧的书抱在怀里就有一种很踏实的安全感，仿佛，我又回到了从前，每天沉浸在文字所描绘的世界里，慢慢的我恋上了图书馆，近乎痴迷，近乎疯狂。去图书馆成了我日常生活的必须……

除了阅读带给我的快乐，自习室也给了另一种享受。我喜欢一个人待在宽敞明亮的教室里自习，听着舒缓的音乐，读着自己喜欢的文章，那样的安谧是我所追寻的，在安静的教室学习、阅读、思考着自己的未来，可以一待就是一整天，累了，伸个懒腰，舒心一笑，走出教学楼，深深地吸一口气，让我觉得这样的一天是如此的美好，我的人生有了新的规划，我的未来有了新的蓝图。

在这里，我不再迷茫，不再犹豫，我努力地规划着自己的未来，并为之奋斗着。我学会了与很多人分享一个空间，在八人寝室里，我找到了家的温暖和谐，有时，我们为了放松一下紧绷的心弦而结伴去野餐；有时，我们为了某人庆生尽情欢笑而暂时地告别了淑女形象；有时，我们也会为了赶功课而个个紧锁眉头，整个寝室便处于一种安静而又紧张的氛围中……平时，我们一起上课，一起锻炼，一起逛街，一起唱歌，一起思念遥远的家……

大一的生活即将结束，但在这里有那么多值得我毕生珍藏的记忆，幸福的、快乐的、忧伤的……

（材料来源：摘自哈尔滨学院教育科学学院学生习作。作者栾明沙，系哈尔滨学院教育科学学院学生，2012年5月）

这是小学教育专业学生的一篇习作，真实地表露了一年级师范生成长的心理轨迹，记录了如何由教师"督促"下的一名高中生而成为"大一"师范生的角色转变。作者通过对"大一"生活的回味、思考和感悟，从中梳理出自己未来发展的路径和蓝图，同时也逐渐认同了师范院校特有的严格的教育规范和训练对于教师专业成长的特殊影响作用。

（二）大学二、三年级师范生的专业成长

大学二、三年级是职前教师专业化的生长期。这一阶段逐渐加重了教育专业课程和学科专业课程的学习，同时增加了教育见习及教育技能训练。

这一阶段专业成长的目标是：掌握教师必备的教育理论知识、学科专业知识及教育技能，形成一定的教育能力及专业情意。

为实现师范生专业发展目标，设置的课程有必修课。包括学科专业课程、教育理论课程，同时开设一定的与专业学习相关的选修课程。在完成这些课程的学习过程中，学校还要安排对于师范生必不可少的教育见习。教育见习，无论是目前有关教育实践的理论研究还是教师教育实践证明：在师范生培养阶段，重视教育实践环节，有效的组织教育实践活动，对于培养师范生的教师角色意识及学习动机，强化专业思想教育，丰富对教育实际的感性认识，深入的理解课堂所学的专业理论知识等，都有着极其重要的意义。除此之外，组织与教师有关的基本功训练，如三笔字、计算机技能、普通话等，这对于提高教师

素养，形成教育技能、技巧是十分必要的。

我的第一次教育见习总结

第一次的见习经历；第一次的深入小学课堂；第一次作为老师走进课堂管理学生；第一次的被学生"围追堵截"；第一次的……

太多的第一次，让我把很多的辛苦放在了脑后，而把太多的兴奋和幸福摆在了眼前。是孩子们的天真和善良让我这样，是轻松的氛围让我如此感动，也是教师这个职位让我如此的振奋。但是，我还是有些迷茫：三年后的我，如果真的成为一名小学教师，我还会这样轻松、泰然吗？

见习期间，我的收获很大，我首先要说的就是几个从来都没有见过的或者是很久都没有经历过的场面。

第一个就是老师训斥学生的场面。在我上小学的时候，我的老师也很严肃、厉害，还会采用教鞭打手的古代做法。但是，我发现现在的老师采用的更多的是语言上的训斥，而且有很多的语言是我听了都脸红的。所以，如果我一定要杜绝这种事情在我自己的身上发生，管理学生，肯定会有很多的问题和冗杂的事情，只要我换一种方法，肯定不会给小同学们造成伤害，其实他们已经懂得很多的事了。

第二个场面也是我很久都没有见过的了，就是看见了那么多的纯真的笑脸，听见了那么多的天真的话语。孩子们从来都不会把烦恼多留一分钟，无论前一分钟留下多少眼泪，只要一个转头的时间，他们就能重新快乐。他们生活的颜色永远是清逸的颜色，因为，他们的微笑永远都是真心的。

第三个场面就是混乱的课堂和老师辛苦的场面。无论是什么样的笑话，全班的同学都能一起哈哈大笑，只要是新鲜的东西，全体同学都能"疯狂的"夺抢。而且，这种场面不是一般的人能够控制的，我也是亲身实践过的，想"驾驭"此刻的他们，太困难！所以，班主任的任务不可能不重的。每一个班主任都是7点到教室，吃早饭，一天的工作从此时开始，讲课、批作业、批日记、管理卫生等。真的有太多的事情需要去做。所以，对于一个新上任的年轻教师，要适应好这种生活是非常重要的，也能很好地考验自己是否适合这个岗位。

第四个场面就是在我们见习老师离开时的场面。当同学们听说我们要走了，都一齐围过来，要我们签名、留电话。这种场面我也只有在电视上才看过，仿佛我们真的成为明星了一样。孩子们都很认真地拿着小本子，要我给签名，感觉真好！但是我们做的时候，孩子们都哭了，仿佛我们是多年的朋友，就要分离似的，无论多么淘气顽皮的学生，还是平时默默无闻的孩子，此时此刻，他们都一样，都是懂事的孩子，都是乖巧的学生。

其次，见习的收获是我从班主任的"采访"中获得的。在5天内，我问了很多"尖端"的问题。例如"应该如何做好新教师的工作？""如何处理与其他老师之间的关系？""对于送礼的学生家长该怎么处理？""对于在课堂上打闹的同学要怎么办？""进入××小学，要至少具备哪些条件？""学生喜欢什么样的班主任？"和"维持班级纪律要使用什么样的方法？"等等。虽然问题有点散乱，有点肤浅，但是，这些问题却是第一次见习的我最想知道的……而且，老师的回答也确实让我很感动，让我很有收获。

我在见习的第三天，还对小学生们的理想做了一些调查，得出的结论很有意思。我在那天很有成就感，因为我站在讲台上时，他们都很纳闷，一直在问我为什么要写那些，我以一个老师的口吻回答了他们："老师要好好地了解你们！"他们把自己的名字、梦想都写在了纸上，写得很认真，真的很不错。有的同学想要当老师，大约有15个人，有的人还特别地想成为小学数学老师。还有些人写得很贴近生活，像花店的老板、服装设计师、学校主任等。还有的同学是要成为蜘蛛侠，虽然不切合实际，但还是天真的好的表现。同时，在这5天中，我也比较留心观察周围的学生们，包括对他们性格的了解、他们家长的了解、他们成绩的了解等。王×，是一个家境很好、家长很关注且有时间关注的很活跃的男孩子，很灵活很好动，是老师眼中太捣乱的学生。他是学校体操队的选手，是学校的各项比赛冠军。但是，他的确是个很聪明的孩子，对于老师的提问，能够非常快速地思考并回答出来。虽然很是不听话，但是对于我的提醒，他还是很认真地采纳的。在很多的研究中，都显示了多动的儿童有思维活跃的共同点。孙××，一个默默无闻的、整天画漫画的男孩子，每一天，他的物品总是带得不全。据我了解，他的家长都是搞个体，每天的工作特别多，根本没有时间去管理看护他，他的生活都是由爷爷奶奶负责。所以，我认为，就现代的中国教育来说，家长的作用是很大的，家长对学生的关心程度会从学生的学习中间接地反映出来。所以，我也希望所有的家长，都会多关心孩子一些，不要把挣钱看得过重，不要把能力不行，教不了孩子作为借口，只要多问一问，孩子们会很听话的。

除了以上的这些，这5天，我也学到了一些教学上的方法和技巧。例如，对于低年级的学生，不可以把过多的任务压在他们的身上，因为在低年级的课堂上，教师还是居于主导的地位的。要想控制住这些孩子们，也一定要采取方法，只靠吼是没有作用的。要采用唱儿歌、说顺口溜、背古诗等方式来集中他们的注意力，以达到整齐一致的效果。对于中年级的学生，不可以采取放任的方式教导他们，因为此时的他们正是习惯最容易养成的时期。无论是班主任还是科任教师，都要在这个时期注重培养儿童的动手能力、活跃的思维能力，还有重要的是训练孩子们的语言表达能力。除此之外，还要鼓励孩子们积极举手回答问题，锻炼儿童的胆识，孩子们的领导才能也要在这个时期锻炼出来。对于高年级特别是5年级的学生，如果前几年的基础很好，那么就应该强化他们对知识的记忆，课堂的习题也要学生们自己来讲解，增强领导能力和自制力。

对于第一次的见习，我的感想有很多，收获也很多。同样，我也知道我欠缺的东西也很多。这个"第一次"，我只是看得多、听得多、想得多，而讲得很少，我并没有亲自去讲课，而且，见习的时间也很短。5天的时间，真的很值得我去回忆，去珍惜，去保存。

我还有许多想要在这5天中做到，但是没有做到的事情，觉得有点可惜。所以，下次的见习我就会更有方向和目标，也会做更加充分的准备，我也相信，我会在以后的学习、见习的过程中，收获更多的东西。

我觉得，要从事小学教师这个职业，学好专业课和做好每一项工作还是很重要的，毕竟教师应有的各项技能我还没有做得很好，需要学习的知识、技能还有很多。小学教师的工作确实太辛苦了，我现在还不知道自己能否胜任这项工作，真的有一点退缩的感觉，也许，这就是我还不够优秀的表现吧。

5 天的时间，如梭，但很充实；5 天的时间，如风，但很值得。这种感受，是无价的！

（材料来源：摘自哈尔滨学院教育科学学院学生教育见习总结。作者白茹，系哈尔滨学院教育科学学院小学教育专业学生，2008 年 9 月）

第一次的教育见习，应当说给了师范生太多的感受。身临教育现场，接触到具体的教育情境，激活了他们的思维，这种感受是真是的、鲜活的。真实的情境促使他们不由得不去思考、不去比较：我与现实的差距，我会如何做，我将如何面对未来，现在我将如何发展……所以，职前教师教育实践课程，对于促使师范生专业成长，较早地形成教师角色意识及丰富师范生对中小学教育实际的感性认识都起着至关重要的作用。

（三）大学四年级师范生的专业成长

大学四年级是职前教师专业化的成熟期。这个阶段的师范生的教育知能、学科专业知能等各方面的发展已达到一个"准教师"的程度。该时期的教育重点是引导学生如何将既有的教育知能应用到实际的教育活动中去。因此，大学四年级的课程安排主要是指导师范生如何开展教育教学活动。

这个阶段开设课程主要有教材、教法的研究、教育实习及毕业论文的创作。其中，教育实习是重点。教育实习是引导师范生将所学的有关学科知识及教育理论知识付诸实际行动的过程。通过教育实习是使师范生统整其所学，考核其教育教学与管理能力，从而增强其实际专业能力，并建立献身教育事业的信念的综合课程。教学实习前后的种种经验对于教师专业成长与发展的影响，显然非常重要。① 这对于师范生初步形成研究能力及教学能力、初步实现由师范生到教育者的角色转变具有重要意义。通过教育实习，师范生学会初步的运用课程、教学理论，完成课堂教学的实践活动，形成初步的组织教学能力，为师范生未来走入教师岗位打下坚实的基础。

---

① 刘捷. 专业化：挑战 21 世纪的教师 ［M］. 北京：教育科学出版社，2002.

二、新教师的专业成长

新教师指的是获得教师资格证并开始从事教学工作 1～3 年的教师，包括师范院校来的和非师范院校来的新教师。新教师时期通常被称为"求生存"阶段，这一阶段是教师专业成长的关键期，它的突出的特点是"骤变与适应"。处于这一阶段的新教师要比其他教师面临着更多的困扰。休伯曼认为：开始任教的 1～3 年是教师处于极为关键的"求生和发展期"，在这三年期间，新教师由于缺少必备的经验，当面对困难时，不免会怀疑自己能否胜任此挑战，不可避免地面临理论与现实生活中的种种差距。

新教师专业发展面临着各种挑战：熟悉教材、熟悉学生，熟悉同行、熟悉学校环境等；备课、上课、管理学生，适应所在学校的教育教学方面的常规要求等。

新教师面临的问题是综合起来：一是课堂教学与班级管理的问题；二是处理人际关系方面的问题；三是对学校文化的适应。因此，入门阶段新教师专业化的目标和任务是：一是学习和掌握教师规范和要求，尽快地熟悉教材、教法；二是熟悉工作岗位的教育教学环境，尽快地融入学校中去，而尽早成为所在学校的一分子；三是认真参加学校有关针对新教师的各项活动和培训，提高教育教学能力，实现由"预备教师"到合格教师的转变。

美国学者维曼（Veeman）曾对教师的问题进行研究，教师会遇到的最困难的 10 个问题如下[①]：

· 维持课堂上的纪律；

· 调动和维持学生的学习动机；

· 依据学生的个性实施个性化的教学；

· 对学生做出正确、公正的评价；

· 与家长的互动；

· 处理学生的个人问题；

---

① 王枬. 教师印记：课堂生活的叙事研究 [M]. 北京：教育科学出版社，2008.

·日常的组织问题；

·大量繁重的教学任务和相对较少的准备时间之间的矛盾；

·处理与同事间的人际关系；

·为更好地上课获得充足的资料。

对于教师整个专业发展阶段来说，新教师的专业化在整个发展阶段是一个重要的时期，也是教师生涯发展最困难的时期，有的学者称之为教师专业化阶段的生存期。因为这个时期发展不仅关系到教师能否获得通行证，顺利走上讲台，成为合格的教师，而且所形成的教育理念和教学模式将极大地影响他们日后的教师专业发展。

新教师在整个教师成长过程中，比较而言，其发展的优势是年富力强，可塑性大；精力旺盛，对未来的生活充满幻想；积极上进，好胜心强；生活简单，有更多的时间和力量投入到工作中去。其不足是缺少教育经验、教育能力不足，心理脆弱，易受打击。因此，这一阶段的新教师的专业发展对策，一是教师的自我发展对策；二是学校方面教师教育对策。

（一）新教师的自我发展对策

1. 新教师的自我心理发展对策

（1）首先新教师对自己要面对的工作环境，有一个充分的心理准备，对可能遇到的困难有一个充分的预想。对工作中可能出现的问题，有一个预设的解决方案。

（2）对教师工作的特点有一个正确的认识，那就是"教育工作是一件繁重、复杂的工作"，要尽力去做，但要做到尽善尽美，则需要时间和过程。教育工作需要极大的耐心和毅力。

（3）对自己的评价要一分为二，学会给自己鼓劲，树立自信心是非常重要的。

2. 把教材的熟悉和把握作为一个重点

（1）一个教师首先应该是一个学者，教师专业知识的提高是教师专业发展的重要内容，对于建立教师威信至关重要。

3. 多听课，向同行学习

通过听课，既可以了解他人，又可以通过比较来了解自己。因此，听同行的课，不仅可以向他人学习，而且还可以通过了解他人，对自己的教学情况有一个正确的评价，这样有利于树立自己的自信心。尤其是要多听老教师的课，虚心向老教师学习，是提高自身教学不足的有效对策。

新教师认真听课的情景

（二）学校方面对新教师的入职教育

入职教育是指新教师从受聘上岗到转正前这一段时期所接受的指导和训练。入职教育是新教师过渡、体验、培养责任感和使命感、更快进入学校文化系统扮演职业角色的重要环节。因此，学校方面的入职教育对新教师的专业成长起着重要的作用。

（1）加强对新教师特点与需求的系统研究。

学校方面要对新教师的发展又一个合理的预估与期望，即教师的成熟需要时间，需要过程。充分认识到新教师的发展优势，有效地运用其优势，形成新教师内在的发展动力是非常重要的。

（2）真正把新教师的入职教育作为整个教师教育的一个重要环节来抓。

建立教师职后培养的教育机制，形成教师发展的有序系列。把新教师的入门阶段的培训与整个教师专业发展的目标结合起来。

（3）加强对指导教师的培训，并为其提供好的工作条件与待遇。

（4）鼓励承担教师职前教育的院校参与新教师的入职教育。

（5）在为新教师提供帮助、辅导的基础上，鼓励新教师的专业自我成长。

要认识到对于新教师的培养应当更多的是给予心理上的鼓励，帮助他们克服心理上的畏惧情绪。对于新教师的工作，以鼓励肯定为主；对于新教师的评价，应多看到新教师潜在的发展空间。

表 8-1　青年教师认为进修学习的有效途径顺序选择①

顺　序	选　项	百分比
1	向有经验的老教师学习	56.4%
2	参加教学研究部门组织的活动	37.8%
3	注重与学生交流以获得反馈	30.5%
4	学习现代教育技术手段	25.0%
5	结合教学实际搞科研	22.5%
6	外出开会交流	17.7%
7	教研组集体备课	14.7%
8	教育理论学习	12.0%
9	微格教学训练	6.1%

案　例

新教师怎样度过"磨合期"

几年前，在新教师招聘会上，我校破天荒地招到了一位化学专业的华东师范大学应届高才生，校长如获至宝，逢人就夸。一来，因为化学学科在我校历来是"软肋"，迄今为止，从来没有一位科班出身的化学专职教师，大多是"半路出家"，凑合着教。二来，在我们这样的农村学校中，如此"小庙"引进了一尊"大佛"，简直是蓬荜生辉。

新教师到校后，校长犹如抓到了"救命稻草"，寄予了厚望，让其充当

---

① 刘捷. 专业化：挑战 21 世纪的教师 [M]. 北京：教育科学出版社，2002.

"大梁"，希望以此为契机，扭转乾坤，一改我校化学学科积贫积弱的局面。在排课时，校长决定让其担任三个初三班的化学教学，另兼任一个班初二生物和班主任，因为生化不分家，而且生物也是会考科目。

该新教师上任后，工作十分卖力，人人夸奖。每天，起早贪黑地备课、上课、批改作业，用他的话来说，"简直把脚都要当手用了"，就这样手忙脚乱，拼命地忙活了一个月。第一次月考，他教的三个班级"全军覆没"，与其他班级相比，平均成绩相差12分之多，创我校"历史记录"，造成重大"教学质量事故"；第二次月考结果大同小异。就这样，一年下来，他屡战屡败，在校长、同行、家长和学生的责备声中"急流勇退"，搞得学校工作十分被动。

下一年秋季开学，同样是一位新分配来的教师，因为有了前车之鉴，校长决定降低他的工作量，让该教师只担任一个班的初一英语教学，让其慢慢熟悉教材，掌握教法，适应教学。由于该教师只担任一个班的教学任务，工作量比较轻，平时有充足的时间备课、向同行请教，经常去其他教师的班级听课，揣摩教法。一年下来，逐渐掌握了教学的基本"套路"，成绩不仅没有拖学校后腿，反而比其他老教师更胜一筹，教学技艺日趋成熟。

有了成功的体验，特别是校长、同行的表扬，家长和同学的认可，他的劲头愈来愈足，教学业务水平和能力不断提高，一年就站稳了脚跟。在此基础上，下一年，学校安排他担任了两个班级的初二英语教学，还兼任一个班级的历史与社会教学，虽然忙了一点，但因为已有了一定的教学"临床经验"，具备了一定的驾驭课堂教学的水平和能力，所以，在教学时比较顺手，教学实绩日益突出，在校内小有名气。

一直以来，我们在学校管理中都深谙"没有压力就没有动力"的道理，加上新教师年富力强。所以，新教师一分配到校，我们总习惯于给他们加足马力，压担子，给位子，"恨不得一口气让他们吃成个大胖子"。殊不知，这样的做法，为时过早，欲速则不达。

新教师刚从高等院校毕业，他们虽然有一定的理论知识，精力充沛，但其教学"临床经验"一穷二白，既不懂得教学上的"规则"，也不熟悉教材，更缺乏必要的教学技巧、教学手段和教学方法。每天，除了备课就是上课，手忙脚乱，穷于应付。过多的工作量使他们很少能真正摸透和掌握学生的情况，

"超负荷"的工作量也使他们没有足够的时间精力对自己的教学进行反思，更不能抽出时间去向老教师请教、去听同事的课，仅靠自己闭门造车，独自摸索，无法借鉴学习他人成功经验和独到做法。这样，教学业务水平和能力永远只能在原地徘徊，裹足不前。在过重的工作压力下，新教师根本无力及时"休整"自己的教学，反思自己的得失，失败在所难免。

由于首战"出师不利"，对新教师的心灵是一个重大的打击。在失败的阴影下，他们显得畏首畏尾，自信受挫。更可怕的是，在学生中留下一个不好的印象，以后学生会觉得这位教师不会教书，他的话就会大打折扣，"后遗症"不可估量。

有鉴于此，近年来，每当有新分配来的教师，我们学校总会安排他们较轻的工作量，使其"轻装上阵"，通过循序渐进，在自己的努力下、榜样的示范下、同行的帮助下、领导的鼓励下，顺利度过"磨合期"，使其在较短的时间内站稳脚跟，打出旗帜，迅速成熟。在其具有一定的教学经验，各种条件具备的情况下，再慢慢给他们压担子，使其真正充当教学上的主力军。

"留得青山在，不怕没柴烧。"在使用新教师时，千万不要过早"施压"，因为这个"磨合期"是新教师成长的必经阶段，如果"磨合"得好，则会给其今后的教学奠定一个良好的基础。否则，会给满腔热情的新教师当头一棒，欲速则不达。开始时，我们一定要给他们提供一个相对轻松的环境，等其羽翼渐丰，条件成熟时，再委以重任，这对新教师的成长大有裨益。

此外，对于学校管理者和广大中小学教师们来说，明晰教师发展、专业成熟的长期性和阶段性是必要的。这就是目前并不为实践领域所熟知的教师发展阶段理论。

（资料来源：《中国教育报》，2005 年 8 月 16 日第 6 版）

在教师社会化的过程中，第一年是教师专业发展的关键一年。有这样一组数据值得关注：美国洛杉矶市，超过一半的新教师在 3 年之内离开教师岗位，对此地方政府一年需要花费 1 500 万美元。1996 年，在美国北卡罗来纳州的一项研究也发现，17% 的教师在任教之后的第一年离开教师岗位，30% 的教师在头 3 年内离开，大约有 36% 的教师在 5 年内离开。在美国全国，大约有 22% 的新教师在参加工作后的 3 年之内由于缺少支持感到失败与无望而离开①。新教师的社会化过程失败不仅仅导致他们离开教师职业，而且带来诸多教师问题，一方面不仅使学生不断地处于对新教师的适应阶段，无疑会影响教学质量，而且也会影响到新教师日后的专业发展。

世界各国都非常重视新教师的入职教育，它们采取了多种形式为初任教师提供帮助和辅导。

案 例

特级教师唐江澎自述他的成长经历

第一阶段初入教学岗位，他自我定位在陪练员的角色，"把自己怎样学的告诉给学生"；第二阶段发展到以"教"为重点，以教代学，充当演员的角色，"陶醉于才学、特长的自我展示"。无论是第一或第二阶段，唐江澎都通过不断补充和巩固专业功底，锤炼教育技能，成功地获取了某些方面的专业发展，但他仍是对以前"自我"的补充，仍是传统意义上"以教师为中心"的教师，所以困扰仍缠着他，"无数次问自己：教学究竟是什么？怎样教才是有效的？"

新一轮课程改革为唐江澎在第三阶段成长过程中的转型提供了新契机。在课程改革中他开始寻找到了摆脱困惑的答案，领悟了课程的真义：促进"有意义学习"。将自己的教师角色定位于学生的引导者、探究的合作者、情感的激发者、方法的指导者，在行动研究中创立出有别于传统教学的"体悟教学"，实现了"自我"的转型，走出了一条课程改革与自己专业发展相结合的道路，使自己获得了一次教师职业生涯的新生。

（资料来源：《人民教育》2002 年第 6 期）

三、在职阶段的教师专业成长

新教师通过试用期而成为一名"正式"的、"合格"教师。此时的教师经

---

① 王枬. 教师印记：课堂生活的叙事研究 [M]. 北京：教育科学出版社，2008.

过入门阶段的探索和实践，初步具备了从事教育教学活动的能力，能够独立地完成教育教学活动。

从整个教师专业成长过程来看，教师的职前培养为教师专业发展奠定了一定的知识和技能基础，入职指导为新教师的个性成熟和能力适应起到了调节和推动的作用，而在职教育则向来被认为是教师专业发展最为关键的环节，因此，如何在把握在职教师的成长需求的基础上，通过在职教育来有效引领中小学教师的专业发展，是教师教育领域亟须破解的一项重要难题。

（一） 如何看待在职教师专业成长

1. 在职教师的专业成长需要时间

教师专业的特点决定了教师成长需要较长的时间。由于教育情景的不确定性及教育对象的复杂性、多样性等，都决定的了教师职业对教师能力的发展有着特殊的要求，而一个人的能力的发展、成熟则需要较长的时间的历练。

2. 教师的专业成长并不是随着时间的积累教师专业素质自然发展演变的过程

教师入职之后，仍然面临着专业发展的课题。教师由合格教师到胜任教师，乃至成为专家教师的专业发展过程中，既需要教师个人的主观努力，同时也要有客观条件的支持。教师成长需要主客观因素相互促进，形成合力，共同促进教师发展。其中，在影响教师专业成长因素中，教师教学反思能力的形成是影响教师专业成长的关键要素。实践证明：在一个教师职业生涯发展中，如果教师对自己的所从事的教育活动不做认真的思考，不善于总结经验教训。那么，这个教师的发展可能永远处于合格教师阶段，发展的空间及水平也是有限的。

（二） 在职教师专业发展的目标

（1） 继续促进教师各种专业能力的提高。

在职教师的专业能力包括：教师的教育教学能力、教师的教育研究能力、教师的自我提高、自我教育能力、教师的交流、合作能力等。

（2） 不断学习，不断更新教育理念及不断的改造、拓展自身的知识结构。

（3）不断改进教学方法。

在教学中生活中能愉快胜任，形成教育智慧及个人教育风格。

（4）不断完善教师人格。

树立远大理想，并形成终身献身教育的意愿与精神，成为一名优秀而卓越的中小学教师。

（三）　在职教师专业成长有效途径

1.　合理规划职业生涯

教师的专业成长是一个终生的、整体的、全面的、持续的过程，它涉及个人、组织、外在环境等错综复杂的因素。教师要善于分析和审视各种因素，并学会据此制定个人专业发展规划。教师只有具备规划职业生涯的能力才能合理地确定专业发展的目标，调控专业化发展的进程。科学合理的规划应该建立在科学理论的基础之上。因此，教师首先要学习教师专业发展的一般理论，建立专业责任感。特别要尽可能多地学习、了解有关教师专业发展阶段的理论，明确自己在发展过程中所处的阶段和地位，对自己的专业发展保持一种自觉状态，及时调整自己的专业发展目标及发展策略，努力达到理想的专业发展水平。

制定教师个人专业发展规划的方法和程序是：自我认识和评估（认识自我及所处时间与空间环境）—分析相关资料，审视发展机会—确定专业发展目标与行动策略—按目标逐步执行—评价发展规划。当专业发展活动陆续展开与完成之后，教师还需要对活动的效果进行评价，了解是否达到了预定的目标，在发展中是否有不理想、欠周到的地方。然后，可以针对问题和不足加以反思，并设法改善与补救。通过对每一个步骤与目标实现状况进行相关评价，对活动过程进行及时的审视，不失时机地加以调整和修正。这样才能获得最适合的专业发展规划，使专业发展目标更有效地达成。

教师的专业发展规划有多种形式。按照时间的长短，可以是长期规划（10年左右）、中期规划（3～5年）和短期计划（年度计划、月计划和日计划）。通过短期计划日积月累，则达成长期计划。

千里之行，始于足下，人的发展是一个长期的过程，教师平时的工作复杂而又烦琐，但在看似平常的教育工作中，积累着教育、教学经验，专业能力提高及专业情意的成熟，进而形成教师的教育智慧。

案　例

教师个人发展计划①

蓬山小学×××

根据上级有关精神以及现代教育的形式，对我们教师自身提出了严格的要求，实现以"创新精神、创造能力、不断发展自己"为核心的素质教育目标，提高我们青年教师的教育素养和能力，特为自己定下以下发展计划。

一、认真学习政治法律

政治道德素养是一个人必须具备，无论做什么工作都需要有良好的政治道德素养做基础。因此，我要热爱祖国、热爱党，以一个共产党员的身份，高标准、严要求。此外，我觉得还应该认真学习各项法规，用法来保护孩子的各项权利掌握各项规程、纲要，及时了解孩子各阶段的发展和需要，热爱自己的事业。

二、提高专业文化水平

新课程的实施，迫切要求广大教师提高专业化水平。教师的专业包括学科专业和教育专业两个方面。教师应成为学科知识的专家和学科教育两个方面的专家。既要有扎实的学术根底，又要有学术的前沿意识，掌握现代教育手段。教师应把自身的专业发展目标定位在如下几个方面。

（一）制订科学合理的教学计划

在自己的工作和学习积累过程中不断总结教学经验，根据学生的实际情况和新教材的特点制订科学合理的教学计划，有利于学生对知识的掌握和教学进度的实施。

（二）业务方面

业务方面要树立现代学生观，学会以发展的眼光看待每一个学生，相信学

---

① http://www.dspsxx.com/pengshan/blog/user1/jkn111/archives/2006/707.html.

生的巨大潜能，并努力去探索发掘；在教育教学活动中发扬学生的主体精神，促进学生的主体发展，努力做到因材施教。充分发挥自己的特长来吸引学生，使学生喜欢自己的课，并能在自己的课堂上得到发展，能满足学生成长和走上社会的实际需要。坚持教学相长，在师生交往中发展自己。遵循"以人为本"的管理原则，增强自己的管理能力。自己在工作中曾得到诸多教师的帮助，与每位教师团结一心，体现教师的师德，互帮互助。

深化课改，充分培养和激发学生学习兴趣，重视学生认知过程中的情感培养。注重对自身教育行为的反思——实践，解决教改新问题，提高教学质量，做一个有思想的新形势下的教师。

（三）加强自身的教学基本功

作为一名教师，我时刻提醒自己要为人师表，所以，在专业方面不断充实自己的，严格要求自己：抽出业余时间，在语言能力、专业能力和书面表达能力上训练自己，争取每天都有新的变化。

（四）提高反思性教学能力

要积累教学智慧，分析成功或失败的原因，反思性教学是一个循环或螺旋上升的过程。我们只有通过理论思考、观摩讨论等方式不断超越自我，才能更加完美。

（五）积极撰写各类论文、积极参与优质课评比

在工作学习的过程中，积极撰写各类学科论文，积极承担各类优质课评比，并争取好成绩。只有不断总结自己的教学经验与教学理论，不断参与各种活动，才能找出自己的缺点与不足，才能成长起来。

三、学习进修方面

牢固树立终身学习的观念，每学期至少学习一本教育理论专著，不断丰富科学文化知识，掌握现代教育理论和技术，提高实施素质教育的水平和能力。积极参加举办的各种讲座，定期进行相互交流研讨。认真贯彻落实听课评课制。珍惜每次外出参加培训和学习的机会，并写出感想及反思。

四、严格出勤，做好其他工作

我在做好各项教育教学工作的同时，严格遵守学校的各项规章制度。处理好学校工作与个人之间的关系，克服种种困难全身心地投入到教育教学工作

中。

这是福建某小学教师的个人成长计划，具有很强的典型性，从中我们可以看到这位教师的不同层面、各个部分的成长需求，也为我们分析教师的成长需要提供了可供借鉴的参考价值。当然，这里最主要体现的是教师的专业成长发展需求。每个教师都要在实践经历中成长，教师除了加强自身修养外，同样需要教育管理者的引导、激励、培养。教育领导应善于激发教师探索思考和分析本身工作的兴趣。有些教育领导，应放下尊贵的权威，走进教师群体，与教师平等对话，倾听教师的内心需求，面向大多数教师，多给他们提供成长的平台，多提供学习、展示的机会，多多激励教师的内在动力，缩短成长周期，创造一个轻松、民主、积极向上的教育教学氛围，而不仅仅靠简单的条款制度强制压迫，应让教师感到更多的人文关怀，感到育人教书、工作学习是一件快乐幸福的事情，"愿教、乐教"，而不是"苦教，厌教"。

2. 积极参加在职学习与培训

在职学习与培训是教师更新、补充知识、技巧和能力的有效途径，可以为教师的专业发展提供机会。

目前中小学教师的在职培训主要是围绕着新课程的实施而展开。培训的内容包括：通识性培训，即以《基础教育课程改革纲要》解读为主要内容，提高受培者的思想认识，更新观念，从而加深对新课程的改革目标及其教育理念理解的培训；学科性培训，这主要是以《新课程标准》的解读为主要内容，结合新教材，以教师实施新课程为目标的研修型培训。

按照受训者获取培训信息的途径的不同，培训的形式主要有：案例分析式、课堂观摩式、自修反思式、研训一体式、沙龙研讨式、专题讲座式、师徒结对式、校际合作、网络交流式等。特别要提倡教学观摩与理论研讨相结合的方式。参加教师培训对于提高其专业化水平具有重要的作用。

3. 进行教学反思

教学反思被认为是教师专业发展和自我成长的核心因素。它是教师以自己的教学活动过程为思考对象，来对自己所做出的行为、决策以及由此所产生的结果进行审视和分析的过程，是一种通过提高参与者的自我觉察水平来促进能力发展的途径。反思不是简单的教学经验的总结，不是一般意义上的"回顾"，而是思考、反省、探索和解决教育教学过程中存在的问题，它是伴随整个教学过程的监视、分析和解决问题的活动。另外，这里所说的反思与通常所说的静坐冥想式的反思不同，它往往不是一个人独处放松和回忆漫想，而是一种需要认真思索乃至极大努力的过程，而且常常需要与其他教师进行专业合作。

反思可分为教学前、教学中、教学后反思。教学前反思具有预测性，使教学成为一种自觉的行为，有效地提高教师的分析能力；教学中反思具有调控性，使教学成为一种多向的互动，有助于提高教师的应变能力；教学后反思具有批判性，使教学成为一种理性的评价，有助于提高教师的总结能力。

没有教师对自我专业发展过程的反思，就难以实现教师的自我专业发展。要发挥教学反思的作用需注意两点：

首先，应保证教师对自己专业发展的反思不被遗忘。为此，教师的自我反思可以安排在固定的时间，使反思经常化和制度化。在反思的内容上，教师可以根据自己的专业发展规划，将目前的教师发展内容和所达到的水平，与序列中相应专业发展时期的发展内容和水平相比较，找出较弱的方面，而后重新规划予以补救。再者，教师还需要对隐含于自己日常专业行为背后的教育信念予以澄清，尽量避免由于不恰当的信念或观念阻碍专业发展。最后，教师还可以建立自我剖析档案，或绘制自我专业发展剖析图，以便更好地了解自己专业发展的变化和进步情况，并采取相关措施。

其次，教师在自我反思的过程中还要注意记录关键事件，经常与自我保持专业对话。经常记录自己认为对自己专业化影响较大的关键事件，不仅可以为事后回顾、反思自己的专业发展历程提供基本的原始素材，而且叙述过程本身就是对自己过去的教学经历予以归纳、概括、反思、评价和再理解的过程。在这一过程中，教师可以更为清晰地看到自我成长的轨迹和内在的专业结构的发展过程，进而为更好地实行专业发展的自控和调节奠定基础。对关键事件的记录，也是发掘其对自我专业发展的价值和意义的过程，因为任何事件本身是无法呈现自身的"意义"的，只有在事后的反思中才能断定它的"关键"。这一过程也是个人向自我呈现关键事件，与自我进行专业发展对话，提高自我专业发展意识以及今后对日常专业生活中关键事件的敏感性的过程，对教师个人后续的专业发展有着重要意义。当然，也可组织专门的活动让教师相互交流个人的关键事件记录，达到对自我专业发展的再反思和相互促进提高的目的。

中小学教师进行教学反思可以采取如下形式。①教育叙事：在自我反思的基础上，教师用自己熟悉的言语方式来表达和叙述教育教学所发生的真实事情的一种文体写作；②反思日记：包括工作中的经历，与他人的对话，深度的感触、期望等；③反思随笔：随时记录自己的教育教学灵感；④理论学习：与名师对话，与名著对话，撰写学习心得体会；⑤微型教学：录像观课；⑥相互观摩：同行听课观摩，相互交换意见；⑦对话研讨：举办研讨会、沙龙等；⑧建立档案：教师专业发展档案袋。

4. 开展教育研究

目前，人们对教师职业的专业性认同程度不高的原因既有主观方面的也有客观方面的原因。从主观上说，历来有一种看法，认为"学者即良师"，只要有知识、有学问就可以作教师，没有意识到一个合格的教师不仅要有知识和学问，还要有与教师职业相应的品格和技能，要有对教育规律和儿童成长规律的深刻认识，要有不断思考和改进教育工作的意识和能力；从客观上说，因为它的专业化程度还没有达到与律师、医生、会计等职业同样的程度。但随着教师职业专业化程度的不断提高，必然要求教师不仅具有扎实的学科基础，而且要有教师职业的独特品格和能力。在这其中，教育科学研究的意识和能力是非常重要的一个方面。另一方面，教师教育科学研究的意识和研究能力又是推进教师职业专业化的有力保证。正是在这个意义上我们强调，教育科学研究能力是专家型教师区别于一般教师的根本所在，开展教育科研是教师专业发展的根本途径。

新课程的基本理念之一就是使教师成为研究者。这一理念的出发点就是让教师通过参与教育研究来提高专业素质、促进自身的专业发展。在研究中，教师可以将理论与实践有机结合，更好地理解课堂教学和改善教育实践，不断扩展自己的专业知识和能力。

中小学教师开展教学研究要立足学校的教学实践，坚持以校为本的原则。一是在选题上要针对教学实践中的突出问题，选择切实可行、具有操作性的问题。尽量避免理论性太强，脱离教学实际的题目。二是在研究方法上侧重教师的教育行动研究。要针对教师教学实践中的实际问题，探索改进教育教学实效性的方法和途径。三是要充分发挥教研组的群体作用。例如，针对教学中师生反映的一些实际问题，由教研组全体成员参与，利用集体教研的时间进行说课、上课、评课、撰写反思，找到一些行之有效的方法，解决教学中的难题。

5. 积极参与课程改革

教师参与课程改革与教师专业成长密切相关。教师专业发展是课程改革的重要支撑，而课程改革也为教师专业发展提供机会并促进教师的专业发展。首先，课程改革为教师专业发展提供了"动力源泉"。它激发了教师实现自身专业发展的强烈动机，并通过课程"范式转换"对教师提出了新的要求，推动教师在课程改革的过程中积极参与，进而提升自身专业形象和专业素养。其次，课程改革为教师专业发展提供了新途径。尤其是校本课程的开发，能增进教师对学校课程的归属感，提高教师的工作满足感和责任感，使教师对教学工作有更多的投入，并促进教师各方面的专业发展。

6. 保持开放态度，加强合作交流

有人把教师的职业描述为一种孤独的职业。这种描述似乎是不正确的，但在传统的教师专业生活中，确实存在不仅与学生有隔离，而且还经常与学校中的其他教师、同事相隔离的现象。正如一位教师所说的那样，在教师休息室里，除了寒暄以外我们不谈班级的事情。我们不想让他人知道我们的问题，因为害怕他们认为我们是不称职的老师。

教师专业发展需要教师保持开放的心态，随时更新教育信念和专业知能。为此，教师要充分发掘、利用各种可利用的有助于自我专业发展的资源，要突破目前普遍存在的教师彼此孤立与封闭的现象，学会与同事、同行进行专业合作与交流。首先，教师要加强学科内部同行之间的交流。如参加研讨会和观摩活动等。特别值得重视的是，在网络环境优化的条件，通过局域网或因特网开展的交流合作活动明显具有高效便捷的优势。如，利用 QQ 群、BBS 论坛的优势，吸引教师们的参与。这种交流不仅有利于开拓专业视野，丰富专业内涵，了解各地的教育教学动态也是极为有益的。

第九章　优秀教师成长之路

优秀教师是一种优质的教育资源，在学校教育中占有举足轻重的作用。成长为一个优秀教师不仅是每个教师个人发展、努力的目标，也是教师教育研究的重要课题。那么，优秀教师应该具备怎样的品质？优秀教师的成长过程是怎样的？如何才能成长为优秀教师呢？

一、优秀教师的特质

（一）优秀教师的界定

优秀教师是一种优质的教育资源，在学校教育中占有举足轻重的作用。对优秀教师的界定，现在并没有一个确切的概念。王芳、蔡永红（2005）指出优秀教师是我国为表彰特别优秀的中小幼教师而特设的一种兼有先进性和专业性的教师称号。唐林海（2005）认为优秀教师是一本"百科全书"。赖新元（2007）提出优秀教师的十大标准：①态度决定一切；②身正方为范；③构建和谐的师生关系；④与团队共辉煌；⑤教书更要育人；⑥绝不放弃任何一个学生；⑦不唯书不唯上只唯实；⑧勿以分数论英雄；⑨决不甘于平庸；⑩要认真地教，也要聪明的教。综上所述，对优秀教师的概念理解为：在教育领域内运用自己的知识与智慧，取得了优异的成绩并得到了同行业以及权威专家的认同，并且能够锐意进取，不断突破、不断发展的对教育事业具有特殊贡献的群体。

优秀教师是相对于一般教师而言。各国教育界对此多有阐述。美国的《优秀教师行为守则》共有26条，其中涉及教师道德的内容就有21条。创建于1987年的美国教师职业标准评定委员会（NBPTS）根据教师应该具有的能力，应该承担的责任，应该扮演的角色，认为优秀教师的标准应围绕五个核心思想展开：①教师为学生及他们的学习承担责任；②教师理解他们所教的科目并知道如何将该科目教给学生；③教师有责任管理、组织学生学习；④教师系统地思考教育实践并从经验中学习；⑤教师是学习社会的成员。

德国也提出过好教师的标准：①应具有健康的体魄，能胜任繁忙的教育和教学任务；②具有敬业精神，热爱自己的职业，热爱自己的学生，对他们充满好奇，与学生相处不会感到是一种负担，而是一种快乐，不把学校作为令人讨厌的不舒服的场所，相反，觉得在学校里很开心，下班后还不想离开；③具有人道主义精神，对学生笑口常开，善于营造一种快乐的气氛，不使教学环境搞得使学生像老鼠看到猫一样害怕；④热爱自己的执教学科，因自己的执教学科而感到欢欣鼓舞，了解它的重要性和意义；⑤对自己的执教学科很有自信心，很有把握，了解它的难点、关系、系统、方法等；⑥懂得学习，了解每个人都有自己的学习方式和风格，不同的学习方式有利于不同的个人进行学习、思考和记忆，懂得如何才能真正有效地帮助学生学习；⑦具有民主精神，不仅认识到在教师之间应该讲民主，而且在师生之间也应该讲民主；⑧具有良好师德，具有教师的责任感和使命感。

（二）优秀教师特质

我国对优秀教师的研究表明：一般教师与优秀教师的差异可以表现在很多方面，如职业理想、工作态度、教学能力等。我们认为，优秀教师的人格特征主要包括以下几个方面。

1. 坚定不移的教育信念

教育是基于信念的事业，是一种基于信念的文化活动。德国哲学家、教育家雅斯贝尔斯认为，"教育须有信仰，没有信仰就不成其为教育，而只是教学的技术而已""教育首先是一个精神成长过程，然后才成为科学获知的一部分"。

有研究表明，教师的教育信念不但影响着学生的发展，而且有助于教师自身专业的发展。正确的教育信念产生科学的教学观、学生观、师生观，是教师专业发展的动力之一。我国特级教师斯霞曾经谈到教育信念的重要性，当我拥有了"一切为着学生的成长、一切为着祖国的未来这样的信念时，我感到我是幸福的。有了这个信念，我千方百计地去钻研我的工作，如饥似渴地去补充我的知识，再苦再累也心甘情愿；有了这个信念，个人的安逸，家庭的幸福，如有必要，我都能牺牲；有了这个信念，什么样的屈辱我都能忍受，什么样的磨难我都不怕；有了这个信念，所有那些瞧不起'孩子王'，瞧不起小学教师的世俗观念，都不能使我动摇，我都可以像抹去一缕蛛丝一般地把它们丢在一边"①。

优秀教师把从事教育事业看作一种使命，深知自己肩上的责任。他们拥有自己的职业信仰，那就是坚信自己的教育活动在个体活动和社会发展过程中所起的作用，拥有对教育价值的认定和承诺，无私地去追求教育整体价值的实现。特别是在外界出现干扰的情况下，一般教师往往放弃努力，甚至抛弃了自己的职业理想，另谋他业。而优秀教师往往能始终坚持自己的职业信念，排除干扰与杂念，始终保持一种平和的、愉悦的工作心境。② 许多著名的教育家和优秀教师都认为，教师职业是一种特别幸福的职业，它充盈着自由的欢乐、内含着创造的幸福，给人带来内在的满足与尊严。③ 因此他们都以能从事教师职业为骄傲。实践证明，教育信念是教师对教育、对人生的一种理想，一种精神，这种信念是教师内在的、源源不断的发展动力，是任何外在的动力所无法比拟的。

2. 优异的教学能力

（1）教学内容的处理能力

一位优秀教师不止限于将教学内容传授给学生，更应该讲究方式方法，运用恰当的教学手段，使用现代多媒体技术，直观、形象地向学生呈现教材内容。优秀教师在日常教学中还应该设计出充分体现自己教学风格的教案，在对教材进行深入的分析研究的基础上，能够对其进行有效的处理。在课堂教学传授知识的同时，能有意识地引导学生掌握科学的方法。另外知识的更新同样非常重要，优秀教师更加关注本学科最新的科研发展动态，注意汲取与自己教学有关的各种新信息，不断更新内容，使教学更富有科学性、时代性。

---

① 柳斌. 中国著名特级教师教学思想录：上卷［M］. 南京：江苏教育出版社，2000.

② 王荣德，等. 优秀教师的人格特征与名师的培养［J］. 宁波教育学院学报，2005（6）.

③ 叶澜，等. 教师角色与教师发展新探［M］. 北京：教育科学出版社，2001.

（2）教育机智

苏霍姆林斯基曾说过："教育的技巧不在于能预见课的所有细节，而在于根据当时的具体情况，巧妙地，在学生不知不觉中做出相应的变化。"教育情境是不断变化的，教师不断面临着挑战，可能是好奇却远离目的的提问，也可能是非善意的挑剔，或是扰乱课堂的纪律事件等。优秀教师在教育中一般善于因势利导，能机智地处理教育中的偶发事件，他们对学生既严格要求，又能适当宽容，能针对学生的年龄特点和个体差异进行教育。教育机智发自偶然，储之久远。教育机智是教师良好的综合素质和修养的外在表现，是教师娴熟运用综合教育手段的能力。

（3）教学组织与管理能力

优秀教师在课堂中往往具备较强的组织能力，在管理方面颇具艺术性，注意采用各种方法调动学生的学习积极性，使学生处于愉快、有兴趣的学习气氛中。例如，开展教育活动，教师善于制订计划，动员、培养和使用骨干，组织指挥，总结评比等；组织教学活动，教师善于启发诱导，能激发学生兴趣，集中学生注意力，善于机智地处理偶发事件等。教师组织教育教学活动的能力，包含一定的创造性，既需要知识经验，又需要满腔热情，更需要在实践中坚持不懈地研究、总结、磨炼。

（4）语言表达能力

语言是表达和交流思想的工具，教师语言表达能力如何，直接影响教育教学工作的效果。优秀教师很注意自己语言方面的修养，力求使自己讲课语言能做到深入浅出，并注意语言表达的条理性、逻辑性。在教育教学中，教师的语言要发音准确，使用普通话教学；要注意语音语调，抑扬顿挫；要简练明确，内容具体，生动活泼；要合乎逻辑，语法正确，流畅通达；要富于感情，有感染力。

3. 良好的交往能力

教师在教学活动中必然涉及与学生、同事、管理人员以及家长和社会有关各方面的关系。这些关系对教师的工作、情绪具有不可忽视的影响。良好的交往能力是优秀教师成长的必备条件。因为只懂得"教什么"和"如何教"还不足以保证一个新教师成长为一个优秀教师。教师的成败往往还有赖于他们能否在教育工作中与学校领导、教育同行、社会各界，特别是与学生建立良好的交往关系。教师应在集体中学会合作学习，共同成长，构建和谐的学习共同体，在互相支持与帮助的基础上，实现教师专业发展。此外，良好的人际交往过程中，教师能够分享愉悦的情感体验和关怀、保持健康的心理、积极的心态，同时避免教师的职业倦怠。事实上，教师是人类关系的专家，优秀的教师在教学中能与学生建立和谐的师生关系，善于与学生进行情感上的交流，注意做好学生家长的工作，能够与学生、家长、学校领导、同事和其他社会人员建立健康、积极的人际关系。

4. 高度的自我调节与完善能力

（1）自我调节的能力

教师职业是一个压力来源较多、压力强度较大的职业。高强度的职业压力可能产生失常行为。对于教师而言，压力过大已经成为教师的一种典型生存状态。所以，在这种情况下，教师自我解压就显得尤为重要，也只有如此，我们才能更好地保护好自己。优秀教师在面对困难与挫折时能自我调节，善于控制与疏导自己的情绪，保持心理平衡，设法摆脱困难、继续努力，这是优秀教师能够在教育工作中取得出色成绩的一个重要原因。马卡连柯以自身的体会为教师树立了榜样，他说："我从来不让自己有幽怨的神情和抑郁的面容。甚至我有不愉快的事情，我生病了，我也不在儿童面前表示出来。"不迁怒于学生，调整不满情绪，将乐观、豁达的情感表达给学生，是教师个人素质和能力的体现。

（2）自我完善的能力

随着科学技术迅猛发展，知识的获得越发的便捷和多渠道，教师的定位绝不再是"知识的权威"，教师所拥有的知识无论从量上还是质上都与时代的发展和要求存在较大的差距，教师的权威受到了挑战。优秀教师能表现出较高的自觉性，能时刻注意培养自己各方面的兴趣，扩大知识面，不断涉猎新知识，汲取科学新知，不断完善自己的个性，加强各方面修养。苏霍姆林斯基认为，"教师进行劳动和创造的时间好比一条大河，要靠许多小溪来滋养他"。显然，这里所说的小溪就是每天不间断地读书、学习，不断获取新知识的小溪。我们都应该向优秀教师学习，自觉地完善自我，不断进取，努力提升自己，攀登上一个又一个教学和教育的高峰。

5. 教学反思的能力

"教师即研究者"是国际教师专业化发展运动中的重要观念，美国教师专业化发展，不仅要求教师具有相应的教学实际能力，主张教师积极参与教学目的与教学内容的设计，扩大教师的自主权，而且在教育实践中提倡反思，提倡研究，形成了教师反思运动和教师成为研究者运动。

波斯纳（G. J. PoSner，1989）提出了一个教师成长公式：经验 + 反思 = 成长，并认为，没有反思的经验是狭隘的经验，至多只能形成肤浅的知识。奥思特曼（K. F. Osterman，1993）等人提出教师反思的过程：具体经验—观察分析—抽象的重新概括—积极的验证。在此过程中来提高教师的反思能力，从而促进教师科研能力的发展，加快教师成长。那么，教师应怎样对自己的教学经验进行反思呢？布鲁巴赫（J. W. 1994）等人提出课后备课、反思日记、观摩分析、职业发展、行动研究等五种反思的方法和途径。反思教学实践的目的在于审视并改善教师的教育行为，提升教育实践的合理性，使教师的经验和知识转化为理论，生成教育智慧，从而提升教师的专业素质和专业精神，使教师的成长始终保持一种动态、开放、持续发展的状态。

特级教师于永正说："保持教育理性状态的前提是群体具有反思能力。而名师就是处于反思的'多震地带'。他们在反思宏观的教育，也在反思教育的细节；他们在反思历史，也在反思现在，尤其总在反思自己。名师是我们教育界反思状态的发动机——他们启发了我们。这便是名师的价值。"大量研究表明，优秀教师的成长和他们的反思有着很大的关系，教育随笔是教师不断反思的结果和见证，而反思是提高教师教学能力的一个主渠道。有学者指出，"一位教师写一辈子教案不一定能成为名师，而连续写 3 年的教后反思则很可能成为名师"。而"不通过反思，就无法对自己的意识活动进行认识，它本身就是一种意识活动。作为教师的反思，必须是教育学意向性的反思。教师进行职业生活体验研究，按照现象学的反思方法去操作，就可以真正去实现对事情本身的本质认识"[①]。在这里，我们特别要强调的是对教育失误的反思。每一次缺

---

① 金美福. 秉持现象学态度的教师教育理论研究 [J]. 教育研究，2007（8）：58 – 62.

憾、错误、不完美，对所有具备真诚反思精神的教师来说，都是一个进步的台阶，正所谓"失败乃成功之母"，只有深刻分析，找出差距，才能改正不足，有所突破，有所创新。

二、优秀教师成长过程

教师的成长是一个连续的、长期积累的过程。但是，任何事物的发展都有一个从量变到质变的过程，优秀教师的成绩也是如此，存在着成长的阶段性。教师经过职前的准备，并在初步胜任教师工作之后，就存在着一个如何由一般教师向优秀教师逐渐过渡的问题。我们可以把一般教师成绩为优秀教师的过程划分为三个阶段：积累期，成熟期，创造期。

1. 积累期

这是教师在基本适应教育教学工作以后，在教育教学的知识、能力以及教学实践经验方面逐渐积累的时期，也是一个优秀教师区别于一般教师而逐渐成为学校教学骨干，逐渐走向成熟的阶段。

这个时期优秀教师的主要特点是：①热爱教师工作，对自己从严要求，作风踏实，态度勤恳，工作主动，品行端正，形成了比较成就的观念，积极参与意识较强，有良好的人际关系，为群众和领导所接受。②熟练掌握教学基本功，积累了一定的教育教学经验，开始形成初步的教学风格。③渴求学习现代教育理论和他人经验，对教育科学研究开始产生浓厚的兴趣，初步具备了教育科研能力，有教育教学论文在报刊上发表或在各级各类评选中获奖，有些论文观点引起注意或被转载、引用等。④具有一定的可塑性，他们的表现在领导和教师群体中被逐渐认可，这一阶段的主要特点是其逐渐成为学校教学骨干的地位基本上稳定下来，但仍有可变性。

2. 成熟期

这是优秀教师完全适应教育教学工作的时期，也是其完全掌握了教学主动权，各方面都成熟后成为学校教学骨干的阶段。

这个时期的主要特征是：①热爱教师工作，具有强烈的事业心和责任感，树立了正确的教育思想，具备了良好的心理品质，取得了不同程度的业绩和荣誉。②具有较好的认知结构和深厚的教学功底，在此基础上注意吸收、消化他人的成功经验，开始建立自己独特的教学风格。③具备了很强的教育教学科研能力，并取得了部分或相当数量的科研成果。④在教师群体中有一定甚至相当高的威信，成为教师群体中的优秀者，并为校领导和上级部门所接受、认可，作为学校教学骨干的地位完全稳定下来，根基扎实，不可动摇。具备履行高级教师的业务能力。

3. 创造期

这是教师开始由固定的、常规的、熟练化的工作进入到开始探索和创新的时期，是形成自己的独到见解和教学风格的时期。

这个时期优秀教师的具体表现是：①具有相当强的创新精神与创新思维能力。这一点对于优秀教师的成绩与发展尤为重要。只有那些在工作中能够不断发现问题，提出问题，对自己的经验进行科学批判性思考，探求新思路、新方法，创造性开展工作的进取者，才能够真正地勇于改革教育，发展教育事业，成为真正的优秀教师。②在教学上，表现为形成了富有个性化特点的教学风格与教学模式，在教学的各个环节、各个方面都有自己独特的稳定的表现，并且成为他人特别是刚登讲台的年轻教师效仿的楷模。③在教育科研上，他们开始总结出自己的教育观点和某方面的理论，并发表有一定分量的教育论文和教育著作，这说明他们已经由优秀教师向专家型教师与学者型教学进行转变。

三、优秀教师的成长规律[①]

（一）优秀教师的成长过程是其敬业精神形成并发挥作用的过程

优秀教师对教育事业的认识和态度，是在多种因素的影响下。通过自己的学习、实践、体验而逐渐形成的。也正是优秀教师在需要、理想和信念三方面都表现出良好的动力系统特点，推动他们在教书育人的工作中不辞劳苦。取得卓越的教学和教育成果，并为其他个性品质的发展创造了有利条件。而一旦形

---

① 傅道春. 教师的成长与发展 ［M］. 北京：教育科学出版社，2001.

成了这种敬业精神，他们就会在工作中发挥巨大的作用。

（二）优秀教师的成长过程是其教育教学素质不断提高和更新结构的过程

优秀教师的成长过程是他们的素质结构调整的过程。一个人的素质具有一定的结构性，随着工作性质和工作过程的变化，所要求的素质结构也应变化。素质结构的变化包括新素质的增添、旧素质的退化与更新、各种素质的主次关系和比例结构的调整。

研究表明，根据教师各种素质形成密度的时期分布和时间跨度，可以分为以下四类因素。第一类是早期发展因素，即在大学前的阶段基本形成的因素。特点是属于最基础的那一方面，主要包括基础道德品质和对待现实的基本态度，如同情关心他人、诚实、办事认真负责、与人友好相处、有自信心等。第二类是连续发展因素，即须经历一个较长时期，从大学职前教育开始到职后继续发展最终形成的因素。此类因素形成是一个长期渐进的过程，单靠任何一个阶段都无济于事。主要有政治观点、思想方法的形成、事业心以及为人师表的意识。第三类是间断性持续发展因素，即主要在大学职前和职后两阶段有明显发展的因素。这类因素的特点是基础形成早，但成熟晚，因为成熟尚须依赖两方面条件，一是有待心理发育的成熟，它是受年龄阶段的特征制约的；二是有待在实践工作中锻炼成长，作为教师所应有的特殊要求的这些因素的成熟，还受教师职业实践的制约。因此。尽早地尽多地进行实践活动，将有利于这部分因素的成熟。这类因素基本上都集中于心理素质方面，而且可以概括为对事、对人、对己的基本能力和种种要求，如办事的条理、计划性，人际交往能力，控制自己情绪能力等。第四类是晚期发展因素，主要在职后期间形成。属于对教育和教学实际工作能力的要求以及对工作态度的高层次要求。主要有组织控制课堂、设计教学、教育机智、班级管理及主动地创造性地工作以及严谨治学的态度和对学生充满爱心等。

（三）优秀教师的成长过程是一个不断学习、不断实践、不断创造的过程

学习、实践、创造是优秀教师生活的主要内容。这三种活动在形成优秀教

师素质的过程中有着不同的作用。学习活动的作用在于继承前人和他人创造的知识即间接的知识。通过学习，可以扩大视野，增长知识，以便在较高的起点上进行实践。实践活动的作用在于锻炼实际工作能力，提高教育教学实践所需要的素质。创造活动的作用，在于解决教育活动中提出的新问题和课题，把教育质量提高到一个新的高度，同时也形成优秀教师自己独特的教育思想或教育方法。

优秀教师在教学中能够敏锐地发现存在的问题，并在观察与分析、广泛搜集关于自己活动的信息的基础上，以批判的眼光来分析问题，积极寻找新思想与新策略来解决所面临的问题，在教学实践中对新思想与新策略的实施进行检验。通过实践—反思—更新—实践的循环，使自己的教学能力与教学水平不断得到提高。要成为一名副其实的优秀教师必须有远见卓识，自觉跳出"眼前功利"的小圈子。许多特级教师成功的经验充分说明了这一点。

（四）优秀教师的成长过程是一个不断利用外部资源和条件，进行优势积累的过程

优秀教师的成长与环境有很大的关系。这个环境一方面是指社会环境，繁荣的经济、文化，民主的政治，尤其是党的十一届三中全会以来的改革开放，为优秀教师的茁壮成长和脱颖而出创造了良好的社会环境和机遇。另一方面，优秀教师的成长也离不开宽松舒畅的学校环境，包括规章制度，领导风格，领导、教师、学生三者关系等，尤其是民主、宽松的学校气氛，教师自觉学习的良好氛围，对于优秀教师的形成与成长提供了优良的土壤。

（五）优秀教师的成长过程是一个不断地实施自我监控的过程

如果我们把优秀教师的成长过程及其每一个活动看作一个系统，那么，这个系统必定经过三个阶段，即确定目标、实施和反馈调节。确定目标可以提供活动的方向和动力，通过高水平的实施实现目标，反馈调节可以发现实施中的问题和偏差，并通过调节保证目标的实现。这三种功能发挥得好，能够形成一种良性循环，就能够提高教育活动的效率和效果，促进教师成才。优秀教师之所以成为优秀教师，就是因为他们有很强的自我意识和自我监控能力，通过自

我监控，提高自己的活动水平和层次。

附录：

优秀教师成长案例

窦桂梅，博士生，全国著名特级教师，现执教于清华大学附属小学，北京教育学院兼职教授。先后获得全国模范教师，全国师德先进个人，全国教育系统劳动模范，全国师德标兵，全国中小学中青年"十杰教师"提名。著有《窦桂梅与主题教学》《听窦桂梅老师讲课》《玫瑰与教育》《优秀语文教师一定要知道的 7 件事》和《做有专业尊严的教师》等多部个人专著。2001 年作为教育部更新教育观念讲师团成员，在人民大会堂作专题报告。

全国特级教师窦桂梅

自 1986 年到吉林市第一实验小学任教，到如今的全国著名特级教师，十多年的时间，窦桂梅由一名普通的语文教师，变成了专家型的特级教师，成为全国小学语文教育界的一面旗帜。跟踪窦老师的成长经历，可以发现"名师"这个耀眼的光环背后，所凝聚的是常年的苦心修炼与艰辛求索，是她用心与汗水书写的人生历程。她的成功源于她的勤奋，她的执着，她的坚强，她的不断总结和不断超越自我。

　　作为特级教师，窦桂梅老师的教学之路不是一帆风顺的。1982 年她考入吉林师范学校学习。4 年后，以优异的成绩毕业，留校做文书工作。面对同学们羡慕的目光，她却放弃了这个机会，经过努力争取，她来到了吉林市第一实验小学，由于报到较晚，分工也已结束，她被安置在教务处，主要负责学校信息的上传下达。如果有的老师因病或因公因事请假，她就去代课。这期间，她先后教过语文、音乐、数学、美术、自然、思想品德等多门课程，她是教一科，爱一科；教一科，钻一科。在这个工作岗位上，她干了 5 年。窦老师曾说："我是从替补队员走过来的。"这五年的"替补"生涯，把她锻炼成了一个多面手，所以才有了她后来课堂上的多才多艺、潇洒自如。

　　1991 年，窦老师才真正教上了自己心爱的语文课。她十分珍惜这来之不易的机会，用给校长写挑战信的方式，争取来了一次上公开课的机会。她执教的《王二小》一课，打动了在场所有的学生和听课教师，从此一鸣惊人。1995年、1997 年两次参加国家级的教学比赛都获一等奖。

　　教学上的获奖并未让窦老师停止探索的脚步，她不断思考，不断充实，展现出优秀教师孜孜以求，超越自我的专业精神和态度。

　　1. 稳定的专业动力

　　窦老师曾说："一定要强调教师的专业发展，首先是教师要有自我专业追求。""教师成长固然有赖于好的环境，但更重要的取决于自己的心态和作为。"也就是说教师应该树立正确的教育信念，而这就是稳定的前进动力，教师应把职业当作事业来追求，要把教师的专业化成长内化为教师的一种信念，这种信念应该是坚毅而永恒的。一旦拥有它，生命的种子就会迸发出无限潜能，生根发芽、开花，结出丰硕的果实。正是这种不懈的追求，稳定的专业发展动力，才使窦老师不断地发展，成长为一代名师。

　　2. 不断地自我追求

　　知识的更新。窦老师曾经说："学科知识是教学的核心。如果教师学科知识不够，谈什么教学方法都白搭。要把教学当作一门专业，教师必须审视自己的专业知识是否准确而丰富。"窦老师小时候没有读过多少书，这使她当上教师以后觉得腹中空空，于是把书籍作为自己成长的土壤。后来，上网阅读也成了窦老师学习的一部分。无论工作再忙，都挤出时间学习。教育名著、文学经典等各类书籍占据了家里四面的墙壁。《南方周末》《人民教育》《书屋》等报纸杂志也成了她生活的伴侣。从 23 岁到 32 岁在作为居家女人最为辛劳的时期，她利用 9 年的时间，从函授的专科一直读到师大研究生课程班。这就是我们常说的教师要有源源不断的活水供给学生的真实写照。对知识的渴求激励着窦老师不断地进行自我提升，从而奠定了宽厚的知识底蕴，在教学中才可以旁征博引，游刃有余。

教学改革的尝试。面对基础教育课程改革，教师不能抱守以往的经验或成绩，否则专业就会停止成长。新课程下，教师要改变教育理念，更要改变习以为常的教学行为。教学，尤其是课堂教学，是教育活动的基本组成部分，是教育改革的攻坚战。窦老师不断地思索真正能够改变课堂教学的道路，思考让学生在较短的时间内有效地提高语文素养，积累智慧和情感的教学方式。经过不断地思考，窦老师在课程建设与实践开发中，提出了小学语文主题课程理论与实践，这一理论在全国产生很大影响。先后到过许多省市作经验介绍及观摩教学。这一理念从生命的高度，着力提高学生的语文素养，积极引导学生关注当代生活，关注学生自我精神世界的构建，为学生的生命和成长奠基，充分体现了母语教育的文化与哲学性。教学改革的探索和创新，使窦老师的教学之路越走越宽。

专业素养的提升。作为一名校长，在团队建设与管理引领中，窦老师一直在践行这样的理念：用思想学术引领学校，努力带领教师办一所令人难忘的、温暖的、卓越的学校。不仅引领清华附小教师成长，还引领区、市，及其他省市语文骨干教师提升专业修养和教学技能。为了学校的发展，加大"人才引进""科研课题""研修项目""专业成长"等方面的投入与培训，丰富了学校办学资源、开阔了教师视野，提升了教师精神品质，带出了一大批骨干教师和学科带头人。

3. 自省常新的教学反思

窦老师说："教师是否愿意花时间反思自己的工作，是教师是否具有专业素养的标志。没有最好，只有更好。学海无涯，艺无止境。教师的专业追求、专业探索、专业提升，要靠不断的反思，教师要学会在言说和行动中思考，在反思批判中成长。自己的教育生活就是一种学术行为，自己的一言一行都应不断反思。这也许将成为自己需要时时温习的功课。"写作是窦老师反思的方法之一。写作不仅是积累经验的一种方式，更是逼迫自己勤于阅读和思考的强劲动力。窦老师坚持用文字记录自己的教育生活，让忙碌与宁静进行对话，让冲动不断接受理智的批判，让实践不断接受理论的提升。在琐碎繁杂的工作之余，窦老师努力挤出时间写教学随笔，教育心得，哪怕是几十个字也赶紧记下来。另外，她在"教育在线"网站经常粘贴自己的文章，以便和网友交流。几年来写下了100多万字的教育教学笔记。出版了《为生命奠基》《我们一起成长》《窦桂梅阅读教学实录》等个人专著。在清华附小两年中，窦老师和教师们一起大胆实践，勇于尝试，每一次听课后都给教师评课，努力做到优点说透，缺点不漏，策略给够。到年底听了500多节课后，她给76位一线教师，每人写了一封长信，结集为《教育的对话》——总结她和教师交流中的收获和思考，并发给他们作为窦老师的工作总结。这种交流的方法让教师们共同鼓励，一起成长。

4. 细腻无私的爱

窦老师强调教师要学会爱，爱在细节，因为教育就是一堆细节。面对生活在当今纷繁复杂社会环境的学生，教师缺少的不是强力和果断，缺少的是教养和耐心，需要的是更多的等待和细心。"随风潜入夜，润物细无声。"尤其对所谓的学习、心理有"障碍"的学生，要学会做"寒里"和"雪中"去"送炭"的人，更要成为学生在困难或痛苦中及时送去精神安慰的人。

第十章 教育智慧与教师专业成长

案 例

美国课堂上的《灰姑娘》教学实录（节选）

这是一节阅读课，他们学习《灰姑娘》。老师先请一个孩子上台给同学讲《灰姑娘》这个故事，孩子很快讲完了，老师对他表示了感谢，然后开始向全班提问。

老师：你们喜欢故事里面的哪一个？不喜欢哪一个？为什么？

学生：喜欢辛黛瑞拉（灰姑娘），还有王子，不喜欢她的后妈和后妈带来的姐姐。辛黛瑞拉善良、可爱、漂亮。后妈和姐姐对辛黛瑞拉不好。

老师：如果在午夜12点的时候，辛黛瑞拉没有来得及跳上她的南瓜马车，你们想一想，可能会出现什么情况？

学生：辛黛瑞拉会变成原来脏脏的样子，穿着破旧的衣服。哎呀，那就惨啦。

老师：所以，你们一定要做一个守时的人，不然就可能给自己带来麻烦。另外，你们看，你们每个人平时都打扮得漂漂亮亮的，千万不要突然邋里邋遢地出现在别人面前，不然你们的朋友要吓着了。女孩子们，你们更要注意，将来你们长大和男孩子约会，要是你不注意，被你的男朋友看到你很难看的样子，他们可能就吓昏了（老师做昏倒状，全班大笑）。

好，下一个问题：如果你是辛黛瑞拉的后妈，你会不会阻止辛黛瑞拉去参加王子的舞会？你们一定要诚实哟！

学生：（过了一会儿，有孩子举手回答）是的，如果我是辛黛瑞拉的后妈，我也会阻止她去参加王子的舞会。

老师：为什么？

学生：因为，因为我爱自己的女儿，我希望自己的女儿当上王后。

老师：是的，所以，我们看到的后妈好像都是不好的人，她们只是对别人的孩子不够好，可是她们对自己的孩子却很好，你们明白了吗？她们不是坏人，只是她们还不能够像爱自己的孩子一样去爱其他的孩子。

孩子们，下一个问题：辛黛瑞拉的后妈不让她去参加王子的舞会，甚至把门锁起来，她为什么能够去，而且成为舞会上最美丽的姑娘呢？

学生：因为有仙女帮助她，给她漂亮的衣服，还把南瓜变成马车，把狗和老鼠变成仆人。

老师：对，你们说得很好！想一想，如果辛黛瑞拉没有得到仙女的帮助，她是不可能去参加舞会的，是不是？

学生：是的！

老师：如果狗、老鼠都不愿意帮助她，她可能在最后的时刻成功地跑回家吗？

学生：不会，那样她就可以成功地吓到王子了。（全班再次大笑）

老师：虽然辛黛瑞拉有仙女帮助她，但是，光有仙女的帮助还不够。所以孩子们，无论走到哪里，我们都是需要朋友的。我们的朋友不一定是仙女，但是，我们需要他们，我也希望你们有很多很多的朋友。

下面，请你们想一想，如果辛黛瑞拉因为后妈不愿意她参加舞会就放弃了机会，她可能成为王子的新娘吗？

学生：不会！那样的话，她就不会到舞会上，不会被王子看到，认识和爱上她了。

老师：对极了！如果辛黛瑞拉不想参加舞会，就是她的后妈没有阻止，甚至支持她去，也是没有用的，是谁决定她要去参加王子的舞会？

学生：她自己。

老师：所以，孩子们，就是辛黛瑞拉没有妈妈爱她，她的后妈不爱她，这也不能够让她不爱自己。就是因为她爱自己，她才可能去寻找自己希望得到的东西。如果你们当中有人觉得没有人爱，或者像辛黛瑞拉一样有一个不爱她的后妈，你们怎么样？

学生：要爱自己！

老师：对，没有一个人可以阻止你爱自己，如果你觉得别人不够爱你，你要加倍地爱自己；如果别人没有给你机会，你应该加倍地给自己机会；如果你们真爱自己，就会为自己找到自己需要的东西——没有人能够阻止辛黛瑞拉参加王子的舞会，没有人可以阻止辛黛瑞拉当上王后，除了她自己。对不对？

　　学生：是的！！！

　　老师：最后一个问题，这个故事有什么不合理的地方？

　　学生：（过了好一会儿）午夜 12 点以后所有的东西都要变回原样，可是，辛黛瑞拉的水晶鞋没有变回去。

　　老师：天哪，你们太棒了！你们看，就是伟大的作家也有出错的时候，所以，出错不是什么可怕的事情。我担保，如果你们当中谁将来要当作家，一定比这作家更棒！你们相信吗？

　　孩子们欢呼雀跃。

（资料来源：《中国教育案例网》）

　　我相信，对于每一个教育工作者，对于这段美国版的《灰姑娘》教学，可能都会发出这样的感叹：童话《灰姑娘》，也可以这样去解读！接着可能都会陷入沉思：语文课也可以这样上！

　　语文课究竟应该怎样上？从这位美国教师的教学方式上看，没有什么特殊的地方，这是典型的"问答法"，并且是近几年，被一些语文课教学研讨所质疑的，认为是传统教学方法而遭到诟病。然而，这节课的课堂效果却是能让"孩子们欢呼雀跃"，这又不能不让人们从心里承认，这确是一节成功的教学。看来教师采取什么样的教学方法，并不是决定学生是否喜欢教师教学的关键因素。那么，到底是什么因素起作用？美国版的《灰姑娘》教学给我们的启示又是什么呢？

　　一篇短小的童话故事，通过一节课的教学不仅引导小学生学会思考，而且使学生自己体会到要做一个什么样的人？如何看待他人与自己？如何与人相处？我相信通过这节课的教学，孩子们的答案是明确的："做一个诚实的人"；"后妈不是坏人"；"她爱自己的孩子"；"无论走到哪里，我们都需要朋友"；"学会爱自己"；"伟大的作家也出错；你们将来会比这个作家还棒"。在这里对这位美国教师的教学理念我们不作过多的探讨（例如，在理念上凸显"以人的发展为本"，关注学生生命价值的提升等），但单从教师素养看，对于这位美国教师具有的个性化的独辟蹊径的教学及最宝贵的教育创新精神以及同时具有的雄厚的人文知识基础和精准的随机应变能力，堪称专业精深，游刃有余。

总之，这位教师所表现出来教育智慧，不能不令人赞叹。可以说，教师如果缺少这一点，上不出来《灰姑娘》这样的好课。

一、教育智慧概述

（一）教育智慧的内涵

1. 教育智慧的含义

《辞海》"智慧"：对事物能认识、辨析、处理和发明创造的能力。

华东师范大学叶澜教授在"新基础教育探究性研究"中提出了"教育智慧的教师"这一理念。其含义是："通过教师的实践探索，使教师形成敏锐的感受，敢于抓住时机，善于转化教育矛盾和冲突，吸引学生积极投入学校生活、热爱学习和创造，并愿意与教育者进行心灵对话的能力。"[①]

教育的智慧性是一种以儿童为指向的多方面、复杂的关心品质，这是人的崇高使命。（马克思·范梅南 Max van Manen《教学机智——教育智慧的意蕴》）

教师个体智慧需要在不断的学习中积累，需要在综合素养全面提高的基础上提升。对教育的责任感，对孩子的责任与关爱是构成教师教育智慧的核心内容。（田惠生主编，《智慧型教师素质探新》）

教育智慧是良好教育的一种内在品质，表现为教育的一种自由、和谐、开放和创造的状态，表现为真正意义上尊重生命、关注个性、崇尚智慧、追求人生幸福的教育境界。

教育机智是教师在教育过程中根据意外的情况准确、恰当、迅速、敏捷地作出判断，随机应变、恰到好处地采取果断措施的能力。

教育机智是教育智慧的外在表现，没有智慧就没有机智，而没有机智，智

---

① 叶澜. 新世纪教师专业素养初探［J］. 教育研究实验，1998（1）.

慧最多也只是一种内部状态。

2. 教师教育智慧的表征

（1）独特性

独特个体性是教师智慧的首要表征。教育智慧具有高度的个体性色彩，体现着教师区别于他人的、个体的及个性化的独特教学风格。教育智慧是教师个体在教学过程中逐渐生成的，是个人实践经验的积累与重组的结果。是教师基于专业上的需要，通过发现、修正与内化等复杂的过程所建构的。教师不断将既有的知识融入课堂教学中，并经过个人的重新诠释与转换过程，使智慧的生成符合现有的环境需求。所以，教育智慧是个体在日常教学中通过体验、感悟、思考和实践等方式逐步生成的，是受教师个体的思维、个性、知识储备、自我形象、职业动机以及所处的教育环境等的影响。它是教师将一般理论个性化及与个人情感、知识、观念、价值、应用情况相融合的结果。

（2）情感性

对教育的责任感与情感是使教育智慧充满真善美的重要条件。教育智慧之所以是教育智慧，一方面说明它的确是智慧，即高尚的才智；另一方面说明它在教育问题的解决中的确能够发挥作用。教育智慧符合真、善、美的标准，因为它是教育活动规律的创造性运用，对学生的爱是创造性运用教育规律的动力。对学生的爱保证了教育思考必然利于学生的发展，教育情感的渗入是教育智慧美的重要特征。教育智慧是使用爱的智慧，教育的使命要求教育者对孩子有责任与关爱，它是教师从事教学工作的基本条件，是教育者在教育上取得成功的前提条件。

> **案 例**
>
> 《教师报》上曾登过李艳艳老师的一则教育小故事：她的班里有一个小男孩，因小时候不慎触电而被截肢。他对生活、对学习都失去了信心。一次，李老师在讲授英语单词 appple（苹果）时，突然记起一个故事，于是对他说："每个人都是被上帝咬过一口的苹果，都有这样那样的缺陷。有的人，上帝特别喜爱他的芬芳，那一口就咬得大了一点。"小男孩听了很受鼓舞，从此振作起来，慢慢地，学习上有了进步，生活中也逐渐变得快乐起来。

李艳艳老师对学生的爱保证了教育思考必然利于学生的发展；教育智慧是使用爱的智慧，教育的使命要求教育者对孩子有责任与关爱。

（3）科学性

教育智慧能根据不同的教学条件、教学对象和复杂多变的问题，依靠教师直觉、灵感、顿悟和想象力的即兴发挥，在一瞬间把握事物的本质，做出相应的判断和裁决，从而采取不同的适合特定情境的行为方式和方法，以实现教育理论和教育实践的沟通、融合。经过对优秀教师或专家型教师的研究，发现他们对教学情境具有敏锐的观察力与判断力，对问题的分析更为清晰和透彻，解决问题的方法和策略更具有独特性、新颖性和恰当性，即拥有丰富的"教育智慧"。拥有教育智慧的教师，能够在解决问题时从多角度加以整体把握，洞察多种可能性，并迅速做出决策。

（4）缄默性

教育智慧是不能通过语言进行逻辑说明的，不能以规则的形式加以传递，是"潜移默化""近朱则赤""润物细无声"的。教育智慧是人们通过身体的感官或知觉而获得的，往往缺乏清晰的条理与明晰的意识，是"非批判的知识"，也很可能不在教师清晰的意识范围之内，也无法清楚地表达或理性地加以反思，但它往往与教师日常的生活与经验紧紧相连，甚至可能是教师自己也说不清从什么地方获得的，是只能意会的一种体验。

（5）艺术性

教育智慧是科学化的艺术力量，又是艺术化的科学力量。教育智慧的力量具体表现为这样几种能力：一是对教育问题的逻辑化的理解能力；二是对教育问题的直觉把握能力；三是创造性地解决教育问题的能力。这三种能力在发挥作用的过程中，都能显现出科学的穿透力和艺术的感染力。对教育问题的理解，基本上是一个科学问题。自然，理解教育问题的能力基本上是一种科学能力。但是，教育智者对教育问题的理解，其角度、方式，完全可以上升为艺术。对教育问题的直觉把握几乎就是艺术。但是直觉之所以能够发生，却一定是建立在无数次逻辑把握基础上的。假如教育者没有深厚的教育科学、人文科学的素养，对教育问题的直觉把握即使发生也很难靠得住。创造性地解决教育问题，具有很强的艺术特点。观察教育智者的创造性解决问题的过程，就等于是在欣赏教育智者的艺术表演。观察者深知其美，深知其妙，但无法重复，无法获得。

（二）教育智慧与教师专业成长

1. 教师专业化发展要求教师具有教育智慧

教育智慧，是教师专业素质成熟水平的标志，是优秀教师身上所具备的标志性特征。它既是教师专业要求在教师身上实现综合的结果，又是教师长期全身心地投入教育实践，不断反思、探索、创造所付出的心血之结晶。智慧是一个人所具有的全部能力，集中体现在他所具有的思想与观念的创新能力、获得知识与应用知识的能力、选择方法及使用方法的能力、掌握技术与技术实践的能力、承担外界压力与把握心理平衡的能力；体现在他的个人意志品质、性格、气质；体现在他对自己准确评价、他对自己人生的策划、自我管理、经营人生的能力；体现在他对事物的评价、美感与审美意识。

2. 目前教师教育智慧还普遍缺乏

目前教师教育智慧还普遍缺乏，在教师的素质中，教师的教育智慧亟待加强。因为长期以来，我们热衷于将各种理论模式方法引入、移植，在要求教师接受、认知、照搬这些理论的同时，却忽视了教师基于自身体验、感悟、反思、实践而形成的教育智慧的作用，甚至压抑了这种作用的发挥。由于简单的模仿或照搬，并没有内化为教师自身的智慧，因而也就没有真正形成对教育现实的内在改变。因此，如果基于以上判断进一步追问，当前教师的素质中亟待加强些什么？答案应该是一致的：教育智慧。①

二、教师教育智慧的生成

（一）教师教育智慧生成的内部条件

1. 高尚的职业道德是教师教育智慧生成的核心

（1）爱岗敬业

---

① 田慧生. 走出缺乏教育智慧的困局 ［N］. 中国教育报，2007 – 2 – 8（5）.

爱岗敬业源于教师对教育有着坚定的教育信念。教育信念，是教师对教育事业、教育理论及基本教育主张及原则的确认和信奉。教育信念的集中表现是教师对教育工作高度的责任感和强烈的事业心，教师的责任感在于把培养教育好每一个学生作为自己神圣的职责，教师的事业心就是坚信自己所从事的教育工作是崇高的事业。

（2）爱学生

师爱对学生的健康成长，对教育教学效果来说，意义重大。教师要努力为学生创设一个充满爱意的成长环境，让每一个学生感受到老师的爱，这就要求我们每一个教师都要做到"四有"：一有对学生爱的情感；二有对学生爱的行为；三有对学生爱的能力；四有对学生爱的艺术。

（3）爱美

只有爱美的教师才能塑造美的心灵，培养好的人才。教师的爱美，主要表现为自爱。自爱分为两个方面：一是外在的，包括仪态美、语言美、书法美等；二是内在的，包括人格美、情感美等。

（4）爱知识

首先是向自己的教育对象学习；其次要向外行人学习；第三要向书本学习；第四要向社会学习，向大自然学习。

2．开展教育科研是教师教育智慧生成的重要途径

苏霍姆林斯基曾经说过："不研究事实，就没有预见，就没有创造，就没有丰富而完满的精神生活，就不会对教师工作发生兴趣……教育的经验的实质，也就在于教师每一年都要有些新的发现，而在这种发现新事物的志向中，也才能发挥教师的创造力。"① "科研兴教、科研兴校"，也是优秀教师专业成长的成功之路。教师科研能力的强化，正是教师创造力的表现，是教师教育智慧的体现。

（1）科研意识的培养

教育科研意识就是对教育活动的有意识的追求和探索，是运用教育科学理

---

① 瓦·苏霍姆林斯基．给教师的建议［M］．杜殿坤，编译．北京：教育科学出版社，1984：508－509．

论指导教育活动的自觉，是对所从事的教育活动的一种清晰而完整的认识。教育科研意识由三个要素涵盖，即教育的信念与热情，教育的知识与经验，教育的眼光与智慧。

（2）在教学中开展行动研究

行动研究就是通过实践者在自然情境下对自身的实践进行研究，它以自主、实践、开放、反思为主要特征，以研究与开放式研讨为原则，以实践情境为主要研究场所，研究旨在解决现实问题，并通过实践来检验实践者对现实问题的看法是否正确，解决问题的设想和措施是否有效，实践者反思自己解决问题行为的成败，以达到研究者理性的自觉，进而切实地改变现实。行动研究有三种研究起点：

第一种研究起点是研究起始于"不明"的情况。也就是指教师常可以因为一些大大小小的"疑惑"而开始进行研究。比如一种有普遍意义的反常倾向、学生中比较固定的落后行为、课堂中的意外、教学的无效等一时无法解释的现象和长期存在的问题，都可以成为一项研究的起点。第二种是以现象的追问为起点。把自己放在里面以对现象的追问为支点提出"问题"，在这个过程中，研究者必须以深度介入的态度把自己放到事件的当中去。这是因为："自己的问题"自己更为熟悉，因此就最有发言权，最容易把握。而且从感情上来说也更容易接近和投入。第三种是教学即研究。现象是在教学实践中发现的，研究理所当然要根植于实践。在解读研究的过程中，要把自己的日常备课、教学过程、教育策略、相关活动的内容，与自己提出的研究问题紧密结合起来。

（3）建立激励机制，创设科研氛围

良好的氛围和高涨的积极性是促进教师科研素质不断提高的重要条件，教育主管部门和学校必须在这两方面下足功夫。一是氛围的创设，要采取有效的措施，积极开展丰富多彩的教育科研活动，如组织教师外出学习考察或参加各种学术研讨会，请专家来校开设讲座，指导教师开展科研等，通过活动促成良好科研风气的形成。二是建立物质与精神奖励的激励机制，完善考核评价体系，对教师的教育科研成果给予精神上的表彰与物质上的奖励。同时要把教师的教育科研成果与职务评聘、评优、晋升、获得科研资助联系起来，这样才能充分调动教师从事科研的积极性、主动性和创造性。

3. 反思是激发教师教育智慧的源泉

教学反思是教师把自己作为研究对象，研究自己的教学观念和实践，反思自己的教学行为、教学观念以及教学效果。教师进行教学反思要注意以下几个方面。

（1）理论的引领

教师充满智慧的理性思维的养成，本身就与孜孜不倦的理论学习与勤勉不怠的实践思考密不可分。一线教师最大的问题就是工作与学习矛盾。解决这个矛盾的简单办法就是要养成学习理论的好习惯，同时要学会围绕所思考的教育问题组织资源开展研究。这样研究与学习就成为工作的一部分，而教学实践也就成为对教学假设的实证性研究。当工作、学习、研究三位一体时，教师也就实践了"教师成为研究者"的理想。

（2）要具有问题意识

教学反思的功能之一就在于能够唤起教师对教育生活事件中最真实的问题的关注，是教师走向研究者、走向专业化发展的重要一步。问题意识至少包含了这样一些要点：这是个什么问题？这个问题有意义吗？这个问题有根据吗？这个问题有针对性吗？这个问题能解决吗？当我们用这些疑问去思考我们所面对的教育现象时，也许就会从中发现那些真正需要我们解决的问题。

（3）积极对话

对话，是走出个人视界的平台。教师作为个体的精神劳动者，更需要多元的精神碰撞与交流。教学反思，如果总是停留在个体的层面，客观上就会影响到反思的深刻性，影响到反思者个体的成长。与同伴、专家的对话、交流则会丰富反思的内涵，扩张反思的效果，修正反思的偏差，提高反思的品质。

4. 偶发事件的恰当处理凝现着教师的教育智慧

教学机智是教师巧妙应对变化了的课堂场景或灵活机智处理课堂偶发事件的能力。教师的教学机智表现在以下三个方面：

一是教师具有敏锐的观察力、灵活的思维力和果断的意志力。

二是教师具有对学生深度的了解和诚恳爱护和尊重的态度。

三是教师具有长期积累的知识经验以及教育技巧。教师可以通过以下几方面凝现着教育机智：

（1）抓住不同个体的认识矛盾和思维碰撞，在师生共同的问题探讨中化解矛盾冲突，展示教学机智。

（2）正视学生独特的观察视角和思维流向，在学生出其不意的问题发难中稳住课堂阵脚，彰显教学魅力。

（3）捕捉学生平凡中的发现，在对事物的比较探究中抓住问题实质，提升教学品位。

（4）运用矛盾的对立统一规律，在一反常态的问题处置中吸引学生视线，凸显教学风采。

（5）发掘与课堂关联的教育因素，在猝不及防的教育情境中，巧于化害为利，发挥教育智慧。

（6）以发现的眼光看待学生，在吸收学生独具慧眼的教学建议中把握认识标高，提高教学境界。

（7）关注学生的举手投足，在解读学生的弦外之音中师生感同身受，展现人格魅力。

（8）确立正确的教材、教参观，在对教材的质疑批判中注重创造发现，强化教学艺术。

（二）教师教育智慧生成的外部条件

1. 建立民主、自由的校园文化

学校文化对教师的影响是很大的，它一经形成便成为学校成员所共有的和必须遵守的学校普遍文化，并对学校成员起着规范和束缚作用。不良的学校文化组织只会妨碍教师教育智慧的生成，使教师不愿创新或不敢创新，教师只有按照教材、教学大纲和各种教学纲要进行教学，使学生在标准化考试中取得好的成绩。民主、自由的学校组织文化允许教师进行革新、为教师各尽所能提供空间。在民主、自由的学校组织文化中，教师享有学术自由，充分享有教学和管理的权利。学校行政人员过多的咨询、顾问、视察等使得教师的自由权受到了侵犯，以至于教师本人也满足于驯服的执行学校的规程、上级的行政指令，而不把自己看作专业技术工作者。少了行政不必要的监督，教师更能自由表达自己，自觉自愿地进行教学创新，探究使学生全面发展的有效途径。在自由的教学中，教师关注更多的是学生，而不是教学，只有在这样的教学中，教师的教育智慧才能够得以真正的释放。

2. 学校要创设有利于终身学习的校园文化

对于一所学校来说，首先要创设积极的学习氛围。学习的氛围就是一种校园的文化，特定的校园文化形成有一个长期的酝酿过程，需要领导和教师树立一个共同的愿景，每一个人都为之而不断的努力奋斗。作为一校之长和学校的领导集体，都应该积极地投入到学习中去，从思想和理念的高度重视自身的学习，并积极与教育教学的实践相结合，创造出新的工作思路和工作方法。作为教师自身来说，也要从持续发展的角度来认识学习的重要性。教师是一个专业，要实现自己的专业发展，面对日新月异的信息和新知识，都不得不重视学习与吸收，把握新的形势和新的信息，适应时代和社会的发展。其次要开辟专门的学习场所和学习时间。学习要开辟专门的学习场所，让教师主动地参与到学习中来，在学习场所和学习时间里，让教师们一起分享教学中的喜怒哀乐，一起学习新的理念与内容，一起畅谈体会心得，一起来丰富教师的生活，获得一种教育教学的方法与理念，获得乐观的生活心态和浓浓的人文关怀。在学习的形式上，可以是多种多样、求新求异。看教育理论书籍是一种基本的学习方式，除此之外，可以在听课中学习，研讨交流中学习，思考现象中学习，网上论坛中学习……在各种丰富多彩的学习活动过程中调动教师的学习积极性，造就乐于进取的心态和不懈追求的动力。

第十一章 教师心理健康与教师专业成长

教师职业的特殊性，决定了教师不但应具备广博的文化知识，娴熟的技能，高尚的品德，更重要的是要拥有健康的心理和健全的人格。

随着教师教育研究的发展，人们对教师素质的认识逐渐由片面关注知识素养、能力素养转向对教师素质的全面认识。随着时代的发展变迁，知识经济特征的显现，人们对教育的期望值越来越大，进而对教师的要求也就越来越高。教师面临着来自各个方面的挑战和压力。因此，教师的心理健康问题越来越受到人们的关注。教师的自我意识、人际关系以及自我心理调适等心理因素对于教师教学质量的提高、自我专业发展、个人职业幸福感的获得都具有重要影响作用。

一、教师心理健康的概念及标准

（一）教师心理健康的概念

什么是"心理健康"，第三届国际卫生大会给出心理健康的定义："所谓心理健康是指在身体、智能以及情感上，在与他人的心理健康不相矛盾的范围内，将个人心境发展成最佳状态。"并认为心理健康的标志是：①身体、智力、情绪十分协调；②适应环境，人际关系中彼此能谦让；③有幸福感；④在职业工作中，能充分发挥自己的能力，过着有效率的生活。

联合国世界卫生组织（WHO）的最新定义，心理健康不仅指没有心理疾病或变态，不仅指个体社会生活适应良好，还指人格的完善和心理潜能的充分发挥，亦即在一定的客观条件下将个人心境发挥到最佳状态。

由此可见，心理健康既指心理健康状态，也指维持心理健康，预防心理障碍或行为问题，进而全面提高人的心理素质的过程。

对于不同职业和群体，心理健康因有不同的含义和特点而具有特殊性，所谓教师心理健康是指教师在教育教学中有意识地完善人格、发挥心理潜能、维护和增强心理各方面机能和社会适应能力，预防心理疾病，使个人的心理机能发挥到最佳在状态。

这个概念包括以下几层含义：其一是指教师的心理健康状态，包括良好的认知品质、稳定一致的情绪状态、坚定的意志品质以及健全的人格和良好的行为习惯；其二是指教师的各种心理关系，如良好的师生关系、同事关系等；其三是指教师在教育、教学生活中保持良好的心理状态，培养健全的人格，提高社会适应能力，使自己的潜能得到充分发挥。①

（二）教师心理健康的标准

对于个人的心理健康状况的判断，有一定的标准。但研究者从不同学术角度提出不同的标准。许又新教授（1988）提出心理健康可以用三类标准去衡量：①体验标准，是指个人的主观体验和内心世界的状况，包括是否有良好的心情和恰当的自我评价等；②操作标准，是指通过观察、实验和测验等方法考察心理活动的过程和效应，其核心是效率，主要包括个人心理活动的效率和个人的社会效率或社会功能；③发展标准，即着重对人的个体心理发展状况进行纵向考察与分析。衡量心理健康时要把这三种标准联系起来综合考察。

在心理学理论中，以美国心理学家杰哈塔（Jahoda M.）的"心理健康"的标准最为著名，他提倡一种积极的精神健康，主要包括六个方面：①自我认知的态度；②自我成长、发展和自我实现的能力；③统一、安定的人格；④自我调控能力；⑤对现实的感知能力；⑥积极地改善环境的能力。

目前我国大部分学者认同的心理健康的标准包括：①认知能力正常；②情绪反应适度；③意志品质健全；④自我意识客观；⑤个性结构完整；⑥人际关系协调；⑦社会适应良好；⑧认识态度积极；⑨行为表现规范；⑩活动效能吻合年龄。

教师群体的心理健康标准既包含一般的心理健康标准的共性，同时也体现出教师职业的特殊性。教师是对学生进行心理健康教育的实施者，是学生心理

---

① 张大均，江琦. 教师心理素质与专业发展 [M]. 北京：人民教育出版社，2005.

健康的重要保证。所以，对教师的心理健康的要求除了要与其他人群遵循同一个心理健康的个体标准外，还应适当考虑教师职业的特殊性。依据教师职业的性质和特点，这里归纳了国内一些学者的观点，认为教师心理健康的标准至少应包括以下几点。

（1）认同教师角色，热爱教师工作

人是社会生活的主体，每个人在社会生活中都占有一定的地位，担负着一定的社会职能，因此，对待事业的态度必然成为社会适应的首要构成因素。作为人类灵魂的工程师，只有将自身的才能在教育、教学工作中表现出来，并由此获得成就感和满足感，才能对社会生活有良好适应。只有对教师角色有认同感，热爱教育工作，热爱教师角色，才能积极投入到工作中去，将自身的才能在教育工作中表现出来并由此获得幸福感，免除不必要的忧虑。

（2）有良好和谐的人际关系，善于与学生交往

人是自然的人，更是社会的人。人一生的成长、发展及事业的成功，都离不开与他人的交往，形成一定的关系。我们把在一定的环境中形成的人与人之间的关系，叫人际关系。而教师的人际关系是指学校教师在工作中或生活中形成的与他人的关系，它包括教师与学生、教师与教师、教师与管理人员的关系。和谐融洽的人际关系对教师的身心健康、工作、生活和学习的顺利进行，对学校的发展，对学生的健康成长都具有相当重要的作用。教育对象是人——学生，教师与学生朝夕相处，教师是否善于与学生交往，不仅影响到教师个人才能的发挥，而且直接影响到学生的发展。

（3）有健全的自我意识，能正确的评价自我、监督自我和发展自我

自我意识是主体对自身的认识。它表现为自我概念、自我评价和自我理想的辩证统一。对于广大教师而言，教师良好的自我形象和成熟的自我意识不仅有助于教师在教育教学中充分激发学生的主体性、引导学生发展积极健康的自我意识，而且关系到教师人格的形成和心理素质的发展。因此，培养教师良好的自我意识是推动教师通过自我观察、自我分析、自我反思、自我监督、自我修养来实现自我专业发展和提升生命意义的重要手段。

（4）有良好的意志品质，表现为坚韧与自制

任何工作都不是一帆风顺的。教师要有良好的意志品质，自觉地克服困

难，在困难面前永不畏惧；有坚定的原则和信念，态度严肃认真而又诚恳明朗，措施果断又以理服人；当机立断和深谋远虑结合起来，积极和善的态度中蕴藏着坚定性，对既定的合理目标一定要追求到底，对不该追求的目标要果断放弃；有顽强的自制力。只有坚韧不拔，能自我控制、自我调适的人，才能良好地适应社会生活。

（5）有健康的情绪体验，善于调控不良情绪

由于教师的服务对象是人，情绪健康对教师而言尤为重要。人是有感情的，生活于矛盾无处不在的社会中，谁都会有产生烦闷、恼怒、焦虑、恐惧等消极情绪的时候。教师应保持乐观积极的心境，学会自我心理维护和调适不良情绪。不将生活中不愉快的情绪带入课堂和家庭。在教育活动和日常生活中均能真实地感受情绪并恰如其分地控制情绪。具体表现在：①保持乐观积极的心态；②不将生活中不愉快的情绪带入课堂，不迁怒于学生；③能冷静地处理课堂情境中的不良事件；④克制偏爱情绪，一视同仁地对待学生；⑤不将工作中的不良情绪带入家庭。

（6）有创新精神，积极进取，充分发挥自己的潜能

有创新精神，一方面表现为教师在教育教学中善于运用多种方法、手段创造性地培养学生，促进学生的全面发展；另一方面，表现为教师善于创造性地培养学生的创新思维和能力，促进学生个性的发展。具体表现为：在教育教学中，不断学习，更新教育理念，善于根据学生发展的特点及社会发展的需要设计课程，有效的实施课程，进而促进学生的人格和学力的不断提高。同时，在实施创新教育过程中，自身的价值得到实现，自身的能力得到发挥，自身的潜能得到开发，从而自信心得到提高。

二、我国教师的心理健康状况

心理健康作为教师自身的内在要素之一，是教师必须具备的职业素质，是教师专业发展的基础和出发点。教师个体的心理健康水平是影响学生心理健康的重要因素，只有教师具备了较高的心理健康水平，才能培养出心理健康和心理素质较高的学生。因此，关注教师心理健康，造就一支具有良好心理素质的

教师队伍，对于切实推进学生心理健康教育的发展都具有十分重要的现实意义。然而，目前教师的心理健康状况是令人担忧的。

（一）教师心理健康现状描述

1999 年，国家中小学心理健康研究课题组对辽宁省 2 292 名中小学教师抽样调查表明：轻度心理障碍 32.18%，中度心理障碍 16.56%，高度心理障碍 2.49%，总计 51.23% 的调查对象存在不同程度的心理健康问题。2002 年，对浙江省 6 所中学 167 名教师进行测试发现心理问题检出率为 22.56%，山区学校教师和市场经济发达地区学校教师心理问题尤其突出，青年教师较中老年教师心理问题突出。2004 年，对山东省 160 名城乡小学教师心理健康状况进行调查，结果显示有中度以上心理卫生问题的小学教师，占调查总数的 19.27%。2004 年，对河南省 438 位农村中小学教师心理健康进行测评，结果显示：农村教师心理健康水平显著低于全国成人常模，问题检出率为 22.60%。2004 年，对广州市各区 400 名教师的理健康状况的调查表明：广州市教师的心理健康状况水平比较低，与国内正常成年人相比较存在显著异。国内的调查显示，中小学教师的强迫症状、人际敏感、焦虑、忧郁化以及偏执倾向都比一般人群高；从年龄来看，中老年教师的强迫症状和躯体化倾向比较明显，而青年教师的心理问题主要表现在人际敏感、性情急躁、偏执方面；就分布态势来说，辽宁省于 1999 年上半年对该省中小学教师的心理状况进行的调查结果显示：小学教师的心理健康问题最为突出，其次是初中、高中。城市教师心理障碍率高于乡村，小学女教师心理障碍率高于男教师。此次调查的一些数据如表 11 - 1、表 11 - 2、表 11 - 3 所示①。

表 11 - 1　小学、初中、高中教师心理障碍的发生率

项　　目	总数	男	女
小学教师心理障碍比例	54.21%	51.67%	57.43%
初中教师心理障碍比例	51.82%	52.63%	51.58%
高中教师心理障碍比例	43.18%	51.72%	38.98%

---

① 王加绵. 辽宁省中小学教师心理健康状况的检测报告 [J]. 辽宁教育，2000 (9).

表 11 - 1 说明小学教师的心理健康问题最为突出，其次是初中教师，然后是高中教师。

表 11 - 2　城乡教师心理障碍率的比较

项　目	总数	城市	乡村
人　数	2 292	1 346	946
心理障碍率	51.23%	57.64%	48.31%

表 11 - 2 的数据说明，城市教师心理障碍率高于乡村教师。

表 11 - 3　小学男女教师心理障碍发生率的比较

项　目	男	女
总体	50.96%	51.79%
小学	51.67%	57.43%
初中	50.63%	51.58%
高中	50.72%	39.98%

表 11 - 3 说明，小学女教师心理障碍比率高于小学男教师。

大量的调查研究显示，在教师队伍中的确存在着心理健康问题，这与教师职业对教师心理健康水平的高要求形成了尖锐的矛盾。专家们认为，这种现象发展下去将对教育环境造成污染，教师的心理问题必须尽快诊治，这就要求我们对教师心理健康存在的问题进行研究，从而达到调节和维护的目的。

一些教师心理健康问题堪忧

由云南省心理学会、云南省爱心志愿者协会和《春城晚报》共同开展的教师心理健康状况调查活动在当地引起关注。一些家长和市民纷纷通过热线电话或短信，就本次教师心理健康测试结果发表意见和看法，热忱关心教师的心理健康建设。

由《春城晚报》公布的这次对教师的心理测试结果显示：昆明地区教师的人格特征在表现出符合其职业特点的积极特征的同时，也揭示了他们身上诸多消极人格特征———教师在恃强性、兴奋性、敏感性、幻想性、忧虑性等因子上的得分明显高于其他专业技术人员，还至少有 **20%** 的教师心理健康水平低于常人。调查显示，教师在聪慧性、实验性、独立性等方面明显低于其他专业技术人员，比如抽象思考能力弱，保守，依赖，不愿独立孤行，需要集体的支持以维持其自信心等。

　　一位学生家长看了调查结果后给媒体打电话表达了惊讶和担心，她说："作为家长，我们更关心老师的心理健康。试想如果自己孩子的老师心理上有什么问题，那我们把孩子交给他们又怎能放心呢？"

（2009 年 08 月 05 日 12：24 中国早教网）

（二）教师心理健康问题的表现

1. 躯体——心理症状

　　从人的主观心理体验上看，教师心理不健康主要表现为：①抑郁。通常表现为情绪的衰竭、长期的精神不振或疲乏，对外界事物失去兴趣，对学生漠然等。②焦虑。主要有三类表现：其一是持续的忧虑和高度的警觉，如过分担心自己的人身安全问题；其二是弥散性的、非特异性的焦虑，如说不出具体原因的不安感、无法入睡等；其三是预期焦虑，例如并不怎么关心现在正在发生的事，而是担心以后可能会发生的事。③更常见的症状是在抑郁和焦虑之间变动，当一种心理状态变得不能忍受时，另一种心理状态便占据了主导地位。这些心理行为问题通常伴随着一些身体上的症状，如失眠、食欲缺乏、咽喉肿痛、腰部酸痛、恶心、心动过速、呼吸困难、头疼、晕眩等。如果教师不及时疏导或宣泄自己的不良情绪或情绪归因不当，不容易引起一些身心疾病，如原发性高血压、偏头疼、心绞痛、消化性溃疡病等，还很可能产生更深层次心理行为问题，如有的教师开始失去自信和控制感，成就动机和自我效能感降低，从而产生内疚和自责，有些教师则将自己的不良情绪及教学上的失败归因于他人，对外界持敌视、抱怨的态度等。有些教师甚至走上自杀的绝路。这从下列案例可见一斑。

案例一

广州市育才中学一名英语老师王某因工作压力大患上抑郁症后，于 2008 年 10 月 24 跳入珠江自尽。

案例二

今年 7 月刚从四川师范大学毕业、以优秀毕业生身份应聘到重庆市重点中学———石柱县中学任教的 22 岁女教师马某，上班 3 个月后留下遗书，在宿舍上吊自杀。亲人、同事扼腕叹息之余，更多的是震惊———长相漂亮、工作出色，又没有情感纠葛的她，实在没有自杀的理由。但留在她寝室的遗书却显示，不能承受工作之重致其产生了严重的心理障碍，最后走上不归路。

调查发现，全国中小学教师自杀事件大约平均每月发生 10 次，一年内约 120 次。

教师，你到底怎么了!!!（全国中小学继续教育网培训论坛，2011 年 12 月 6 日）

2. 职业行为问题

教师的心理健康问题在职业活动中主要表现：①逐渐失去对学生的爱心和热心；并开始疏远学生；教学活动失去创造性，过多运用权力关系（主要是奖惩的方式）来影响学生。时常将教学过程中遇到的阻力扩大化、严重化，情绪反应过度。②在教学过程中遇到挫折时，拒绝他人的帮助和建议，将他人的关心看作是一种侵犯，或者认为他人的建议和要求是不现实的、肤浅的。③对教学失去热情，甚至开始厌恶教育工作。把教师职业视为无奈之举，试图离开教育岗位，另觅职业。职业倦怠是中小学教师心理健康问题在职业行为上最典型的体现。

3. 人际关系问题

教师心理健康问题的身心症状不可能只限于个人的主观体验，而且会渗透到教师的人际关系网络中，影响到教师与家人、朋友、学生的关系。中小学教师常见的人际交往心理障碍有：封闭心理，自卑心理，自傲心理，嫉妒心理，孤僻心，猜疑心理等。这类教师，一旦有了与他人进行交往的机会，很少有耐心听取他人的意见，往往倾诉自己的不满，很难从他人的角度去看问题，或表现出攻击性行为，如体罚学生、对家庭成员发脾气、把家长当出气筒等；另一类行为则是指向内部，表现为交往退缩、避免与他人接触，对家庭事务缺乏热情等。

三、影响中小学教师心理健康因素的分析

（一）教师的职业压力是影响教师心理健康的主要因素

已有的研究表明，教师的职业压力仅次于消防员。因此，现代教师职业属于职业压力很大的行业，教师的职业压力是影响教师心理健康的主要因素。教师的职业压力主要来源于如下方面。

（1）教师工作负担重

教师的职业特点决定了其工作的繁重而又复杂性，不只是单纯的脑力劳动，而且兼有一定程度的体力劳动。尤其是中小学教师的工作，教育教学任务尤其繁重，除了日常的备课、上课、批改作业、指导学生课外活动等，还要进行教研活动。有的教师还承担着班主任的管理工作。教师的劳动性质决定了教师工作时间不能以 8 小时来计算。基本上每天的工作时间都在 10 个小时以上甚至更长。除了紧张的教学工作以外，教师还要应付来自上级管理部门和学校内部的业务检查考试评比等。为了适应社会发展，教师进修也不可延怠。但由于种种原因，绝大多数中小学教师都没有脱产进修的机会，不得不挤用业余时间和节假日。教师工作的复杂度、繁重度、紧张度比一般职业高，但教师的待遇特别是农村教师的待遇不高，使教师心理失衡，产生压力。

（2）社会、家长对教师职业的高期望、高要求

教师的工作对象是人，教书育人是教师的天职。这一特点决定了社会家长对教师的高期望、高要求。社会要求教师既要有渊博的知识、高尚的道德情操，又要有高超的教学技艺，家长要求教师教好每一个学生，教师要对全体学生的全面发展负责，这是社会对教师的期望与要求，但教师的实际角色水平有

时难以适应。有的教师在教学上费了九牛二虎之力，然而自己的努力激发不了学生的学习动机，学生的学习成绩不理想；在大环境的负面影响下，学生对教师的良苦用心不理解，学生的偏差行为越来越严重，学生不服从管理而出现"顶牛"的现象也时有发生，说服教育功效不大；由于受社会上功利主义的影响，在某种程度上学生对教师的感情日渐淡薄，这些教育给部分教师带来的挫折感，引起教师内心的冲突。有关调查证实，班主任、语数外老师尤其初中老师的心理健康水平偏低。班主任老师和毕业班老师的职业压力较大，他们的工作负荷大、社会期望值高、责任大。班主任不仅负责班级的学习成绩，还要对班级的纪律、安全，学生的行为表现负责，要保证一个班级全体学生不出一点差错。

（3）考试压力

多年来升学考试一直是各个学校竞争的手段，而且近年来出现了下移的趋势。学生家长越来越关心孩子是否能考上名牌初中、重点高中、重点大学，并将这种希望寄托于教师身上。教师的教学质量取决于多种因素，但人们往往只以学生的学业成绩来衡量教师的教学水平，这给教师带来巨大的舆论压力。学校及主管部门仍然将考试排名和升学率与教师的晋级、工资奖金、评优等直接挂钩。因此，学生的考试成绩不仅关系到教师的荣誉和面子问题，还关系到教师的生活质量和发展。

（二）中小学教师专业自主意识的缺失是影响教师心理健康的重要因素

教师专业发展自主意识是教师专业自主的一个方面，即教师在其专业成长过程中所表现出来的自主发展状态，是建立在教师个人对自己所从事职业的正确认识基础上的为获得自身专业发展而不断地自主学习和自觉调整、完善自身教育教学理念与行为的意识，是教师对自己实践活动及教育观念的一种省察和反思。长期以来，我国中小学教师专业自主意识缺失，主要表现在教学自主权的缺失。教学围绕考试进行，真正的教育教学自主权得不到真正的实施。教师培养人，无论是教师教授一门课程还是管理一个班级，都要求教师具有极大的独立性和自主性，教师要针对每个学生的特点每个班级的情况实施教学，从某种程度上来说，教师既是教学的实施者，又是决策者。但实际情况是教师不得不屈从于考试的要求，考什么，教什么，考试多少，教多少，教师成了教材、教参的搬运工，而教师的自身价值难以真正实现。

（三）社会支持系统的不完善是影响教师心理健康的不可忽视的因素

社会支持是个体社会性发展所依托的社会关系系统，是个体采用应对策略和应对外部行为的重要外部资源。良好的社会支持使教师能够获得帮助，使他们相信自己是被关心的、被尊重的、有价值的，有利于缓解压力，减少抑郁的可能。从某种角度来手，教师是一个比较孤立、比较封闭的群体，与社会的联系较少，参与决策的机会也很少。教师的工作时间里基本上是与学生在一起，师生关系占据教师人际关系的绝大部分，而且教师的人际交往大多限制在校园内，因此教师的合群需要和获得支持的需要经常得不到满足。这样会使教师感到生活枯燥、沉闷，长此以往，就会影响到教师的心理健康。社会支持对教师的职业压力有着扩大或缩小作用，良好的社会支持会使教师的心理压力得以释放，缺少社会支持会加重教师的心理压力。

四、教师心理素质的整体优化

（一）教师自我的心理调适

人们常说"助人者自助"，解决心理问题的关键在于自己。因此教师要学会心理调适，掌握一定的方法，才能使心理健康得到维护与增进。

1. 重视自身人格完善，了解自己，悦纳自己

教师只有具备较为正确的清醒的自我认识，才能坦然地接受现实发展对自己的要求。悦纳自己，意味着能看到自己的优势、自己的进步；接受自己，不用外在的东西来确定自己的价值。既不自负，也不贬低自己；既不因他人的评价而影响自己的情绪，也没有必要为取悦他人而自责。教师能否正确了解自己，悦纳自己，正确地认识自己、估价自己的专业能力，是教师在专业发展中

保持心理健康的一项重要指标。

2. 增强心理保健意识，掌握心理调适方法

教师应掌握一些调适方法，以调节情绪、平衡心理。例如：①合理宣泄。如果不良情绪积蓄过多，得不到适当的宣泄，容易造成心身的紧张状态。这种紧张持续时间过长或强度过高，还可能造成心身疾病。因此，教师也应该选择合适的时候、合理的方式宣泄自己的情绪。如在适当的环境下放声大哭或大笑，对亲近和信任的朋友或亲人倾诉衷肠，给自己写信或写日记。或者做剧烈的体力劳动，纵情高歌，逛逛街，买点自己喜欢的东西等。还可以出门旅游，从大自然中使自己的情操得到陶冶。②其他地方寻求满足感。如果教师觉得在学校中无法获得心理上的成就感和满足感，可以试着在教室以外寻求成就感。培养一项有创造性的爱好，比如集邮、写作等，是一个好方法。另外，教师应努力营建一个幸福和谐的家庭。美满的家庭，幸福的婚姻，能促进个体健康人格的形成与发展，能在个体遇到困难时给予鼓励和帮助，缓减个体的心理压力。这一点对于中小学教师尤为重要。③坚持锻炼。生理健康与心理健康之间存在着密切的关系，身体健康能促进心理健康，因此，坚持体育锻炼、增强体质、预防生理疾病也是维护心理健康的好方法。不过，教师在体育锻炼时应注意量的问题，不要适得其反，因疲劳而影响了正常的工作和学习。

3. 寻求专业帮助

寻求专业帮助在这里主要是指教师在有心理障碍或心理疾病时应寻求心理咨询或心理治疗。心理治疗能提高教师的理解力，使他们和学生、同事一起工作得更好。杰西德（Jersild，1962）等曾对来自小学、中学和大学的 111 名接受过心理治疗的教师进行了调查，以研究心理治疗对教师的工作和生活的影响。结果表明，95% 的教师认为心理治疗使他们能更好地理解学生；89% 的教师认为心理治疗使他们有更大心理承受力去接受那些有敌对、愠怒、反叛情绪的学生，并能更好地教育他们；73% 的教师认为心理治疗提高了他们走近那些畏缩、难以接近的学生的能力。接受调查的教师还说，心理治疗使他们更喜欢自己的同事和伙伴，更喜欢本职工作。

（二）教师心理素质发展外部环境的优化

维护教师心理健康，帮助教师扫除心理障碍，不仅需要教师的自我调节，

更重要的是优化教师发展的外部环境，减少刺激教师心理疾病生成的因素，从而减少教师心理疾病发生的频率。要提高教师心理健康水平，社会及学校都应当对改善教师心理素质做出努力。

1. 社会层面

提高教师政治地位和经济待遇。要努力改善办学条件，为教师工作创造宽松、优良的环境，将提高教师地位提高教师待遇真正落到实处，教育行政要进一步关心教师的心理健康，通过制定各种政策提高教师的社会地位，形成尊师重教的社会风气，维护教师的合法权益，改善教师的福利待遇，提倡全社会都来关心、支持、配合教师做好教育工作，提高教师工作的积极性，减少并杜绝教师的消极心理。

2. 学校层面

教师心理问题产生的直接原因往往是学校情境和教学活动，社会层面的支持只是为促进教师心理健康提供了必要的前提，在学校内部形成教师的社会支持系统，能够有效地维护和促进教师的心理健康。学校管理者应该从以下几个方面帮助教师减轻心理压力。

创造宽松和谐的环境，引导教师心情舒畅。学校应建立民主、宽松的管理环境，校长要真诚面对教师，理解教师，让教师敢于发表自己的意见，真正使教师与教师、与领导、与社会融为一体，形成和谐的有机整体。

对教师职业知识、技能目标要定得高，但又要分层次，分步实施，不能一刀切。根据现实情况，讲求实效，量力而行，适当减轻教师的过重负担。

学校领导要真正体现行政工作的本质。以服务的态度对待全体教师，讲求公平、公正原则，尊重教师合理的意见。注重沟通协调的方法，务必做到让教师心服口服。

转变管理观念，注重为教师创设宽松、和谐的工作环境。将高标准、严要求与创设宽松、和谐的工作环境和管理氛围有机结合，多发现和肯定教师的"闪光点"，以悦纳、欣赏的心态去管理教师，使教师在宽松、和谐的工作环境中形成良性竞争，培养健康向上的心态。

千方百计为教师解决生活困难，解除后顾之忧。在分房、福利等方面，将教师放在优先考虑的范围加以解决。对于教师在日常生活中遇到的困难，学校领导也竭尽全力给予帮助，最大限度地减轻教师的生活压力，为教师解除后顾之忧。

　　建立教师心理健康咨询、服务机构，为教师的不良情绪和心理障碍提供疏导、排解渠道。聘请知名的教育学、心理学专家及心理医护人员，定期为教师提供心理健康知识咨询。一方面通过运用科学的心理教育方法，帮助教师以正确的态度、顽强的意志和宽阔的胸怀对待困难和挫折；另一方面，运用科学的心理治疗手段，消除和治疗教师的心理障碍、心理疾病，为教师提供良好的疏导、排解渠道，标本兼治。

第十二章　教师科研与教师专业发展

"面对未来的种种挑战，教育看来是使人类朝着和平、自由和社会正义迈进的一张必不可少的王牌。"① 人类进入 21 世纪之后，教育成为促进人类社会进步的最重要力量之一。社会的进步有赖于教育的发展，而教育的发展则有赖于教育工作者的教育科研活动，尤其是时刻工作在教育战线最前沿的教师的教育科研与实践活动。

人类社会的进步固然对教师科研提出了要求，但是教师专业化发展与教师个人进步也使得教师日益看到了教育科研对其专业发展的重要意义。基于社会进步的要求及教师专业化发展的本体诉求，本章致力于从教师专业化发展的角度概述教师科研的概念、含义、特点，以及教育科研与教师专业化发展二者之间的辩证关系。

一、什么是教师科研

（一）教师科研的概念

教师科研是教师所进行的教育科学研究活动，应属于教育科学研究的范畴。

所谓教育科研，即教育科学研究，是指运用科学的理论（哲学、教育学、心理学和社会学等）与方法，遵循一定的科学研究程序，通过对教育现象与事实的解释、预测和控制，探索教育规律以揭示教育现象的本质及其客观规律的活动。

---

① 联合国教科文组织. 教育——财富蕴含其中：国际 21 世纪教育委员会报告 ［R］. 北京：教育科学出版社，1996.

相应的，所谓教师科研，就是教师在教育教学活动中发现教育问题，以科学的教育理论为指导，以科学的教育研究方法为依托，将自身或者自身的教育教学活动作为研究对象进行不断地探索、发现、释疑、总结、创新的研究过程。

（二）教师科研的特点

教师科研与其他科研活动相比，有着自身的特点与优势。

1. 教师教育科研的实用性

教师科研与专业教育科研人员的教育科研活动应当有所区别。教师进行教育研究，主要目的与最终任务是服务于教育教学实践发展的需要，而专业的教育科研人员进行的教育科研活动，则是以理论研究与基础研究为主，主要目的是探索新的教育理论，发现新的教育规律，从而构建新的教育理论体系或不断完善现有的教育理论体系。

教师教育科研，并非要理论越深越好，课题越大越好，研究方法越难越好，而是应该结合教师优势，选择适合自身工作特点的课题进行研究。教师工作在教育教学的第一线，日常工作需要面对的都是教育教学活动之中的实际问题，这也是教育理论工作者无法接触、无法解决的问题。因此，教师科研应该重视教育教学活动中的现实问题，重视科研活动的实用性，从而满足教育教学实践发展的需要。

2. 教师教育科研的发展性

教师科研的发展性体现在促进学生发展与教师自身成长两个方面。

教育是培养人的活动，教师教育科研服务于教育教学活动，因此，教师教育科研的最终目的就是促进学生知识的获得，人格的完善，能力的养成，技能的发展。教师通过科研活动，发现学生在接受教育过程中出现的问题，并力图通过研究来解决这一问题，通过对现有知识的安排与重组提出对问题的解决策略与建议，最终促进学生的发展。

教师科研活动不仅能够促进学生的发展，而且能够促进教师，即研究者的专业素质的完善。教师在进行教育科研活动的过程中，需要调动与增进多方面的知识，才能顺利完成教育科研活动。教师应该是对教育活动充满热情，才能够在教学活动中不断的反思，通过反思发现问题。有一个需要解决的问题，是教师教育科研的起点。为了解决这一问题，教师需要查阅大量资料，在不断的学习中完善自己知识结构；通过制订研究计划，选择研究方法，实施研究步骤，教师不断的锻炼和增长自身的科研能力。通过科研提出教育教学活动中出现的实际问题的解决方法和建议，教师可以将这种方法与建议运用到自己的教育教学活动中，并最终促进教育实践活动的发展。

3. 教师科研的实践性

提到教育与科研，我们往往在潜意识中将二者对立起来，认为科研就是理论耕耘，而教育则是实践操作。这种观念将教育与科研割裂开来，没有看到教育与科研的统一性——教师在教育教学活动中遇到的问题需要通过科研来解决，而教师教育科研的灵感、需要解决的问题甚至问题的解决方式，都应该在教育教学活动中寻找。从科研活动的过程来讲，教师教育科研在教育教学活动中进行；从科研活动的主体来讲，研究者（教师）同时也是教学活动的参与者；从科研视角的选择上，教师往往选择结合教育实际的微观研究。教师教育科研与教学活动的不可分割性决定了教师教育科研的实践取向。

二、教师专业发展视域下教师科研的意义

（一）教育改革与现代教育飞速发展是呼吁教师科研的外在诉求

社会进步，人类发展，知识呈几何式增长，都为现阶段的教育事业带来了巨大挑战。教育教学不再是传授固定知识的唯一渠道，教育也逐渐成为一项更具开放性、生成性与探索性的事业。

在这种变革之下，如果教师不进行科研活动，就意味着教师角色面临着巨大挑战。

首先，知识传递者的角色面临挑战。教师的固有知识在知识爆炸的时代中不断贬值，而学生在求知渠道由封闭向开放转变的过程中，也无形中提高了对教师知识广度与深度的要求。以往的教育观念中"要想教给学生一杯水，教师就应该拥有一桶水"的模式已不再适用，不能更新、没有源头的"死知识"，

不仅不能促进学生的发展，反而会成为学生发展、教师进步甚至教育改革进程的羁绊。所以，教师应该通过教育科研不断发现新知识，学习新观念，力争成为学生求知的活水源头。

其次，教育主导者的角色面临挑战。社会变迁背景下的教育改革，打破了原来学生被动学习模式，学生开始有激情、有动力的拓展自己的知识。在不断积累新知的过程中，对教师角色的要求发生变化，由原来要求教师传道、授业、解惑的课程模式，到要求教师着重培养学生学习方法、培养学生创新意识、培养学生的求知热情的新模式。如果教师一味固守，不通过教育科研探索新的教育模式、课堂教学模式，不去认识学生在新形势下的生存状况，就必然会导致教师对课程理解与掌控能力下降；再加之不能更新旧有观念，无法应付新情况，又会出现教师教育智慧枯竭的情况，所有的这些问题又会导致教师威信降低，并最终导致教育教学活动的失败。

面对教育的不断变革为教师专业发展带来巨大压力，教师最好的解决方式就是成为一名研究者。

（二）教育科研是教师专业化成长的内部动力

除了教育改革的新形势不断呼吁教师科研，教师自身专业化的发展需要也要求教师进行教育科研。可以说，教育科研是教师专业化成长的内部需求与内部动力。

教师教育科研有助于促进教师知识结构的完善。教师要实现专业化发展，教师的知识结构扮演着十分重要的角色。教师的知识包括本体性知识、文化知识、实践知识和条件性知识四个部分。国内现有的一些研究表明，我国教师知识结构存在问题，表现在本体性知识不够深入，文化知识难以更新，实践性知识缺乏系统性，条件性知识掌握不足，不能灵活地运用到教育教学活动中。[①]教师知识结构不尽如人意的状况固然可以通过一些短期培训或者模块课程来实现，但是这种方式很难针对每个教师的问题对症下药。而通过教师在教育教学实践中发现问题、进而通过查阅相关资料完善知识结构，针对相关问题进行教

---

① 蔡笑岳. 教师专业发展与教师科研［M］. 广州：暨南大学出版社，2007.

育科研，并最终将科研成果运用在教育教学活动中，不仅解决了教育实践活动中的问题，同时也在教师进行科研活动的过程中完善了教师的知识结构，提升了教师的专业素养，提高了教师的专业化程度。

教师教育科研有助于促进教师教育观念的更新。"教师的教育观念是教师从事教育工作的心理背景，对于教师的教育态度和教育行为具有显著影响。"①旧有的教育教学观念已经不能适应现有的教育实践活动，而教育改革过程中产生的新观念，许多教师不学习，不了解；即使是了解，也仅仅将对这种观念的认识保留在"了解"阶段，不能够将其自觉地纳入到自己的教育观念体系中来，也不能通过教育实践活动主动践行新的观念。通过教师的教育科研活动，教师将新的教育观念运用到教育教学活动中，在实践中运用新知识，践行新观念，将先进的教育观念通过实践活动纳入到自己的知识结构中来，从而真正地实现教育观念的更新。

教师教育科研有助于提升教师教育能力。教育能力是教师专业化的重要组成部分，而教师科研能力是教师教育能力的重要组成部分。通过教育科研活动，教师通过搜集资料，发展教育认识能力；通过设计科研计划，发展教师设计能力；通过在教育科研的实施过程中与学生的交互活动，发展教师的交往能力、组织能力；在运用科研成果及科研成果的扩大化阶段，也锻炼和发展了教师的传播能力。因此说，教育科研活动不仅能够促进教师科研能力的发展，还能够促进教师教育能力的整体提升。

三、教师科研方法

"工欲善其事，必先利其器。"在教育科研活动之中，教师作为研究者，必须选择合适的研究方法来完成科研活动。从某种程度上来讲，选择合适的研究方法，是教师顺利完成教育科研活动的重要保证。

教育科研方法内涵十分丰富，目前对于教育科研方法的分类主要有以下几种：

---

① 蔡笑岳. 教师专业发展与教师科研［M］. 广州：暨南大学出版社，2007.

按照研究方法所使用的范围与程度划分。第一个层次是最为一般的方法论，是指导人认识、探索与改变人类所依存的主客观世界的最为通用的方法。这种方法最为宏观，使用范围最为广泛，也最具有概括性，是一种哲学化的观念层面的研究方法，它适用于一切科学领域。第二个层次是适用于不同学科门类的研究方法。所谓的不同学科门类，主要按照现有的对不同类型的学科划分方式，如自然科学、社会科学等，将研究方法划分为自然科学研究方法、社会科学研究方法等。第三个层次是适用于某一个特定研究领域与学科方向的研究方法，如教育科学研究方法。

按照功用划分，可以将研究方法划分为主要目的在于发展和完善基本理论的基础研究（Basic research）、主要目的在于解决教育实践中特定实际问题或是探索直接有用知识的应用研究（Applied research）、主要目的在于促进问题改善与策略进步的发展研究（Development research）以及主要关注怎样合理有效评估价值与效益的评价研究（Evaluation research）。

除去以上两种研究方法划分方式之外，还可以根据不同的问题解决情景选择具体有效的解决策略。不同的问题解决方式经过不断的经验总结与优化，最终形成教师教育科研中最为常用的几种研究方法，如历史研究法（Historical research method）、相关比较研究法（Correlational and comparative research method）、调查研究法（Survey research method）和实验研究法（Experimental research method）。下面，就对教师教育科学研究活动中最为常用的几种研究方法做简要的介绍。

（一）历史研究法

1. 概念

教育科学的历史研究法，是通过搜集某种教育现象发生、发展和演变的历史事实，加以系统客观的分析研究，从而揭示其发展规律的一种研究方法。[①]

历史研究法作为一种基本的教育科研方法，是教育科学研究中最为基本的研究方法。在教育向着科学化迈进的过程中，历史研究法承担着总结教育发展

---

① 裴娣娜. 教育研究方法导论 [M]. 合肥：安徽教育出版社，1995.

历史、认识教育的过去以及预测教育未来发展的重要使命。

"在一定意义上说，没有科学的历史研究，就不会产生真正的科学。"① 历史研究法在教育科学的发展过程中起到了基础性的作用。

首先，通过历史研究法可以帮助我们认识研究课题的历史，把握研究问题的规律与特点，从而有助于认识研究对象的实质。

其次，通过历史研究法，我们可以预测教育问题的发展态势；通过对历史经验的归纳与总结，古为今用，解决当今教育问题。

2. 方法与步骤

使用历史研究法进行教育科学研究，过程大致可以分为三个步骤：

第一，选题的确定与研究计划的制订阶段。不是所有教育科学研究都适合采用历史研究法。在研究的初始阶段，研究者应该根据研究的目的、任务来确定课题是否应该采用历史研究法。在确定采用历史研究法进行研究之后，研究者就应该根据课题的性质来确定需要达到相应的研究目的应该选择的史料来源。

第二，史料的搜集鉴别阶段。确定史料来源之后，研究者需要尽可能的搜集与研究课题相关的史料，并且在史料的搜集与整理过程中鉴别真伪，去粗取精、去伪存真。力图通过搜集到手的历史资料来描绘和还原历史原貌。

第三，史料的分析研究与结论给出阶段。通过对所搜集史料的分析与整理，从客观的看待历史事实出发，通过了解相应的历史现象在旧有的历史时空之中的应然状态之外，探索产生这种历史现象的相关因素，并最终发现相关规律，形成分析结果。

3. 优势与不足

历史研究法有着其他教育科学研究方法无法比拟的优势。通过历史研究法，研究者可以了解教育现象的历史状态，了解教育的历史演变，从而总结教育经验与教育规律，最终服务于现在教育的发展；通过使用历史研究法，发现新的教育研究领域与新的教育研究课题。

历史研究法的不足之处表现在：

---

① 裴娣娜. 教育研究方法导论［M］. 合肥：安徽教育出版社，1995.

第一，史料的可靠性问题。

史料的搜集是历史研究法十分重要的步骤，也是历史研究法最基础的一环，而史料的搜集也往往是在教育科学研究中使用历史研究法时需要面对的最大难题。如果不能占有大量丰富翔实的史料，历史研究法的使用无疑举步维艰。

第二，历史研究法使用过程中的主观性问题。

历史研究法的主观性问题一直困扰着研究者们，而对主观性问题的思考也一直贯穿着历史研究法发展的始终。史料是前人对已经发生过的事实的记载，但是在记录、口述的过程中都不可避免的夹杂了记述者的观念；而当研究者使用历史研究法进行教育科学研究时，又往往会不自觉的按照自己的观念去加工史料；通过历史研究法呈现出的结论也往往被不同的使用者进行主观的取舍。

第三，结论给出的量化难问题。

使用历史研究法使得课题只能是一种质化的研究，不可能对结论给出一种量化的精确分析，也正是基于这一点，历史研究法在现代教育研究中备受责难。再加之历史具有不可复验性，同样的问题无法确定在新的历史时期会出现，即使出现又是否能够得到与旧的历史时期相同的结果。

（二）相关比较研究法

1. 概念

"知识不能单从经验中得出，而只能从理智的发明同观察到的事实两者的比较中得出。"① 比较，是人类运用逻辑和判断认识事物的思维方式；同样，将比较运用到教育科学研究之中，相关比较研究法也是教育科学研究活动中运用较为广泛的方法之一。

教育科学的比较研究法是对某类教育现象在不同时期、不同地点、不同情况下的不同表现进行比较分析，以揭示教育的普遍规律及其特殊表现，从而得出符合客观实际的结论。②

---

① Albert Einstein, 许良英. 爱因斯坦文集：第一卷 [M]. 北京：商务印书馆，1976.
② 裴娣娜. 教育研究方法导论 [M]. 合肥：安徽教育出版社，1995.

2. 功能与分类

相关比较研究法作为被普遍运用于教育科学研究活动的方法之一，其功能与作用主要在于以下几点：

通过相关比较研究法，加深对教育现象与教育问题的本质认识。认识教育现象、揭示教育规律、解决教育教学过程中出现的问题是进行教育科学研究的目的。在教育科研活动中通过运用相关比较研究方法，可以将一个事物的本质属性通过对其不同历史时期的发展脉络进行纵向的比较研究，将其与其他不同事物的相似属性或者是相似事物的不同属性进行相关比较研究，从而加深对某一教育现象和教育问题的认识，促进我们对教育本质问题的认识。

通过相关比较研究法，深化我们对现实问题的认识。例如，我国古代德育思想，在历经几千年的发展过程中，结构体系不断完善，内容与重点不断变化，在漫长的历史发展过程中积累了丰富的历史经验。通过将传统的德育思想与现代德育思想进行相关比较研究，可以帮助我们更好地认识现代我国德育问题。

我国学者一般对相关比较研究法有以下三种分类方式。

按照比较类型与对象的差异性程度划分，将教育科学的相关比较研究法分为同类比较研究与异类比较研究。同类比较研究，是指对两种和两种以上的同类事物进行比较，发现他们相似性或者差异性的比较方法。如对我国现行的小学语文教科书版本的比较，就可以发现同类事物的不同之处，找到同类事物发展的特殊性。异类比较研究是指对同一事物相反的两个方面或者是两种及两种以上性质的不同事物，找出其中相似之处或是相同的规律。例如，我们比较中国近代的"中体西用"思想与日本近代"和魂洋才"思想，发现二者在社会背景、教育主张等方面都存在相似之处。通过异类比较研究，我们可以探索不同教育现象之中蕴含的共同的教育规律。

按照比较对象的历史发展与相关联系划分，分为纵向比较研究与横向比较研究。所谓纵向比较研究，是指对一个事物或者一个事物的构成要素在不同历史时期的发展变化进行跨时间、空间的对比研究。纵向研究往往是以时间的发展作为研究线索展开的。例如，对中国科技教育的教育内容进行纵向比较研究，就可以选取从先秦到现代的不同历史时期作为结点，揭示我国科技教育内容发展的历史画卷。横向比较研究，是指对同时存在于同一历史时期的不同事物进行研究，横向研究与纵向研究一样依赖于对历史事件时间节点的把握，但是横向比较研究将历史事件作为一个横断面来研究教育现象。例如，对文艺复兴时期意大利与北欧人文主义教育家教育思想的对比研究就属于横向比较研究的范围。

按照事物的性质划分，还可以将相关比较研究划分为定量比较研究与定性比较研究。

3. 方法与步骤

在教育科学研究中运用相关比较研究方法，应该注意以下几个步骤：

第一，确定研究目的与任务，确定比较主体，设定比较对象。

第二，制定比较原则与比较标准。

第三，搜集资料，对相关对象与资料进行比较研究。

第四，给出比较结论。

4. 优势与不足

相关比较研究法有许多优势之处，相关比较研究法在比较的思维基础之上有助于研究者对研究对象属性、规律进行更为深入的认识；但同时相关比较研究法的不足也十分明显。相关比较研究法往往不能够单独使用，需要与历史研究法、调查法相配合使用，对教育科学研究者的教育知识与科研能力都有较为严格的要求；再加之相关比较研究之中，除去定量比较研究法之外，其定性比较研究部分的可量化性较低。

（三）调查研究法

1. 概念

教育科学的调查研究法是在教育理论的引导下，通过运用观察、列表、问卷、访谈、个案研究以及检测等科学方式，搜集教育问题的资料，从而对教育的现状做出科学的分析认识并提出具体工作建议的一套实践活动。[①] 调查研究法是最为古老的教育研究方法，在近代以来开始广泛运用于教育科学研究。

---

① 裴娣娜. 教育研究方法导论 [M]. 合肥：安徽教育出版社，1995.

2. 功能与分类

调查研究法是教师进行教育研究所采用的最重要方式之一，调查研究法的主要功能在于帮助研究者搜集特定教育问题、教育现象第一手资料，进而揭露教育发展过程之中存在的问题与不足，为教育管理、教育预测、教育法律法规的执行提供现实依据，从而合理地总结教育经验，最终改进教育教学，促进教育的进步。

调查研究法的分类方式有很多种，但是对于教师教育科研来讲，最为普遍的分类方式还是按照调查采用的方式方法，将调查研究法分为以被研究者自我报告形式为主的调查表法、问卷法、访谈法和以研究者感官方式搜集材料的观察法与个案研究法的两大类型。

3. 方法与步骤

由于调查研究法包括问卷法、访谈法、观察法、个案研究法等不同的具体方法，而且不同的方法在研究过程中都有不同的研究侧重，但是在运用这些方法进行教育科学研究的过程之中，还是应该遵循一定步骤的。

首先是正式调查之前的准备工作。准备工作主要包含三个步骤：

明确调查目的，确定调查方法。研究者应该根据课题的问题情境（性质、目的、任务、对象等）确定相应的调查方法。然后根据已经确定的调查性质、调查目的与任务，选择相应的、针对不同问题的调查计划。在调查计划之中，研究者应该考虑到研究计划的有效性（即研究计划能否反映研究者所要研究的问题）、科学性（即研究计划的项目是否合理分配，在全面反映问题的基础之上便于调查操作）和可评价化（即研究计划之中应该包括对调查结果的评价标准，便于调查结果的最终处理）。在确定完善的调查计划之后，研究者应该着手制定相应的调查问卷和观察访问提纲，并针对相应的被试进行预测。在预测之后，根据对被试的进一步理解，修改调查提纲、调查问卷，修正调查计划。由于篇幅限制，不能对调查研究法的每一种方法进行详细的介绍，下面列举调查表法与问卷法在准备阶段需要完成的调查表与问卷作为实例（表 12 - 1）。

［例］ **调查表**

表 12－1 师范教育投资的分配和使用①

单位：_____省_____地区_____市（县）_____学校 千元

项目年份	师范教育事业费分配					师范教育经费内部构成								
	总计	高等师范学院	师范专科学校	中等师范学院	教育学院	教师进修培训	工资	行政管理费	教学费	科研费	助学金	设备购置费	修缮费	离退休金	职工福利费	其他

填表说明：

［例］ **调查问卷**

青少年在校学生的网络游戏状况调查问卷②

您好：

我们是东北师范大学的调研员，因课题研究需要，需要您填写这份关于青少年在校学生网络使用现状的调查问卷，希望借助此次调查能够使我们了解青少年在校学生使用网络资源的时间、地点等状况，同时我们的研究成果能够帮助您更好、更理性地使用网络资源。

本次调查采用不记名问卷形式，我们将坚持保密性原则，保证您的个人信息与答案的安全。您的答案对我们的研究有着十分重要的意义，请您如实作答。感谢您的合作！

一、您的个人基本信息（请在与您相符的项目上打"√"）

性别：男　　女

---

① 裴娣娜. 教育研究方法导论［M］. 合肥：安徽教育出版社，1995.

② 本调查问卷是东北师范大学高英彤教授课题《当下网络游戏的现状及其对青少年公民意识形成的影响研究》（2010 年全国教育科学规划课题，DEA100236）对在校学生进行调查时使用的问卷。

年龄：10～12　12～15　15～18　18～22　22 岁以上

受教育程度：小学　初中　高中　本科　硕士及以上

课业排名：上游　中游　下游

二、问卷部分（请在相应选项上打"√"）

1. 您能否区分网络游戏和单机游戏？

A. 能　　　　　　B. 不能　　　　　　C. 有些能，有些不能

2. 您是否玩网络游戏？

A. 是　　　　　　B. 否（直接回答 25，26，27，30 四个题）

3. 您已经玩了多长时间的网络游戏？

A. 半年以下　　　　　　　　　B. 半年至一年

C. 一年至两年　　　　　　　　D. 两年以上

4. 平均每天用于网络游戏的时间是多少？

A. 1～2 小时　　　　　　　　　B. 3～4 小时

C. 4～6 小时　　　　　　　　　D. 6 小时以上

5. 您大约多久玩一次网络游戏？

A. 每天　　　　　　　　　　　B. 一周 3～4 次

C. 一周一次　　　　　　　　　D. 间隔一周以上

6. 您喜欢在哪一个时段玩网络游戏？

A. 早 8 点之前　　　　　　　　B. 早 8 点至 12 点

C. 中午 12 点至晚 8 点　　　　D. 晚 8 点以后

7. 您是否支持国产游戏？

A. 是　　　　　　B. 否　　　　　　C. 无所谓

8. 您是否会因为某些国外网络游戏有反对本国的意图与游戏设置而放弃玩这款游戏？

A. 是　　　　　　B. 否　　　　　　C. 无所谓

9. 你最喜欢玩的网络游戏是哪种类型（可多选)？

A. 角色扮演　　B. 格斗游戏/射击类　　C. 战略类

D. 社区/桌面　　E. 体育类/音乐类　　　F. 冒险/益智/育成类

10. 在网络游戏中您最喜欢做的事是（可多选)

A. 认识新朋友　　B. 寻找/制造极品　C. 完成任务

D. PK　　　　　　E. 探索游戏中的未知领域

F. 尝试不同的玩法　　　　　　G. 聊天

H. 建立帮派组织并进行帮派/城邦战

I. 做高手/侠客　　J. 打探各种小道消息　　K. 其他

11. 您喜欢的网络游戏活动是（可多选）

A. 玩家设计任务B. 网络游戏作品评选　C. 免费赠送测试光碟

D. 双倍经验　　E. 网下玩家聚会　　F. 网络游戏比武大赛

G. 节假日活动　H. 网上婚礼　　　I. 大型战争

J. 投稿　　　　K. GM 送礼　　　　L. 网络游戏寻宝活动

……

31. 现实中的人际关系与网络游戏中的玩家关系，您更喜欢哪一种？请说明原因。

_____

32. 在玩网络游戏后，在现实生活中参加社交活动比较以前发生哪些变化（例如：社交语言、社交热情、社交方式、技巧等方面）？

_____

其次是正式调查阶段。根据已经制订好的调查计划，运用已经选择好的调查方法对被试实施调查，占有相应资料，了解需要掌握的情况。

最后是对调查资料的整理与运用。在调查结束之后，应该选择合适的分析方式对通过调查获的数据进行整理、分析、综合，得出相应的结论；根据结论撰写调查报告，对所研究问题给出意见与建议。

4. 优势与不足

调查研究法作为一种近代以来被普遍使用的教育研究方法，有着许多其他研究方法不具备的研究优势。

首先，调查研究法有助于帮助研究者了解大样本情况。由于物质条件和时间、空间限制，研究者往往在研究大样本时有着众多的限制。但是如果采用调查研究法，借助于设计严密的调查问卷和访问提纲，就可以较为便利的获得更多的有关样本全体的详细情况与数据。

其次，调查研究法可操作性强，便于实施与参与。调查研究法对被调查者的时间、精力占用较少，而且往往采用匿名形式，便于被调查者参与，获得较为真实的数据；调查研究法对研究环境没有过于严格的要求，便于研究者采用和控制，有助于研究的实施。

最后，调查研究法可以同时涉及多个变量，也可以在调查研究的过程中兼顾多个变量之间的关系，有助于更为全面和客观地反映所要研究的问题。

调查研究法具备一定的优势，但同时调查研究法本身也存在着诸多的不足。

首先，调查研究法缺乏灵活性。拥有严密的调查计划、设计精巧的问卷与访谈提纲固然有助于研究者进行相关数据搜集，但是缺乏相应的灵活性，研究一旦展开就需要按照研究计划、提纲不变的实施，如果在正式实施调查之中出现新的情况，甚至是新的变量则无法兼顾。

其次，调查结果的真实性与有效性问题。由于调查研究法属于被研究者自我报告的形式，如果被研究者不愿给出答案，或者是出于社会舆论、道德、法律顾虑以及被试心理防御机制的影响给出不真实答案，虽然可以通过测谎题来减少影响，但是这种不真实的答案必然会对研究结果产生影响。在运用调查研究法的过程之中，尤其是问卷调查的过程中，问卷回收率低也是影响调查结果的重要因素之一。

最后，调查研究法给出的结果是一种变量之间的相关关系，只能确定两个或是多个变量之间存在关系，却不能得出"定因定果"① 的科学结论。

（四）实验研究法

1. 概念

教育实验研究方法是研究者按照研究目的，合理地控制或创设一定条件，人为的变革研究对象，从而验证假设探讨教育现象因果关系的一种研究方法。② 教育实验研究方法的本质特征在于严格控制情景，主动控制操作变量，研究在

---

① 蔡笑岳. 教师专业发展与教师科研［M］. 广州：暨南大学出版社，2007.
② 裴娣娜. 教育研究方法导论［M］. 合肥：安徽教育出版社，1995.

控制了影响环境的条件下，自变量与因变量之间的因果关系，或者是验证某一理论或假设的实际结果。

2. 功能与分类

实验法最早被运用于自然科学研究之中，近代以来被引进教育领域，并最终成为教育研究中一种重要的实证研究方法。

实验研究被认为是"唯一能真正检验因果关系假设的研究"[1]，"是检验科学假说、理论的重要手段。任一实验的结果都对与之相关的理论、假说提出某些肯定或否定的证据，而任一理论、假说都在与之相关的实验中接受者检验"[2]。总体来讲，教育实验是教育科研的重要方法之一，可以检视现有教育理论的科学性，通过搜集有意义的真实可信的信息反馈现代教育，并最终为现代教育的发展提供意见与有效建议；通过教育实验，发现以往研究中没有发现的新问题、新情境，发展新理论、提出新假设，为教育的发展与进步提供理论支持；对一些引进的教育理念、教学方法、教育管理制度在本土化的过程之中进行检测、变通和改进，使其更适于我国教育现状；教育实验研究法还可以检验新理论、新方法的可行性与有效性。

目前，根据不同的分类标准，对教育实验研究法的分类主要有以下几种：

按照实验情景以及变量控制的严格程度划分，可以划分为实验室实验与自然情景实验。所谓实验室实验，就是在一个专门设置的严格控制的人为环境中进行实验，如德国心理学家艾宾浩斯对学习中人遗忘规律的研究就是严格的实验室实验。而自然情景实验，则是指在自然的情境（即正常的生活、生产、学习环境）中，适当地控制某些环境因素与变量的实验。如罗森塔尔对教师期望与学生成就之间关系的研究，就属于自然情景实验。

按照研究的目的与功能划分，还可以将教育实验法划分为确认性实验、探索性试验、验证推广性实验。

按照实验所涉及因素的数量可以划分为单因素实验与多因素实验。

按照实验内容划分，可以分为教育体制改革实验、课程与教学法改革实

①　裴娣娜. 教育研究方法导论［M］. 合肥：安徽教育出版社，1995.

②　中国大百科全书总编辑委员会. 中国大百科全书·哲学 I［M］. 北京：中国大百科全书出版社，1989.

验、教学模式与教法实验、儿童发展实验。

3．方法与步骤

实验研究法的操作过程可以大致分为三个阶段，即实验前的准备阶段、实验实施阶段与实验数据的整理与总结阶段。

实验前的准备阶段。

研究者首先明确的应该是研究课题，即此次实验你要验证什么理论或者是发现什么问题或关系，在整个研究的初始阶段形成一个研究假说，而整个研究也会围绕验证这一假说展开。在确定了研究课题（或者说假说）之后，研究这些应该本着验证假说的目的，明确研究目的与任务，确定研究的理论框架。这一理论框架将决定整个研究的方向，决定研究的范围、对象以及数据的取舍与最终的研究结果形成。

进行研究设计。在研究设计之中，依据在研究准备阶段最初确定的指导理论，依据假说来制定实验设计，在实验设计方案之中应该包括确定实验的自变量①与因变量②构成，需要控制的无关变量③及其控制方法、实验对象选择方法与分配方法，采用何种测量工具以及测量方法才能准确评价变量指标，确定实验具有较高的信度④与效度⑤。

实验实施阶段。按照在实验准备阶段中规划好的实验设计进行，观测变量，并准确记录下变量的变化，将所获得的资料数据妥善保管，以备实验结束后使用。

实验结果评价阶段。处理和分析在实验实施阶段获得的数据，确定数据的可信性，确定数据误差范围，对假说进行检验，形成最终结论并且撰写实验报告。在实验结束之后可进行重复实验以确定实验结果的可信性，如有条件可以扩大实验。

---

　①　自变量（Independent variable）：能独立变化并引起因变量变化的条件、因素或条件的组合。
　②　因变量（Dependent variable）：由自变量的变化引起被试行为或者有关因素、特征的相应反映的变量。
　③　无关变量（Irrelevant variable）：与研究目标物管的非研究变量。
　④　信度（Reliability）：指测验结果的一致性、稳定性及可靠性。
　⑤　效度（Validity）：指测量工具或手段能够准确测出所需测量的事物的程度。

4. 优势与不足

教育实验研究法往往是通过对变量的严格控制，从而排除一些无关因素的影响，最终得出变量之间的关系，在教育实验之中，我们也可以获得在自然环境中通过观察法无法获得的影响教育教学活动的因素及其作用，而且实验法客观化程度高，往往在相同条件下相应的结果会重复出现，所以有助于实验结果的反复验证与量化分析。

教育实验有着其他研究方法无法比拟的优势，但是教育实验研究法也有许多无法忽略的不足之处。

首先，教育实验研究法对研究对象的变量关系要求较高。教育实验法可以严格控制变量与变量之间的关系，但是这仅限于变量较少的情况之下。当涉及一个变量较多且变量之间关系复杂的课题，而且课题绝大多数又处于影响因素众多的教育环境之中，教育实验研究法就无法科学合理地解决问题。在这种情况下，就需要研究者综合运用多种教育科研方法，制定切合课题研究的研究计划与方案。

其次，教育实验研究法使用过程中研究者与被研究对象不可避免地产生交互作用，影响研究结果。教育实验研究的研究者是人，对象也是人，所以在研究过程中，研究者与对象之间就会出现态度、价值观甚至情感判断等心理因素的影响，这种影响最终又会作用于研究结果。

第三，教育实验研究法设计环境多变，现有测量与统计工具难以准确描述情况。运用教育实验研究法得出的结论有赖于研究活动实施过程中研究工具与分析手段的水平。现有的研究工具与分析手段不能够完全准确、有效地测量教育环境中研究对象的复杂行为，其结果就必然会影响教育实验研究结果。

第四，教育实验研究结果可推广程度有限。无论是对研究实施环境进行严格试验室控制的实验室研究法还是在自然环境中进行仅控制一定变量的自然环境研究法，都对实验环境以及设计变量进行了人为的操控。但是，在教育实验研究的结果进行大规模推广的过程中，往往难以实现对环境的有效操控和筛选。

附录一：

黑龙江省教育厅人文社会科学研究项目①
申　请　书

项目名称：基于新课程下的教师教学技能发展的理论探究

一、立题依据

1. 项目的目的意义

项目的目的：

通过本课题的研究，对教师教学技能的内涵及外延进行梳理、研究，明确现代教学技能观及价值取向，探讨现代教师教学技能的构成，探寻教学技能形成机制，为教师成长及教师教育提供理论依据。

项目研究的意义：

教学技能是专业化教师必备的从事教学工作的基本技能。具备一定水平的教学技能是教师顺利完成教学任务的必要条件。当今人们已将教师职业视为一种具有双专业性的特殊职业，教师不仅要具备所教学科的专业知识与技能，解决"教什么"的问题，同时，要具备传递知识、技能的技巧，解决"如何教"的问题，要求教师要像医生那样，能"诊断""分析""开处方"，成为教育方面的"临床专家"。随着社会的发展，对一个教师的教学技术上的要求必然越来越高，这是专业化教师发展的必然趋势。

基础教育课程改革，带来教育观、教学观及学生观根本的转变，相应的实践层面上的教师教学技能观及价值取向、内涵及外延也必然发生相应的改变。目前在实践中越来越显示出教师教学技能理论研究严重不足，作为教学的实施者——教师迫切需要在教学技能的发展上给予理论上的指导与帮助。因此，应对新课程改革，完善教学技能发展理论研究，具有重要的现实意义。

通过本课题的研究：一是进一步丰富教学技能理论研究；二是为中小学的教学研究及教师自身专业化成长提供理论依据；三是进一步明确教师教学技能培养思路，为教师教育提供一定的参考和依据。

---

① 作者孙晨红，本文系黑龙江省教育厅人文社会科学研究项目（11534073）内容之一（整理）。

2. 国内外研究概况、水平和发展趋势

关于教学技能的研究盛行于美国 20 世纪 60～70 年代"能力本位的主导教师教育时期。"

20 世纪 90 年代中期，随着日渐升温的教师教育专业化研究与实践，教师教学技能研究被置于一个更为广阔的视野中来研究。

国外的研究概况：

1963 年美国斯坦福大学教育系的阿伦（D. Allen）等人率先研究教师的教学技能，并开创了运用微格教学训练中学物理师资教学技能的先河。

美国佛罗里达州在 70 年代开展了一项教师能力的研究，提出教师的 1 276 项能力表现其主要方面包括：①量度及评价学生行为能力；②进行教学设计能力；③教学演作能力；④负担行政职责的能力；⑤沟通能力；⑥发展个人技巧；⑦使学生自我发展的能力。

澳大利亚的特尼等人通过研究把教学技巧分为七大类：①动作技巧；②讲授及交流技巧；③提问技巧；④小组个人辅导技巧；⑤培养学生思考技能；⑥评估技巧；⑦课堂管理与纪律。

从国外的可以看出，对教学技能内涵的界定的研究还是初步的，大多是描述性的研究，没有揭示出教学技能的本质特征。其研究更注重微观、操作层面的探究，注重对教师的实践指导和训练。

我国的研究概况：

我国于 20 世纪 80 年代末期开始了此领域的探讨。一直以来我国在教育理论界的研究更注重宏观层面的研究，对于如何把教育理论转化为可操作的教学技术研究的很少，即缺乏对教学的微观的研究。因此自 80 年代以来，我国教学研究的视角发生转移，即立足于教学的科学性，加强教学的微观研究，广泛借鉴国外的教研经验对教学进行分解，对师生的相互作用进行科学分析，发表了一些很重要的观点。

关于教学技能分类的研究。我国 1992 年，国家教委师范司印发了《高等师范学校学生的教师职业技能训练基本要求（试行稿）》，1994 年又颁布《高等师范学校学生的教师职业训练大纲（试行）》，要求师范生在教育学、心理学和学校教育理论指导下，以专业知识为基础，掌握从事学科教学的基本要求，形成从事学科教学工作的技能。这些技能包括五个方面：教学设计技能；应用教学媒体技能；课堂教学技能；组织、指导学科课外活动的技能；教学研究技能。

2003年，教育部师范司在组织编写的《教师专业化理论与实践》中，提出教师的教学技能包括教学技巧和教学能力两方面。教学技巧包括九种：导入技巧、强化技巧、变化刺激的技巧、发问的技巧、分组活动的技巧、教学媒体运用技巧、沟通与表达的技巧、结束的技巧、补救教学的技巧；教学能力包括三方面：教学设计的能力、教学实施的能力、学业检查评价的能力。

研究发展趋势：

目前我国关于教学技能的研究有了一定的积累，但还存在明显的不足，主要表现在与现代教学理念相应的教学技能理论研究不足，是目前教师教育亟待解决的课题。因此，加强教学技能的理论研究，建构现代教学技能理论，是目前我国教学技能理论研究的发展趋势。

3．项目的应用前景、学术价值

通过本课题的研究：为教师教学技能培养提供理论依据，指导教师培养实践；为教师教育提供理论依据，切实提高教师专业化水平；满足教育发展的需求，为中小学培养合格的人才。因此，本课题的研究具有广泛的应用前景。

通过本课题的研究：对教师教学技能的内涵及外延进行梳理、研究，明确教师教学技能的构成；探寻教学技能形成机制，对于进一步丰富教学技能理论研究，具有重要的学术价值。

4．现有研究工作基础，现有条件和手段

（1）课题负责人多年来一直从事教师教育、基础教育研究，研究方向是教学论。具有扎实的科学研究的理论功底，有从事研究的经验和能力，取得了比较丰富的研究成果。在核心期刊发表相关论文多篇。作为副主编等参编学术著作2部，主持的哈尔滨学院课题"本科学历小学教师能力培养"，成果获二等奖，参与研究的黑龙江省高等教育学会的关于"教师专业化"的课题（15B－128）已经结题。对于教师发展与教师专业化研究进行了长期的思考并积累了一定的经验。

（2）课题组成员具有宽厚扎实的科学研究的理论功底，并取得了较好的研究成果。多年来一直从事教育学、心理学、教学论、教育心理学的理论和实践研究，曾承担多项课题研究，在理论研究领域各有专长，形成了一个强有力的互补型的研究团队。

（3）课题组成员专业结构合理，学历层次、年龄结构、职称结构合理，有博士1人、硕士3人。有高级职称2人，中级职称1人，保证了课题研究的质量和水平，以及提升理论层次，追踪学术前沿。

（4）在课题论证期间，已经收集到大量的研究资料，包括关于教师教学技能等相关专著、学术论文和网上资料。目前与本课题相关的资料比较丰富，课题组成员及其所在单位都有丰富的图书资料和良好的网络环境。

（5）课题负责人及课题组成员有比较充足的研究时间，能够保证完成所申请的课题项目。

（6）哈尔滨学院对于教师的科研项目研究非常重视，对此课题研究将予以充分的经费支持和相关的技术帮助。

（7）研究课题来源于实际需要，并且又通过研究指导实践。因此，研究具有充分的事实依据。

二、研究方案

1. 主要研究内容、目标或经济技术指标

研究内容：

（1）教学技能的内涵和外延。

（2）新课程背景下教师教学技能的发展。

（3）教学技能发展的过程。

（4）影响教学技能发展的因素。

（5）教师教学技能的发展路径。

研究目标：

揭示教学技能的发展规律，为教师教学技能发展及教师教学技能培养提供理论依据。

2. 技术关键

采用调查研究，在获得第一手材料的基础上，结合现有的研究成果，进行严密的逻辑推理论证，得出结论。

3. 主要研究方法和技术路线

研究方法：文献研究法、调查研究法、比较研究法，质性分析与量化研究相结合。

技术路线：

首先，进行基本理论层面研究：主要探讨教师教学技能的基本范畴、新课程背景下教师教学技能的发展、教学技能发展的过程、影响教学技能发展的因素及教师教学技能的发展路径。其次，开展现状研究：了解目前教师教学技能发展现状及教师教学技能发展的新要求，为教师教学技能发展理论研究提供事实依据。第三，进行论证研究：结合理论及实践研究，论证教学技能有效性的理论研究。

4. 项目的进度安排

2008 年 1～6 月，查阅文献资料。

2008 年 7～12 月，深入实际，调查研究。

2009 年 1～12 月，完成论文，总结成果，申请结题。

5. 提供成果的形式

完成论文 4 篇，并在电子数据库期刊上发表。

三、项目主要负责人主要研究成果简介

发表论文：

1. "小学教育学"教学改革初探.《哈尔滨学院学报》，2002 年第 2 期。

2. 新课程与小学教师素质.《教育探索》，2004 年第 9 期。

3. 简析学校心理咨询的几个问题.《教育探索》，2004 年第 3 期。

4. 新课程与小学教师素质.《教育探索》，2004 年第 9 期。

5. 教育实习改革新设想.《教育探索》，2006 年第 4 期。

著作：

1.《整体构建学校德育体系理论概论》，黑龙江人民出版社，2005 年版。

2.《学会生活》，长春出版社，2002 年版。

附录二：

黑龙江省教育厅人文社会科学研究项目①
开题报告书

课题名称：基于新课程下的教师教学技能发展的理论探究

一、立题依据

1. 项目的目的意义

通过本课题的研究，对教师教学技能的内涵及外延进行梳理、研究，明确现代教学技能观及价值取向，探讨现代教师教学技能的构成，探寻教学技能形成机制，为教师成长及教师教育提供理论依据。

项目研究的意义：

教学技能是专业化教师必备的从事教学工作的基本技能。具备一定水平的教学技能是教师顺利完成教学任务的必要条件。当今人们已将教师职业视为一种具有双专业性的特殊职业，教师不仅要具备所教学科的专业知识与技能，解决"教什么"的问题，同时，要具备传递知识、技能的技巧，解决"如何教"的问题，要求教师要像医生那样，能"诊断""分析""开处方"，成为教育方面的"临床专家"。随着社会的发展，对一个教师的教学技术上的要求必然越来越高，这是专业化教师发展的必然趋势。

基础教育课程改革，带来教育观、教学观及学生观根本的转变，相应的实践层面上的教师教学技能观及价值取向、内涵及外延也必然发上相应的改变。目前在实践中越来越显示出教师教学技能理论研究严重不足，作为教学的实施者——教师迫切需要在教学技能的发展上给予理论上的指导与帮助。因此，应对新课程改革，完善教学技能发展理论研究，具有重要的现实意义。

通过本课题的研究：一是进一步丰富教学技能理论研究；二是为中小学的教学研究及教师自身专业化成长提供理论依据；三是进一步明确教师教学技能培养思路，为教师教育提供一定的参考和依据。

2. 国内外研究概况、水平和发展趋势

---

① 作者孙晨红，本文系黑龙江省教育厅人文社会科学研究项目（11534073）内容之一（整理）。

　　关于教学技能的研究盛行于美国20世纪60~70年代"能力本位的主导教师教育时期"。

　　20世纪90年代中期，随着日渐升温的教师教育专业化研究与实践，教师教学技能研究被置于一个更为广阔的视野中来研究。

　　国外的研究概况：1963年美国斯坦福大学教育系的阿伦（D. Allen）等人率先研究教师的教学技能，并开创了运用微格教学训练中学物理师资教学技能的先河。

　　美国佛罗里达州在70年代开展了一项教师能力的研究，提出教师的1276项能力表现其主要方面包括：①量度及评价学生行为能力；②进行教学设计能力；③教学演作能力；④负担行政职责的能力；⑤沟通能力；⑥发展个人技巧；⑦使学生自我发展的能力。澳大利亚的特尼等人通过研究把教学技巧分为七大类：①动作技巧；②讲授及交流技巧；③提问技巧；④小组个人辅导技巧；⑤培养学生思考技能；⑥评估技巧；⑦课堂管理与纪律。

　　从国外的研究状况可以看出，对教学技能内涵的界定的研究还是初步的，大多是描述性的研究，没有揭示出教学技能的本质特征。其研究更注重微观、操作层面的探究，注重对教师的实践指导和训练。

　　我国的研究概况：我国于20世纪80年代末期开始了此领域的探讨。一直以来我国在教育理论界的研究更注重宏观层面的研究，对于如何把教育理论转化为可操作的教学技术研究的很少，即缺乏对教学的微观的研究。因此自80年代以来，我国教学研究的视角发生转移，即立足于教学的科学性，加强教学的微观研究，广泛借鉴国外的教研经验对教学进行分解，对师生的相互作用进行科学分析，发表了一些很重要的观点。

　　关于教师教学技能的具体要求：1992年9月，国家教委师范司印发了《高等师范学校学生的教师职业技能训练基本要求（试行稿）》，1994年又颁布《高等师范学校学生的教师职业训练大纲（试行）》，要求师范生在教育学、心理学和学校教育理论指导下，以专业知识为基础，掌握从事学科教学的基本要求，形成从事学科教学工作的技能。这些技能包括五个方面：教学设计技能；应用教学媒体技能；课堂教学技能；组织、指导学科课外活动的技能；教学研究技能。

2003 年教育部师范司在组织编写的《教师专业化理论与实践》中，提出教师的教学技能包括两方面，教学技巧和教学能力两方面。教学技巧包括九种：导入技巧、强化技巧、发问的技巧、分组的技巧、教学媒体运用的技巧、沟通与表达的技巧、结束的技巧、补救的技巧；教学能力包括三方面：教学设计的能力、教学实施的能力；学业检查评价的能力。

研究发展趋势：目前我国关于教学技能的研究有了一定的积累，但还存在明显的不足，主要表现在与现代教学理念相应的教学技能理论研究不足，是目前教师教育亟待解决的课题。因此，加强教学技能的理论研究，建构现代教学技能理论，是目前我国教学技能理论研究的发展趋势。

3. 项目的应用前景、学术价值

通过本课题的研究：为教师教学技能培养提供理论依据，指导教师培养实践，为教师教育提供理论依据，切实提高教师专业化水平；满足教育发展的需求，为中小学培养合格的人才。因此，本课题的研究具有广泛的应用前景。

通过本课题的研究：对教师教学技能的内涵及外延进行梳理、研究，明确教师教学技能的构成，探寻教学技能形成机制，对于进一步丰富教学技能理论研究具有重要的学术价值。

4. 现有研究工作基础，现有条件和手段

第一，课题负责人多年来一直从事教师教育、基础教育研究，研究方向是教学论。具有扎实的科学研究的理论功底，有从事研究的经验和能力，取得了比较丰富的研究成果。在核心期刊发表相关论文多篇。作为副主编等参编的学术著作 2 部，主持的哈尔滨学院课题"本科学历小学教师能力培养"，成果获二等奖，参与研究的黑龙江省高等教育学会的关于"教师专业化"的课题（15B－128）已经结题。对于教师发展与教师专业化研究进行了长期的思考并积累了一定的经验。

第二，课题组成员具有宽厚扎实的科学研究的理论功底，并取得了较好的研究成果。多年来一直从事教育学、心理学、教学论、教育心理学的理论和实践研究，曾承担多项课题研究，在理论研究领域各有专长，形成了一个强有力的互补型的研究团队。

第三，课题组成员专业结构合理，学历层次、年龄结构、职称结构合理，有博士1人、硕士3人。有高级职称2人，中级职称1人，保证了课题研究的质量和水平，以及提升理论层次，追踪学术前沿。

第四，在课题论证期间，已经收集到大量的研究资料，包括关于教师教学技能等相关专著、学术论文和网上资料。目前与本课题相关的资料比较丰富，课题组成员及其所在单位都有丰富的图书资料和良好的网络环境。

第五，课题负责人及课题组成员有比较充足的研究时间，能够保证完成所申请的课题项目。

第六，哈尔滨学院对于教师的科研项目研究非常重视，对此课题研究将予以充分的经费支持和相关的技术帮助。

第七，研究课题来源于实际需要，并且又通过研究指导实践。因此，研究具有充分的事实依据。

5. 已有的研究成果及文献资料

公开发表的论文：

[1] 孙晨红. "小学教育学"教学改革初探 [J]. 哈尔滨学院学报，2002 (2).

[2] 孙晨红. 新课程与小学教师素质 [J]. 教育探索，2004 (9).

[3] 孙晨红. 简析学校心理咨询的几个问题 [J]. 教育探索，2004 (3).

[4] 孙晨红. 新课程与小学教师素质 [J]. 教育探索，2004 (9).

[5] 孙晨红. 教育实习改革新设想 [J]. 教育探索，2006 (4).

出版的著作：

[1] 孙晨红. 整体构建学校德育体系理论概论 [M]. 哈尔滨：黑龙江人民出版社，2005.

[2] 孙晨红. 学会生活 [M]. 长春出版社，2002.

文献资料：

(1) 教育部师范教育司组织编写. 教师专业化的理论与实践 [M]. 北京：人民教育出版社，2003.

(2) 陈永明主编. 国际师范教育改革比较研究 [M]. 北京：人民教育出版社，1999.

(3) 刘捷主编. 专业化挑战21世纪的教师 [M]. 北京：教育科学出版

社，2002.

刊物：

《教育研究》《教师教育研究》《课程教材教法》《高等教育研究》《现代中小学教育》等刊物的相关文献资料。

网络：中国期刊全文数据库、百度等网络资源搜集资料。

二、研究方案

1. 主要研究内容、目标或经济技术指标

研究内容：

（1）教学技能的内涵和外延；

（2）新课程背景下教师教学技能的发展；

（3）教学技能发展的过程；

（4）影响教学技能发展的因素；

（5）教师教学技能的发展路径。

研究目标：

揭示教学技能的发展规律，为教师教学技能发展及教师教学技能培养提供理论依据。

2. 技术关键

采用科学的研究方法，在研究文献资料的基础上，进行严密的逻辑推理论证。

3. 主要研究方法和技术路线

研究方法：

文献研究法、调查研究法、比较研究法，质性分析与量化研究相结合。

技术路线：

首先，进行基本理论层面研究：主要探讨教师教学技能的基本范畴、新课程背景下教师教学技能的发展、教学技能发展的过程、影响教学技能发展的因素及教师教学技能的发展路径。

其次，开展现状研究：了解目前教师教学技能发展现状及教师教学技能发展的新要求。为教师教学技能发展理论研究提供事实依据。

第三，进行论证研究：结合理论及现状研究，论证教学技能的理论的研究。

4．项目的进度安排

2008 年 1～6 月，查阅文献资料。

2008 年 7～12 月，深入实际，调查研究。

2009 年 1～12 月，完成论文，总结成果结题。

5．提供成果的形式

完成论文 4 篇，并在电子数据库期刊上发表。

三、开题时间、开题地点、参加人员与人数

开题时间：2006 年 11 月。

开题地点：哈尔滨学院。

参加人员与人数：主管学院科研工作的管理人员、课题成员及所在学院的院长及部分教师，共计 20 人左右。

附录三：

教师问卷①

老师：您好！本调查问卷旨在对当今基础教育课程改革背景下教师教学技能发展进行一次较为系统的了解，诚恳地征求您的看法，请您协助我们完成这次问卷调查。

本问卷采取匿名的方式，问卷的统计结果将为教师教育提供重要的反馈信息，不涉及对教师个人业务能力和工作情况的评价，希望您能认真、如实地填写。感谢您的支持与合作！

一、您的基本情况（请在符合您情况的选项前的号码上打"√"）

1．您所学的专业是：①师范专业　　②非师范专业

2．您的性别：①男　　②女

3．您的年龄：①18～22　②23～28　③29～34　④35～40　⑤41～46　⑥47 以上

---

① 作者孙晨红，本文系黑龙江省教育厅人文社会科学研究项目（11534073）内容之一。

4. 您的教龄：①1 年左右　②5 年以下　③5～10 年　④11～20 年　⑤20 年以上

5. 您的任教年级：

①小学一年级　②小学二年级　③小学三年级　④小学四年级　⑤小学五年级　⑥小学六年级

6. 您的任教科目：①语文　②数学　③音乐　④美术　⑤艺术　⑥品德与生活　⑦品德与社会　⑧体育　⑨科学　⑩外语　⑪其他

7. 您任教班级的班额：①30 人以下②30～39③40～49④50～59⑤60 人以上

二、在以下各问题的括号里填上您认为合适的选项序号

8. 您对现代课程理论掌握程度是(　　　)

①很满意　②基本满意　③不满意　④很不满意

9. 您认为掌握现代课程理论主要通过什么途径？(　　　)

①教师职前培养　②校本教研　③自学提高　④在职进修　⑤其他

10. 新课程改革对您已有的教学方式有影响吗？(　　　)

①有很大影响　②影响一般　③没有影响

11. 您认为您目前具有的教学技能是否适应新课程改革的要求(　　　)

① 完全适应　②基本适应　③有一定差距　④不能适应

12. 您目前对教学技能的掌握程度是(　　　)

①很满意　②基本满意　③不满意　④很不满意

13. 适应课程改革，您认为小学教师应具有的最主要的课堂教学技能依次是（按重要程度在括号内填序号 1，2，3，4，……）

（　　　）传授知识技能

（　　　）指导学生主动探索、合作交流教学技能

（　　　）指导学生学习技能

（　　　）教学评价技能

（　　　）课程开发和整合技能

（　　　）现代教学媒体运用技能

（　　　）教学研究技能

（　　）教学反思技能

（　　）其他

14. 实施新课程，您在课堂教学技能方面最不适应的依次是（按重要程度在括号内填序号1，2，3，4，……）

（　　）传授知识技能

（　　）指导学生主动探索、合作交流教学技能

（　　）指导学生学习技能

（　　）教学评价技能

（　　）课程开发和整合技能

（　　）现代教学媒体运用技能

（　　）教学反思技能

（　　）其他

15. 您认为掌握上述基本技能主要通过什么途径更好？（按重要程度在括号内填序号1，2，3，4，……）

（　　）职前培养

（　　）职后自主实践反思

（　　）校本教研

（　　）在职进修学习

（　　）其他

16. 适应课程改革，您如何看待小学教师的基本技能（读、写、算、艺体技能等）（　　）

①仍然很重要　②比较重要　③发生改变，不重要

17. 作为小学教师，您认为您在（读、写、算、艺体技能等）基本技能方面掌握程度是（　　）

①很满意　②基本满意　③不满意　④很不满意

18. 适应课程改革，您在下列基本技能方面最欠缺的依次是（按重要程度在括号内填序号1，2，3，4，……）

（　　）言语技能

（　　）书写技能

（　　）绘画技能

（　　）运算技能

（　　）艺体技能

（　　）其他

19. 您认为掌握上述基本技能主要通过什么途径更好？（按重要程度在括号内填序号 1，2，3，4，……）

（　　）职前培养

（　　）职后自主实践反思

（　　）校本教研

（　　）在职进修学习

（　　）其他

20. 适应新课程改革，您对（19 题）教学基本技能方面掌握程度是（　　）

①很满意　②基本满意　③不满意　④很不满意

21. 适应新课程改革，您在下列教学基本技能方面最欠缺的依次是（按重要程度在括号内填序号 1，2，3，4，……）

（　　）教学设计技能

（　　）课堂教学技能

（　　）作业布置批改技能

（　　）课外辅导技能

（　　）教学评价技能

（　　）其他

22. 您认为掌握上述基本教学技能主要通过什么途径更好？（按重要程度在括号内填序号 1，2，3，4，……）

（　　）职前培养

（　　）职后自主实践反思

（　　）校本教研

（　　）在职进修学习

（　　）其他

23. 适应新课程改革，您在（22 题）综合教学技能方面掌握程度是（　　）

①很满意　②基本满意　③不满意　④很不满意

24. 您在下列综合教学技能方面最欠缺的依次是（按重要程度在括号内填序号 1，2，3，4，……）

（　　）说课技能

（　　）组织教学技能（沟通、交往技能、调控教学技能）

（　　）教学反思技能

（　　）评课技能

（　　）教学研究技能

（　　）其他

25. 您认为掌握上述综合教学技能主要通过什么途径更好?（按重要程度在括号内填序号 1，2，3，4，……）

（　　）职前培养

（　　）职后自主实践反思

（　　）校本教研

（　　）在职进修学习

（　　）其他

26. 您对目前提高教师教学技能面临的困难依次是（按重要程度在括号内填序号 1，2，3，4，……）

（　　）缺少理论知识

（　　）缺少具体的实际操作指导

（　　）缺少实践经验积累

（　　）缺少同行交流

（　　）其他

27. 您认为职前教学技能的培养对您最好的帮助依次是（按重要程度在括号内填序号 1，2，3，4，……）

（　　）开设有关的课程

（　　）学校组织的专门的训练

（　　）增加实习时间

（　　）自己有计划的实践

（　　）其他

28．职后对您提高教学技能的提高最大的帮助依次是（　　　）（按重要程度在括号内填序号1，2，3，4，……）

（　　）交流教学经验

（　　）钻研教材教法

（　　）学习教育理论

（　　）探究实践难题

（　　）演练教学技能

（　　）同行帮助指导

（　　）其他

三、开放题

29．随着基础教育课程改革，您认为教师教学技能发生了哪些变化，请您详细写下来_____

_____

_____

_____

占用了您的宝贵时间，再次向您表示感谢！

附录四：

新课程改革下小学教师教学技能发展调查报告①

报告人：孙振楠

一、前　言

问题的提出

---

① 作者孙振楠，本文系哈尔滨学院教育科学学院本科学生毕业论文（节选、整理），指导教师孙晨红。

新基础课程教育改革的全面实施，使基础教育的改革与发展跨入了一个崭新的时代。教师应由知识的传授者转变为终身学习的实践者和指导者。新基础课程教育改革的新形势，迫使教师更新教学观念，改革教学方法，实现教师角色的根本转换。要改变教学实施过程中主体与客体、权威与服从的师生关系，使教师成为学生学习活动的引导者、合作者和参与者。以学生发展为中心的课程改革无疑需要教师的配合，这就给教师提出了更高的要求。教师作为教学活动的基本要素，在教学过程中教学技能的发挥程度，将直接影响教学活动的性质和人才培养的质量。国家颁布的新课程标准体系在课程功能、结构、内容、实施、评价和管理等方面都较原来的课程体系有了重大创新和突破，改变了原有课堂教与学的方式，在新课程改革的舞台上，教师将扮演一个新的角色——引导者。为了适应新角色的需要，教师必须重新建构自己的能力结构，对传统的教学技能进行更新，适应新基础课程教育改革，实施好新基础课程。由于小学课程内容的综合性、课程功能的发展性、课程学习的自主性，要求小学教师转变教育观念、改革教学方法，并对小学教师综合素养与角色提出了严峻的挑战。

在这样的背景下，研究教师教学技能发展的现状，教师教学技能存在的问题，提高教师教学技能的有效途径，是当前研究教师教学技能的重要课题。

二、调查的目的、内容、方法和对象

（一）调查的目的

了解四所小学教师掌握教学技能的现状；明确四所小学教师目前掌握、运用教学技能的能力及水平；为今后培养、提高教师教学技能提出改进意见。

（二）调查的内容、对象和方法

调查内容——问卷调查主要包括三方面的内容：在实施新课程下，小学教师教学技能的发展现状；在实施新课程下，小学教师教学技能存在的问题；通过什么途径提高小学教师教学技能。访谈的主要内容：随着基础教育的改革，教师教学技能面临的主要问题。

调查方法——问卷调查法和访谈法。问卷包括开放式和封闭式两部分。

调查对象——四所学校的小学教师。共计80份问卷，实际回收50份问卷，回收率62.5%。有效问卷50份，有效率为100%。在调查者中对5位教师进行了访谈。

三、调查结果及分析

（一）问卷调查结果及分析

1. 最常用的教学技能

表 1 小学教师最常用的课堂教学技能

教学技能	传授知识技能	指导学生主动探索合作交流教学技能	指导学生学习技能	教学评价技能	教学反思技能
比例/%	40	30	10	16	4

从表 1 可以看出，被调查者认为新基础课程改革后小学教师在课堂教学最常用的教学技能：传授知识技能占 40%，指导学生主动探索合作交流教学技能 30%，指导学生学习技能 10%，教学评价技能 16%，教学反思技能 4%。

小学教师最常用的 5 种课堂教学技能中，传授知识技能占的比例最大，占 40%。小学教师以传授知识为基本技能，说明小学教育是为学生发展打基础的阶段，基础知识教学是教学的主要任务之一。但在此要强调当今的传授知识技能发生了转变，教师由原来的主导者转变为引导者。

小学教师最常用的 5 种课堂教学技能，教学反思技能占的比例最小，占 4%。教师反思就是要从自己的实际教学活动出发，发现、分析其中的问题，并通过教师之间的合作讨论来探求改进教学的途径，从调查结果看出常用教学反思的教师很少。

指导学生主动探索合作交流教学技能占 30%，指导学生主动探索合作交流教学技能符合新课程的要求，新课程改革的亮点之一是转变学生的学习方式，改变传统的单一、死记硬背、机械训练、被动的学习方式，建立和形成能充分调动发挥学生主体性的多样化的学习方式。此次课程改革在继承传统的接受式学习的基础上，增加了研究性学习、探究性学习、体验性学习和实践性学习，倡导自主学习、合作学习，实现了学习方式的多样化。

指导学生学习技能占 10%，在教师指导下主动地、富有个性地学习是本次课程改革的核心任务，但是部分教师还没有完全地具备指导学生学习技能。

2. 课堂教学方面最不适应的教学技能

表2　实施新课程，小学教师在课堂教学技能方面最不适应的教学技能

教学技能	教学研究技能	现代教学媒体运用技能	课程开发与课程整合运用技能	教学反思技能
比例/%	22	10	50	18

表2表明，大多数小学教师认为课程开发与课程整合运用技能是最不适应的占50%，教学研究技能22%，教学反思技能18%，现代教学媒体运用技能10%。

课程开发与课程整合运用技能是最不适应的占50%，这是新课改下提出的，整合课程实质上是一种采用各种有机整合的形式，使学校教学系统中分化了的各要素及其各成分之间形成有机联系的课程形态，它是一种新型的课程形态。课程资源的开发与利用实际上也就是如何把课程资源引入教育教学活动的过程。调查结果表明一半的教师不具备课程开发和课程整合运用技能。

教学研究技能最不适应的占22%，教学研究技能是一种运用科学的理论和方法，有意识、有目的、有计划地对教育领域中的现象和问题进行研究的认识活动。面对新的课程改革，每个教师都面临着大量的新问题、新困难、新矛盾，单靠原有的办法和经验无法真正解决问题，所以导致教师的不适应。

教学反思技能最不适应的占18%，教学反思就是教师以自己的教学活动过程为思考对象，来对自己所做出的行为、决策以及由此所产生的结果进行审视和分析的过程，是一种通过提高参与者的自我觉察水平来促进能力发展的途径。教师要从自己的实际教学活动出发，发现、分析其中的问题，并通过教师之间的合作讨论来探求改进教学。这是教师最基本的技能，但还有不能适应的，应加强学习。

现代媒体运用技能最不适应的占10%，小学教师对现代媒体认识不明确，掌握程度一般，理论水平和实践能力较差。

在新课改下提出新的教学技能，导致有的教师不适应，有时对其有种畏惧感。

3. 小学教师认为掌握教学技能主要途径

表3　小学教师认为掌握上述基本技能主要通过什么途径比较好　　%

教师职前培养	校本教研	在职进修	自学提高
50	20	20	10

由表3可以看到，小学教师认为掌握现代课程理论主要通过教师职前培养的占50%，校本教研和在职进修的占20%，自学提高的占10%。

小学教师认为掌握现代课程理论主要通过教师职前培养的占50%，对高等师范院校学生进行教师职业技能训练，是师范院校培养合格教师过程中十分重要的一个环节。由此可见教师职前培养很重要。

4. 新课程改革对小学教师已有的教学方式的影响

表4　小学教师目前具有的课堂教学技能是否适应新课程改革的要求　　%

教　龄	完全适应	基本适应	有一定差距	不能适应
1 年左右	70	10	20	0
5 年以下	67	33	0	0
5 ~ 10 年	40	45	10	5
20 年以上	20	0	0	80

表4表明：（1）小学教师目前具有的课堂教学技能在新课程改革要求中，完全适应的：教龄在1年左右的占70%，5年以下的占67%，5 ~ 10年的占40%，20年以上的占20%。基本适应：教龄1年左右的占10%，5年以下的占33%，5 ~ 10年的占45%，20年以上的占0%。有一定差距：教龄1年左右的占20%，5年以下的占0%，5 ~ 10年的占10%，20年以上的占0%。不能适应：教龄1年左右的占0%，5年以下的占0%，5 ~ 10年的占5%，20年以上的占80%。

小学教师目前具有的教学技能在新课程改革要求中完全适应：教龄1年左右的占70%，大部分师范生在校期间都会找家教和文化学校当老师，已经积累了教学经验，然后毕业工作后把自己的知识与实践结合在一起，对于新课程的改革完全适应。5年以下的占20%，5 ~ 10年的占16%，20年以上的占2%，这些教师都是优秀的，他们的教学技能基本上适应新课程改革的要求，通过学习培训已经完全适应新课程改革的要求。

基本适应新课程改革要求：教龄 1 年左右的占 2%，5 年以下的占 10%，5~10 年的占 18%，结果表明大部分教师适应新课程改革的要求。

对新课程改革要求有一定差距：教龄 1 年左右的占 4%，由于刚毕业的少部分人没有教学经验，只关注自身，无法将知识与实践相结合。5~10 年的占 4%，已经有了教学经验，有了自己的教学方法，但是新课程的实施，使自己的教学技能发生了改变。

不能适应新课程改革：5~10 年的占 2%，20 年以上的占 8%，教师的能力和态度决定新课程计划能否顺利进行。采用新的课程教学技能意味着要放弃原来熟悉的一套程序的方法，甚至是自己在长期的教学生涯中摸索出来的很成功的习惯做法，这样教师就难免会对新课程抱有成见和产生抵制态度，不能适应新课改的要求。

（2）小学教师目前具有的课堂教学技能在新课程改革要求中，完全适应教龄 1 年左右的占 70%，基本适应的占 10%，有一定差距的占 20%。结果表明 1 年左右的小学教师教学技能 70% 的完全适应新课程改革的要求。有一定差距的占 20%。可以看出这是教师自身的问题，教师只有提高自身的教学能力，才能适应基础教育改革的要求。

小学教师目前具有的课堂教学技能在新课程改革要求中，完全适应教龄 5 年以下的占 67%，基本适应的占 33%，有一定差距和不能适应的 0%。结果表明四所小学教师教学技能已经适应基础教育课程改革的要求。

小学教师目前具有的课堂教学技能在新课程改革要求中，完全适应教龄 5~10 年的占 40%，基本适应的占 45%，有一定差距的占 10%，不能适应的占 5%。结果表明 5% 的教师不能适应基础教育改革要求的教学技能，有一定差距的占 10%，对于这部分教师要加强学习。

小学教师目前具有的课堂教学技能在新课程改革要求中，完全适应教龄在 20 年以上的占 20%，基本适应和有一定差距的占 0%，不能适应的 80%。结果表明不能适应的 80%，他们是即将退休的教师，对于基础教育改革要求下的教学技能难以适应。

5. 小学教师最欠缺的教学技能

表5 适应新课程改革，小学教师最欠缺的教学技能统计 %

说课技能	组织教学技能	教学反思技能	教学研究技能	评课技能
4	24	22	42	8

表5表明小学教师最欠缺的教学技能，教学研究技能占42%，组织教学技能占24%，教学反思技能占22%，评课技能占8%，说课技能占4%。

小学教师最欠缺的教学技能：教学研究技能占42%。教学是一种创新性的劳动，必须以研究为依托才能不断深化和提高，对学生的研究、对知识的重组、对学习过程的策划、对课程教学过程的动态生成性的把握以及对自己教育、教学行为的反思都离不开科研能力，教学研究技能已成为新课程对每位教师的起码要求，也是教师专业化发展的必不可少的重要内容。

教学反思技能占22%，反思不是简单的教学经验总结，它是伴随整个教学过程的监视、分析和解决问题的活动。新课改之后教学反思是重点教学技能之一，是提高教师教学的重要途径之一，因此教学反思技能不容忽视。

组织教学技能占24%，它不仅影响到整个课堂教学的效果，而且与学生思想、情感、智力的发展有密切的关系。一个组织方法得当，秩序井然的课堂，学生的注意力集中，教师循循善诱，必然会使课堂教学得到好的效果。

评课技能占8%，对课堂教学的成败得失及其原因做切实中肯的分析和评价，并且能够从教育理论的高度对一些现象做出正确的解释。科学正确的评课能较好发挥应有的功能。

说课技能占4%，说课技能是在短时间内较经济的大面积提高教师素质的最佳形式，也是大面积提高教学质量的有效途径。教师要充分认识到这一点，从而积极踊跃地参与这项活动，由压力变动力。积极主动地学习现代教育理论，认真钻研大纲、教材、教法。

（二）访谈结果及分析

在调查时，我们请部分调查者进行访谈，他们对教学技能提出了一些看法和意见。具有代表性的两个访谈。

访谈1：

座谈对象：马老师（女）　师范专业　教龄：23年　现任班级：二年

任教科目：语文、数学　　班级人数：18人。

调查主要内容：基础教育课程改革，教师教学技能面临的主要问题。

答：基础课程改革，教师教学技能发生了很大的变化。现代多媒体技术，是我最不适应的。我上学的时候没有接触过多媒体，所以用起来难啊！学校组织进修学习，我觉得通过这个途径比较好，适合我们这些老教师。

课程改革前，我们教学生最主要是传授课本知识，教师讲学生听，学生不会再讲，要让学生会为止，很单调。而基础教育改革后就不同了，教师不再是以前的样子了，在传授知识时要引导学生，不是直接往学生脑子里灌知识。评价技能发生了改变，传统的教学对学生评价，忽视改进、激励与发展的功能，忽视对促进学生发展的作用，其结果是造成一部分学生无法认识自己的潜能，从而丧失学生自我发展的信心和动力。而现在恰恰相反，新课程倡导在对学生学习评价中，评价的主体、内容和方法都要多元化、多样化，评价目的从过分强调评价的甄别与选拔向促进学生全面发展转变，评价内容从单纯重视知识向重视学生全面素质的评价转变，评价方式从单纯重视笔试向综合运用多种评价方式转变，将学生由被动评价的客体向积极参与评价的主体转变。

座谈2：

座谈对象：陈老师　　师范专业　　教龄：9年　　现任班级：四年

任教科目：语文、数学　　班级人数：39人。

调查主要内容：基础教育课程改革，教师教学技能面临的主要问题。

答：基础课程改革大体的知识内容没变，变的是教师的位置，我觉得教师的位置更重要了，基础课程改革要求教师更好地掌握教学技能，那么教师只有不断地完善自己，不断地学习。传统教学技能和现代的教学技能不一样。传统的教学方式是语言讲述，现代的教学方式是直观演示。传统的教学内容侧重理论与知识，现代的教学内容注重实践与技能。传统的教学过程是理性化、逻辑化，现代的教学过程是感性化、形象化。传统的教学形态是文字课本，现代的教学形态注重直观和体验。传统的培养方向是知识型人才。现代的培养方向是智能型人才。

从以上具有代表性的两个访谈可以看出：基础教育改革对教师的教学技能的要求高了，教师自己也认识到了自身位置的变化。可以说教师应是课堂教学的促进者，教师应是学生成长的引导者，教师应是学生发展的评价者，教师应是终身学习者，教师应是行动研究者。

四、结论与建议

新基础课程教育改革的广泛实施，对教师的教学技能要求越来越高，调查结果显示四所小学的大部分教师教学技能基本适应。但在此基础上更要强调教师的角色发生的变化，教师已不再是传统课程体系下的知识传授者，而是学生全面发展的培养者、自主学习的促进者和教学研究者。新基础教育课程改革的核心理念之一是促进每一个学生的发展。这就给教师提出了更高的要求，教师的教学技能将发生重大变化。在课堂教学中，很多教学技能是以综合的形式出现在教学的各个环节。这些综合技能贯穿于教学过程的始终，并同课堂教学基本技能有机的融合在一起。教师教学综合技能包括：教学研究技能，组织教学技能，教学反思技能，评课技能，说课技能，这些技能既是教学过程中不可或缺的教学技能，也是对课堂教学进行宏观调控的重要技能，构成了体现教师课堂教学行为的单项教学技能的横向关系。具有纵向关系的课堂教学基本技能和具有横向关系的教学综合技能构成了立体化的教学技能体系，它们之间的优化组合才能展示教师教学技能的风采。

在新基础教育课程改革的教学过程中，教师教学技能的新取向不能完全否定传统的教学技能，如"导入技能""教学语言技能""板书技能""提问技能""组织教学技能"等我们必须使这些传统的教学技能与现代教学技能结合起来，并使传统技能实现某些转变，同时发展教师课程开发和整合运用技能，教学研究技能，教学反思技能，现代教学媒体运用技能，提高教师教学技能的有效途径，加强职前培训和训练和在职后的探索提高，才能真正适应新基础教育课程改革的需要，以促进学生全面发展。

针对以本次对四所小学教师教学技能进行调查和研究提出以下几点建议：

1. 严格师范生的资格选拔。对高等师范院校学生进行教师职业技能训练，是师范院校培养合格教师过程中十分重要的一个环节。师范院校在学生教师职业技能培养中应注意以下三方面问题：第一，师范院校对学生教师职业技能培养必要性、重要性的认识有待进一步提高；第二，师范院校应加大学生教师职业技能培养的研究力度；第三，师范院校应加强学生教师职业技能训练的实践环节。

2. 在职教师应该不断地学习和研究课堂教学技能，有部分教师不适应新课改，那么就要通过能提高自己掌握教学技能的途径学习，要求教师以研究者和终身学习者的身份出现在新课程的实施当中。

3. 小学教师应该具有较强动手能力、自己设计、制作各种教具和学具，帮助学生在"玩"中学，在"做"中学，把抽象的知识、概念转变为各种学生可以直接感知、操作的过程。教师在学生面前的角色转变已经成为事实，教师应当做好充分的准备，不断提高自身的素质，同时应具备过硬的业务素质才能出色地完成本职工作。

附录五：

基于新课程下的教师教学技能发展的理论探究项目研究报告①
报告人：孙晨红

《基于新课程下的教师教学技能发展的理论探究》是我们承担的黑龙江省教育厅人文社会科学研究项目。研究时间从 2007 年 12 月到 2010 年 11 月，我们已经完成了计划的研究任务，取得了预期的成果。现把有关的研究情况报告如下。

一、项目提出的背景、目的和意义

项目提出的背景：

新基础课程教育改革的全面实施，使基础教育的改革与发展跨入了一个崭新的时代。教师应由知识的传授者转变为终身学习的实践者和指导者。新基础课程教育改革的新形势，迫使教师更新教学观念，改革教学方法，实现教师角色的根本转换。要改变教学实施过程中主体与客体、权威与服从的师生关系，使教师成为学生学习活动的引导者、合作者和参与者。以学生发展为中心的课程改革无疑需要教师的配合，这就给教师提出了更高的要求。教师作为教学活动的基本要素，在教学过程中教学技能的发挥程度，将直接影响教学活动的性

① 作者孙晨红，本文系黑龙江省教育厅人文社会科学研究项目（11534073）内容之一。

质和人才培养的质量。国家颁布的新课程标准体系在课程功能、结构、内容、实施、评价和管理等方面都较原来的课程体系有了重大创新和突破，改变了原有课堂教与学的方式，在新课程改革的舞台上，教师将扮演一个新的角色——引导者。为了适应新角色的需要，教师必须重新建构自己的能力结构，对传统的教学技能进行更新，适应新基础课程教育改革，实施好新基础课程。由于小学课程内容的综合性、课程功能的发展性、课程学习的自主性，要求小学教师转变教育观念、改革教学方法，并对小学教师综合素养与角色提出了严峻的挑战。

在这样的背景下，研究教师教学技能发展的现状，教师教学技能存在的问题，提高教师教学技能的有效途径，是当前研究教师教学技能的重要课题。

研究的目的：

通过本项目的研究，明确新课程改革理念指导下教师教学技能的内涵及外延及现代教学技能观及价值取向，提出新课程理念下教师教学技能的构成结构，探寻新课程理念下教学技能形成机制及教师教学技能发展途径。

项目研究的意义：

教学技能是专业化教师必备的从事教学工作的基本技能。具备一定水平的教学技能是教师顺利完成教学任务的必要条件。当今人们已将教师职业视为一种具有双专业性的特殊职业，教师不仅要具备所教学科的专业知识与技能，解决"教什么"的问题，同时，要具备传递知识、技能的技巧，解决"如何教"的问题，要求教师要像医生那样，能"诊断""分析""开处方"，成为教育方面的"临床专家"。随着社会的发展，对一个教师的教学技术上的要求必然越来越高，这是专业化教师发展的必然趋势。

基础教育课程改革，带来教育观、教学观及学生观根本的转变，相应的实践层面上的教师教学技能观及价值取向、内涵及外延也必然发生相应的改变。目前在实践中越来越显示出教师教学技能理论研究严重不足，作为教学的实施者——教师迫切需要在教学技能的发展上给予理论上的指导与帮助。因此，应对新课程改革，完善教学技能发展理论研究，具有重要的现实意义及理论价值。通过本课题的研究：一是进一步丰富教学技能理论研究；二是为中小学的教学研究及教师自身专业化成长提供理论依据；三是进一步明确教师教学技能培养思路，为教师教育提供一定的参考和依据。

二、项目研究的主要内容

第一，本项目研究教学技能的基本理论。明确教学技能的含义及外延；影响教学技能形成的因素；国内外教学技能研究的历史、现状和发展动向；探讨教学技能的形成及发展规律。

第二，探究基础教育课程改革背景下教师教学技能的发展。

第三，研究目前小学教育专业教学技能培养现状及存在的问题。

第四，研究新形势下，小学教育本科专业教学技能培养问题。

三、主要研究方法和技术路线

研究方法：文献研究法、调查研究法、比较研究法，质性分析与量化研究相结合。

技术路线：首先，进行基本理论层面研究：主要探讨教师教学技能的基本范畴、新课程背景下教师教学技能的发展、教学技能发展的过程、影响教学技能发展的因素及教师教学技能的发展路径；其次，开展现状研究：了解目前教师教学技能发展现状及教师教学技能发展的新要求，为教师教学技能发展理论研究提供事实依据；第三，进行论证研究：结合理论及实践研究，论证教学技能有性的理论研究。

四、项目进程或阶段说明

1. 2006 年 11 月至 2008 年 3 月 通过图书馆等途径查阅相关专著、刊物等积累资料，研究任务：进行文献研究。研究的具体内容：①教学技能的含义及外延；②教学技能观及价值取向；③影响教学技能形成的因素；④教学技能培养的趋势。

2. 2008 年 4~6 月，结合见习、实习之机，选取有代表性的学校进行调查研究。具体的研究任务：①听课；②与校长、教师座谈，问卷调查，为理论研究提供事实依据。研究方法：文献法、调查法、观察法。研究的具体内容：①了解教学技能发展现状及培养中存在的问题；②听取目前中小学对教师教学技能培养提出的建议。

3. 2008 年 6~12 月，研究任务：完成论文及报告。研究的具体内容：①梳理研究相关理论；②总结事实材料；③提出教学技能的培养目标、理念、内容、培养途径、手段等，撰写论文及报告；④申请验收、完成课题研究。

五、研究的结果、结论及其取得的社会效益

教学技能是教师必备的专业素质之一，具备一定水平的教学技能是教师顺利开展教学活动的基本条件。我国自 2001 年正式启动第八次"基础教育课程改革"以来，在全国范围内逐步推广的以《基础教育改革纲要（试行）》为改革总纲、以"调整和改革基础教育的课程体系、结构、内容，构建符合素质教育要求的新的基础教育课程体系"为根本任务的课程改革运动。此次课程改革，带来教育观、教学观及学生观根本的转变，相应的实践层面上的教师教学技能观及价值取向、内涵及外延也必然发生相应的改变。目前在实践中越来越显示出教师教学技能理论研究严重不足，探讨与课程改革理念相吻合的教学技能，既是教师教育发展的需要，也是一线教师顺利开展教学活动面临的实际问题。

从历史发展来看，对教师教学技能进行专门的培养和训练始于 17 世纪的师范教育机构——世界最早的法国、德国的短期师资培训机构的教学法的训练，其目的是满足普及义务教育和班级授课制的需要，使教师掌握能胜任教学活动的一定的技能，可见，教师教育发展的历史起点是从对教师教学技能的训练开始的。

18 世纪下叶，教学开始作为一门专业从其他行业中分化出来，开始把对教师进行一定的教育训练，作为合格教师质量规格之一，把对教师教学技能训练看成是提高教育质量的重要手段。一些国家，在制定教师规程上，重视教师教学技能的训练。

对教师教学技能的研究，盛行于美国 20 世纪 60～70 年代"能力本位"主导教师教育的时期，所谓"能力本位"即强调的是教学技能对于提高教学工作的有效性。例如美国斯坦福大学教育学院以此创立的"微型教学"为各国所借鉴。尽管其单纯的技术的训练模式而使教师逐渐失去了批判地分析、反思教学背景的愿望和能力，但毕竟突出了教师的教学技能作为教师职业最为基础的方面而逐渐被人们所认同。

20 世纪 90 年代中期以来，随着日渐升温的教师专业化研究与实践，教师教学技能被置于一个更为广阔的视野中进行研究。从教师教学技能的演变发展

来看教学技能具有时代性，教师教学技能必然随着社会发展及教育改革的不断深化而不断更新和发展。

（一）新课程改革对教师教学技能的挑战

教师对课程改革的成败起着重要的作用。新课程改革的实施成功与否取决于教师是否具有先进的教学理念，其教学知识与技能是否可以与新课程改革的要求相适应。新课程改革要求改变以传授知识为目的的单一的教学方式，倡导教师指导下的学生自主、探究、合作的学习方式以及教学载体的更新都对传统教学模式下构建的教师教学技能结构提出了严峻的挑战。

1. 教师教学行为的转变对教学技能的挑战

新课程改革对教师教学方式的要求主要表现在强调教师是学生学习的引导者、合作者，教师教学以学生的学习为目的，努力实现学生素质的全面提高和个性的充分发展；教学过程是师生交往、互动的过程。因此，在新课程改革背景下，教师教学行为应该是教师帮助学生制定适当的学习目标，并确认和协调达到目标的最佳途径；设置一定的问题情景，激发学生的学习动机，培养学生的学习兴趣。同时，教师作为学生学习的参与者，与学生分享自己的感情和想法等。因此，教师教学行为的转变对教学技能发展提出的挑战。

2. 学生学习方式的转变对教学技能的挑战

《基础教育课程改革纲要（试行）》指出："教师在教学过程中应与学生积极互动、共同发展，要处理好传授知识与培养能力的关系，注重培养学生的独立性和自主性，引导学生质疑、调查、探究，在实践中学习，促进学生在教师指导下主动地、富有个性地学习。教师应尊重学生的人格，关注个体差异，满足不同学生的学习需要，创设能引导学生主动参与的教育环境，激发学生的学习积极性，培养学生掌握和运用知识的态度与能力，使每个学生都能得到充分的发展。"新课程改革倡导学生自主、探究、合作的学习方式，而学生新的学习方式的形成是和教师的积极引导与帮助分不开的。它要求教师在教学要形成旨在培养创新精神和实践能力的学习方式及其对应的教学方式；教师要注重培养学生的批判意识和怀疑精神，鼓励学生对书本的质疑和对教师的超越，赞赏学生独特性和有个性化的理解和表达；要引导学生从事实验活动和实践活动，培养学生乐于动手、勤于实践的意识和习惯，切实提高学生的动手能力、实践能力。如果教师不具有这种教学技能，学生学习方式的转变也只能成为一句空话。因此，学生学习方式的转变更新必然对教师教学技能提出新的挑战。

3．教学载体的更新对教学技能的挑战

教学载体的更新主要表现在教学内容和教学手段两方面。一是课程内容的综合性和弹性加大给教师留有很大的空间，尤其是校本课程开发给教师更大的选择权和更多的自由支配的余地。在选择教材和使用的教材与以往相比，具有更大的灵活性。这就意味着课程的内容和意义在本质上并不是对所有人都相同的，在特定的教育情境中，每一位教师对给定的内容都有其自身的理解，对给定内容的意义都有自身的解读，从而对给定的内容不断进行变革与创新。教师不仅是课程的实施者而且还是课程的开发者；教师不仅要具有课程开发的意识，更主要的还要具有课程开发的能力。因此，教师要形成强烈的课程意识和参与意识，教师要锻炼并逐渐形成课程开发的技能。二是教学手段现代化对教师教学技能提出更高的要求。《基础教育课程改革纲要（试行）》十一条明确提出"大力推进信息技术在教学过程中的普遍应用"。现代教育技术的发展，为教学改革提供了新的发展前景，它要求教师在教学中学会如何应用这种先进的教学手段，如何把这种先进的教学手段与教学内容整合起来。随着课程改革的深入，现代教学技术对于教学过程的渗透以及教学活动对于现代教学技术的需求会更加强烈。因此，教师掌握现代化教学手段应用于教学的技能是现代化课堂教学的必然要求。

（二）新课程改革下教师教学技能发展取向

教师教学技能发展取向是关于教学技能的基本价值选择和价值判断问题，是对教师教学技能的总的看法和认识。明确教学技能取向对于新课程改革下教师教学技能发展，对于教师教学技能的培养和训练都具有重要的指导作用。教师教学技能发展取向从根本上受课程观、教学观的制约和影响，课程观、教学观的转变与发展必然带来相应的实践层面上的教师教学技能观及价值取向上的变化。

一直以来，受传统课程及教学观的影响，无论是备课、上课及课外辅导等教学技能，强调的是教师的教和知识的系统传授。在教学技能的理论研究上主要是探讨教师如何更好地向学生传授知识，判断教师教学技能强与弱的标准也主要是教师能否更好地向学生传授知识。因此，逐步形成了完善的以传授知识为核心的教学技能的培养训练体系。新课程是随着社会发展、时代的变化做出的相应的调整，课程设计采取综合取向，即兼顾学科内容、学生与社会三方面的需要。课程内容选择强调基础性和时代性及学习活动的探索性与实践性。因此，相应的教学技能发展取向也必然采取综合取向，即传授知识教学技能与引导学生自主探究教学技能相结合。传授知识教学技能与引导学生自主探究教学技能在教学实践中将共同发挥作用。教师教学技能的发展不是对传统教学技能的全面否定，而是在继承知识教学技能的基础上发展引导学生自主探究教学技能。

（三）新课程改革下教师教学技能发展

在明确教师教学技能发展取向的基础上，新课程背景下教学技能发展是指在已形成的传授知识教学技能的基础上的进一步延伸和发展。因此，新课程改革下教师教学技能发展主要表现在如下方面。

1. 学习指导技能。学习指导技能是指教师能够有效地运用一定的方法和手段指导学生学会学习的技能。新的学习方式，使教和学的关系发生了变化，教师对学生的学习指导也有了很大的不同。新课程强调学习的探究性，要求教师能够对学生进行发现研究课题的指导、问题解决的指导、个别指导、小组指导、体验学习指导、探究学习指导、信息收集指导等。

2. 合作技能。合作技能指教师掌握与他人合作、交流共同完成教学任务的技能。新课程的综合化、社会化、民主化的特征，需要教师与更多的人，在更大的空间，用更加平等的方式从事教学工作。因此，教师与他人的合作表现在教师之间的合作；教师与家长的合作；教师与教育管理的合作；教师与学生的合作等，因此，教师要摆脱固有的职业的孤独处境，学会与人合作，以更好地适应具有综合特征的新课程的需要。

3. 课程开发和整合技能。课程开发和整合技能是指教师应具备有效开发课程资源、合理设计教学的技能。课程开发和整合技能包括课程资源开发和利用技能、课程资源的整合技能。新课程的主要特征之一，是课程的开放性。如何充分挖掘和有效利用校内外课程资源，建立校内外课程资源的协调机制，是教师在课程改革中面临的一个新的课题。

4. 现代教学技术的运用技能

现代教学技术的发展不断冲击着传统的课堂教学模式，黑板、粉笔已不再是唯一的教学手段，各种现代化教学设备，如投影仪、录像、电脑等现代媒体纷纷进入课堂，为传统教学增添了活力。现代化的教学媒体以它声情并茂、图文兼顾、视听兼备对教师的教学起到了极大的促进作用。因此，教师在选择和运用传统教学媒体教学技能的同时有效地运用现代教学媒体辅助教学，具备运用现代教学技术辅助教学的能力，是未来教师必备的教学技能。

总之，随着基础教育课程改革的深化，教师教学技能也将随着课程改革发展的需要而不断完善，而开展有关教师教学技能的发展研究将永远是教师专业化发展的实践诉求。

（四）新课程下职前教师教学技能的培养思路

1. 加强教育类课程的开发及教育实习

第一，结合当前教育改革的发展需要，设置教育类选修课程。例如《中小学各学科课程标准及教材研究》《中小学课程改革理论研究》《信息技术与课程整合研究》《综合实践活动研究》《校本课程研究》等；技能训练类课程，例如《基本教学技能训练》《课堂教学模拟训练》等。

第二，加强教育实习。新近的研究显示：教师的专业化程度是凭借"实践性知识"加以保障的，实践性知识具有情境性、案例性、综合性、隐蔽性、个体性等特点，这是由教师工作的不确凿性和情境性特点决定的。在教师专业发展中要更加重视教师的主体地位及教学实践和学校背景相结合，这样能够使师范生较早地确立教师角色意识，产生教师归属感，进行教师职业的定向，进而在学习和工作始终怀有"教师"这一实践工作者信念，有利于教师教学能力的造就和教师人格的完善。

2. 采取多元、开放的培养理念，优化培养途径

第一，教学技能的形成是一个逐步积累、逐渐完善的发展过程。因此，教师教学技能的培养应该多元、开放。遵循的原则是，将统一要求和自主选择相结合，理论与实践相结合，基本技能培养与专业方向技能培养相结合，教师指导与学生自练相结合、单项技能训练与综合技能训练相结合；课堂教学与课外开展教学技能主题活动相结合、校内训练和校外实际教学结合等；建立多元的

评价方式，将诊断性评价、过程性评价与终结性评价相结合，教师评价和学生自我评价相结合；实践与反思相结合，强化训练与环境陶冶相结合等，通过多种方法与多条途径，构建全方位、全员、全程的培养体系。

第二，制订系统有效的教学技能培训计划，建立培训组织机构。为保证培养计划的顺利实施，首先，将培训计划纳入课程计划中统一安排实施。在计划中规定培训的时间、学时、培训内容及达标要求，使教学技能培训落到实处；其次，加强对教学技能培训的领导和管理。成立专人负责、任课教师、学生参与的领导小组；第三，制定《师范生教学技能培训规程》，保证技能培训工作有序地进行。

3. 明确教学技能培养目标，完善教学技能培养内容

第一，实施长远目标与具体目标协调统一。长远目标是在培养全人发展的基础上，培养具有一定教学能力的适应中小学教学需要的合格的中小学教师。具体目标分三个层次：首先，培养学生具备作为现代人必备的基本技能；其次，培养具有基本教学技能的中小学教师；再次，培养具有综合教学能力的中小学教师。目标的定位充分体现层次性和选择性，具体明确、操作性强，便于有效的贯彻实施。为调动学生的积极性，保证目标的落实，建议采用和教学目标相对应的教学"技能等级证书"制度。

第二，完善教学技能培养的内容体系。依据教学技能培养目标，按照由浅入深、由简到繁、由低级到高级，循序渐进的发展顺序构建教学技能内容体系。教学技能培养包括一般技能、教学专业技能、综合教学能力三个层次。基本技能指一个人必备的基本生存技能，是适应现代社会生活基本的素质要求。一般技能包括：言语技能（包括口语表达、体语表达）书写技能、运算技能和艺体技能等。教学专业技能主要是指作为适应小学教学要求必备的基本技能。包括教学设计技能（掌握运用小学课程标准、教材技能、了解学生技能、编写教案技能、选择课程资源技能）、上课技能（导入技能、设计教学过程技能、选择教学方法技能、板书设计技能、结课技能、多媒体使用技能）、作业布置批改技能、课外辅导技能、教学评价技能、综合教学技能主要是指在学生掌握基本教学技能的基础上形成综合实施教学活动的能力。这种能力的形成强调训练的情景性和实践性。具体包括：说课技能、选择运用教学模式技能、组织教

学技能（沟通、交往技能、调控教学技能）、教学应变技能、教学反思技能、评课技能等。

4．通过开展教师教育活动，提高学生的专业技能

第一，加强职业理想教育。具体措施是：①利用新生入学的最佳时机开展专业思想教育。通过请优秀中小学教师讲座、观摩基本功表演、参观展览、毕业生汇报等形式对学生渗透专业理想教育，逐步明确教师的素质要求。②学习有关教学技能的相关文件，使学生明确各阶段教学技能的培训目标要求及措施，在知晓的前提下，导之以行。

第二，开展丰富多彩的社团活动，构建有利于教师教学技能形成的校园环境。开展丰富多彩的校园活动，形成和谐、活跃的校园气氛，是教师形成教学技能的重要渠道，对于充分调动学生的积极性、主动性、创造性具有不可替代的作用。如开展各种教学技能大赛、教学科研立项等活动，调动激发学生参与教学能力训练的积极性。实践证明，这些做法促进了学生教学技能的形成和发展。

5．加强教师培训及课堂教学改革，提高教师的专业素养

第一，建议实施专业教师新课程的专项培训，使教师能够及时更新知识结构。同时，通过多种方式开展有关基础教育的研究、交流活动，使教师能够及时了解当前基础教育改革新动向，把握基础教育发展走向，提高课堂教学的针对性和实效性。

第二，鼓励教师开展课堂教学改革研讨，加大课堂改革力度。开展质疑、自主探究、合作、交流学习，注重培养学生形成思维能力、研究能力、创新能力和实践能力。逐步形成教师教育特有的教学文化。

六、成果的社会影响

本项目的研究成果的社会影响具体表现在：①通过调查研究，获得了目前小学教师教学技能发展现状，为小学教师教学技能研究提供第一手材料；②有助于实现小学教育本科专业培养的目标，切实提高小学教师专业化水平，满足小学教育发展的需求，为小学提供合格的人才；③有助于统一小学教育专业教师的认识，为小学教育专业教师的教学行为提供理论和指导；④应对课程改革的发展，对小学教师教学技能的概念及外延进行梳理、研究，从而进一步丰富

教学技能理论；⑤进一步明确了教学技能培养思路，提出了解决当前教师教学技能培养的有效对策，为高师教育改革和发展、完善小学教育专业教学技能培养体系，提供一定的参考和依据。因此，该课题对实践具有较高的指导意义。

研究成果有研究报告、调查报告、论文等，研究成果共计 30 000 字左右。其中三篇论文分别在核心期刊及省级刊物上公开发表及部分论文被引用，直接产生一定的社会影响。

在实践上，令人欣慰的是有关小学教师教学技能培养的建议已被我院采纳及为小学教育专业发展改革提供参考，即在小学教师的培养上力图探讨高师教育背景与小学教育专业特色相结合的培养模式，并做了相关的系列改革。例如，为增强新课程后对小学课改的了解，而采用的专业学科教师轮流深入小学进行为期一学期的定岗实践的改革；增加见习时间（由四周延长为八周）、延长实习时间（由四周延长为八周）及加强基本功及校园环境建设等，因此该课题对实践具有较高的指导意义。

七、研究中存在的问题及今后的研究设想

由于研究周期相对较短，也只是实现了由理论到指导实践的一个方面的研究。众所周知，教育改革涉及的相关因素极为复杂。实施方案在实践中也遇到各种阻力。例如，由于实习时间和目前的社会各种招聘发生冲突，学生注意力放在了找工作而直接影响了实习工作的投入及效果。因此，教师培养方案能否真正发挥效用，还需要进一步研究在实践中的实施情况。通过研究提高培养方案与实际状况的适应性是十分必要的。因此，研究是无止境的，下一步的研究重点应该是深入实践，听取实践中对培养方案的建议，调整改革方案进而形成新的改革思路及设想。

下篇：教师教育

第十三章　世界发达国家教师教育

随着世界范围内经济竞争和科技竞争的加剧，各国把教育摆到了社会发展的战略位置，针对本国的具体情况，进行教育改革，调整教育结构，推动教师教育发展，培养优秀师资。本章介绍了美国、英国和日本等发达国家的教师教育现状，希望从中得出启示，为我国教师专业化发展和教师教育改革提供一些思路和建议。

一、美国教师教育

（一）师资培养制度

1. 师资培养机构

美国的教师教育主要由综合性大学完成，各高等院校有自主办学的权利。但不是任何教育机构都有条件和资格培养师资。凡是开设教师教育课程的高等教育机构必须接受州一级的认证，还可向全美教师教育认证委员会（National Council for Accreditation of Teacher Education，简称 NCATE）自愿提出申请，接受它的认证。在美国，同时存在着国家和地方两套教师认证标准，但无论哪个认证层次，均对教师教育机构的认证有着较严格的规定。

美国有70%以上的4年制学院开设了经州政府认可的师资培训课程，包括公立学院、私立学院，以及由教会创办的大学；既有学生数不足千人的小型学院，也有学生数愈万的综合性大学；既有只能授予学士学位的院校，也有可授予硕士和博士学位的研究型大学。其中在师资培养方面最雄厚、贡献最显著的，当属规模巨大并拥有博士学位授予权的州立大学，他们所培养的教育专业学生占未来教师总数的71%。①

2. 教师的培养

（1）生源的选拔

对未来教师生源的选拔，一般包括"学生选学校"和"学校选学生"两个方面。一方面，学生可根据个人兴趣和志向，选择适当的学校和专业领域，并提出接受教师培养计划的申请。从这个意义上说，是未来教师自己选定了自己所要攻读的师范教育计划。另一方面，学校根据学生所提供的文件和资料，全面考察学生的知识、能力和品德，决定是否录取。总体上，美国综合大学的教育学院选拔未来教师的标准主要有两方面：①学术表现。这是进入师资培养计划最重要的标准。主要包括学生在前一阶段学习中累积的平均积分点（Grade Point Average，GPA）、学术性向测验（SAT）、标准化考试成绩、教师推荐信等。有些院校还举行面谈，考察申请人的语言表达能力和知识水平等。②课外活动。要求申请人必须参加一年以上的课外学术、体育运动、艺术等方面的活动。教育学院普遍重视学生在社团活动中参与的深度和广度，学生社区服务的经验亦为多数学校所重视，重点审查申请者是否具备教师应有的特征、品行或潜力，以确保生源的质量。②

（2）课程的设置

在美国，综合大学对中小学教师的培养仍以本科层次和研究生层次为主。职前阶段的培养总体上有两种模式：一种是2+2模式，第一、二年级主要学习普通教育知识，大学二年级结束后确定主修或副修的教育专业课程；第二种

---

① 瞿葆奎. 美国教育改革［M］. 北京：人民教育出版社，1990.
② 李贞. 美国教师教育研究［D］. 大连：辽宁师范大学，2007.

为 4＋1 模式，是为已经完成 4 年的本科教育并获得学士学位，准备从事教育工作，但还未修教育专业课程的学生开设，学生在修完本科课程并取得学士学位后，再用一年时间集中学习教育专业课程。

由于师资培养计划的专业门类众多，这里只介绍培养中小学教师的初等教育专业和中等教育专业的课程设置情况。

美国教师的职前教育阶段，对初等教育教师设置课程注重使初等教育教师懂得丰富的文理知识、教育理论的基本知识、掌握各种教学方法，以适应多元化的教育环境。以贝尔蒙特大学教育学院为例，要使未来初等教育教师"懂得有效教学的教学技能和方法；为将来要从事初等教育教学的学生提供关于如何让学习者更好地学习的教育相关知识；提高未来初等教育教师的基督教价值观和伦理道德观，以使他们能更好地为来自于不同种族、不同文化背景的学生服务"①。

对中学教师的培养，致力于培养教师的善于思考、有合作意识、创新的能力，并懂得中等教育的发展规律，掌握适当的教学方法，成为学者型教师。以埃伦大学为例，培养本科层次的中等教育教师，要使他们"理解教师作为教学决策者的角色；懂得关于人的成长与发展的知识；会利用各种教学方法来实施教学、制订教学计划、组织教学素材；具备关于学校课程的相关知识；学会如何评估学生的学习成果等"②。

美国的教师教育课程一般由三部分组成：普通教育课程、学科专业课程和教育专业课程。

普通教育课程。这一类别课程主要有英语、哲学、文学等，涉及自然科学、社会科学、人文科学和艺术、语言等各学科领域。这种课程一般安排在大学本科的一、二年级开设，课程名称和内容各州的各大学不完全一致，也不要求学生全部攻读，但任何专业的大学生都要必修大部分的通识课程。开设这部分课程的目的是拓宽学生知识面，使他们具备宽厚的文理基础知识，并注重普通文化知识的修养，避免狭隘的专业化。同时，这也是西方重视"自由教育"

①　http：//www. belmont. edu/edudept/dept. cfm？ idno＝160，2007/03/16.

②　http：//www. elon. edu/e_ web/academics/education/education/goals. xhtml，2007/02/28.

（或称"博雅教育"）价值的缘故，使每个受过高等教育的人成为真正有教养的人，即思维清晰、头脑开阔、乐于交往、有道德感、有创造性。在本科阶段的师资培养计划中，该部分课程所占的比重从 1/3 到 1/2 不等。

学科专业课程。学科专业课程是与未来教师希望取得的教师资格证书的科目类别以及准备任教的学科相对应的课程。对于未来教师来说，掌握学科专业知识是教师教育的重要组成部分。初等教育专业的学科专业课程不作区分，课程内容广泛，并与各门科目的教学方法交织在一起，要求学生必须学习阅读、数学、社会研究、科学艺术、音乐等科目领域的教学课程，有时还要求学生选读语言艺术、戏剧、儿童文学、主流教育等科目；中等教育专业的学生仅学一两门学科课程。该部分课程占学分总数的 1/4 至 1/3。①

教育专业课程。教育专业课程是教师专业化的根本标志，为未来教师提供教育教学所需要的专业知识，培养专业技能。主要由三部分组成：第一，教育科学的基本理论课程，主要涉及教育哲学、教育史、教育心理学、教育社会学、教学过程等；第二，教学法课程，包括教学方法与策略、课程的组织设计与评价，教育测量与评价等；第三，教育实习，以见习、临床实习的方式进行。其中教学实习是美国教师教育课程的重要组成部分，实习期限较长，一般占第四年级的一个学年 15 周左右。美国全国教师教育认证委员会（NCATE）2009 年 6 月在提高教师教育机构认证标准时进一步突出教育实践的地位，要求教师教育机构应为师范生提供为期 1 年、以教学实践为核心并辅以课程学习的教育实习，从而弥合理论与实践的鸿沟。②

以上三类课程的学识比重大致上各占 1/3，学分与学时有所不同。三类课程的设置占学时的比重和学分分配的大致情况如表 13 - 1 所示。从课程结构来看，美国教师教育内容丰富，通过这种课程培养，可以使未来的教师奠定宽厚的知识基础，掌握比较全面的学科知识，以此提高教师的专业化水准。

---

① 李贞. 美国教师教育研究 [D]. 大连：辽宁师范大学，2007.
② 方增泉，李进忠. 美国教师教育改革新趋势对中国的启示 [J]. 北京师范大学学报（社会科学版），2010（5）.

表 13 – 1　三类课程比重表①

课程类型	学科领域	占总学时的比重	占总学分的比重
普通教育课程	自然科学、社会科学、人文科学与艺术、语言学	1/3（强）	1/2
教育科学课程	教育基本理论、各科教学法、教学实践	1/3（弱）	1/6
学科科学课程	中小学教学科目（如数学、科学、英语、外语等）	1/3	1/3

（二）教师任用制度

1. 教师资格证书制度

（1）教师资格考试

美国教师资格证书制度建立于 1825 年。② 在美国，要想从事教师职业，必须通过教师资格认证并获得教师资格证书。美国各州采取不同的方式进行教师资格认证，但使用最多的是教师资格考试。

教师资格考试分为国家教师考试（NTE）、实际应用系列考试（Praxis）和州级考试。前两个测试由教育测试服务机构（ETS）开发和管理。其中 Praxis 系列测试是近年来兴起的一种选拔性考试，Praxis 测试比国家教师测试更为复杂和严密，它由学术技能、学科知识和课堂表现三方面的评价构成。考试每年进行三次，要求申请进入教师教育专业学习的大学本科生和申请教师资格证书的大学毕业生都要参加。

但在 20 世纪 80 年代中后期，人们发现这种教师资格考试从出题到考试需要花费大量的人力、物力、财力，而效率又低下，各州开始重新审视他们的教师资格认证考试。在原有教师资格考试的形式上，各州改造了旧的标准化考试，设计了各种新型的考试，这些考试包括笔试、课堂实地考察、录像考察

---

① 李其龙，陈永明. 教师教育课程的国际比较 [M]. 北京：教育科学出版社，2002.
② 陈振华. 美国教师资格证书制度透视 [J]. 高等师范教育研究，1996 (2).

等。如纽约州，对教师的课堂组织能力、语言表达能力以及传授能力等就是通过审查课堂录像的方式来进行评价的。笔试则结合了标准化测验和非标准化测验的一些共同要素。而考试的内容也不只限于教师的知识，而是重视教师的全面能力，有时甚至包括一些需要阐述独到见解的问题，如对现行的课程和教育政策的认识以及某一个州当前的前沿性教育问题等。①

（2）教师资格证书的颁发

美国的教师资格证书的种类繁多。按教育机构的级别划分，有幼儿教师资格证书、小学教师资格证书、中学教师资格证书、职业技术教育教师资格证书、特殊教育教师资格证书；按任教学科划分，如英语教师资格证书；按证书的有效期限划分，有有效期为 4 年左右的短期教师资格证书（颁发给刚从大学毕业的新教师）和有效期为 8 年左右的长期教师资格证（颁发给有 3 ~ 5 年教龄且拥有教育硕士学位的在职教师）。此外，在美国还有为没有达到州级教师资格证书标准的教职申请者颁发的非常规教师资格证书，这些证书包括临时证书（temporary certification）、见习证书（probationary certification）、紧急证（e-mergency certification）以及选择性教师资格证书（alternative certification）。

美国教师资格证书的颁发权在各州，由各州制定标准，因此一个州所颁发的教师资格证书在另一州不一定获得承认，给教师在美国各州之间的流动带来了不便。1994 年，美国开始建立全国性的教师资格认定制度②。为了保证证书标准的专业性和发证的公正性，许多州都将有关权限和职责由州教育部门移交给某个公认的权威教师专业组织，如美国专业教学标准委员会、美国州际新教师评估和支持联合会、全美教师教育认定委员会。

2. 教师的聘任

美国教师从高等院校获得教育专业学位，并从州教育行政部门获得教师资格证书后，并不一定都能做教师，还要经过公开的招聘。

首先，根据当前及长远对教师的需求，由学区人事关系部主任在报纸和杂志上公开刊登招聘广告。广告必须公开有关空缺职位的具体信息，如校名、年

① 刘翠航. 美国教师资格认证的现状及发展趋势 [J]. 比较教育研究，2002 年（5）.
② 杨慧. 美国教师资格证书制度的改革 [J]. 外国中小学教育，2004（9）.

级、学科、职位的资格要求等。应聘者提交申请表及相关的书面材料。其次，申请当事人要通过学校、学区教育委员会组成的面试委员会的考核，包括提问、交谈、笔试等方式。最后，通过面试的候选人与学区教育委员会签订聘任合同。美国学校聘任教师一般采用三种合同方法：长期性合同、短期性合同和一年期合同，以适用于各种聘任形式。长期性合同通常适用于终身制教师，短期聘约和一年期合同通常适用于非终身制教师，采用何种聘约形式取决于双方的意愿，聘约期满可以续聘。

（三）教师进修制度

美国十分重视在职教师培训。1965 年颁布的《高等教育法》规定："各地应采取措施，加强教师的在职进修。"加利福尼亚州的《教育法》也规定：对于州立和私立高等教育机构，教育研究中心、地区教育实验机关给予奖励。对于改进在职教师的业务培训计划给予协助，并采取专门教育机构同地方学区订立合同的方式，配备指导进修人员，开设进修课程，提供进修设备和经费等。1983 年，美国教育质量委员会发表的《国家在危险中，教育改革势在必行》报告及 1986 年的《国家为 20 世纪教育准备教师》的长篇报告中，均强调教师在职培训问题，教师培训成为各地提高教育质量的关键措施之一。

在美国，教师的在职培训方式灵活多样。主要由综合大学、中小学校、教师专业团体及各学区的专门机构负责实施，归纳起来主要有四种方式。

第一，高等院校提供的教师进修计划。

在美国，高等院校不仅是培养未来教师的基地，也是在职教师进修的重要机构。由高等院校提供的教师进修计划有以下几类。一是提供攻读教育硕士、博士课程。美国一些大学及其教育学院在教学计划、课程设置、时间安排上为教师的在职攻读硕士或博士学位提供方便，通过规范的研究生教育来培训教师。教师或者经学区批准得到休假机会，攻读全日制的学位计划，或者通过部分时间制的学习以及参加暑期课程的学习来完成学业。二是累计学分的进修计划。许多学区将中小学教师参加进修所获得的学分作为晋级和提高工资的标准，高等院校为在职教师开设了许多夜间课程和暑期课程，修完一门即可获得一定数量的学分。这部分课程重点放在教师的执教科目领域，使教师的学科知识得到不断的更新。三是提供远距离教育计划。高等院校利用广播、电视、函授、互联网等现代手段，推广新的课程、教材及教学方法，并且已经在进修者与授课者、进修者之间建立了交流与联系。

第二，中小学内部的教师培训。

这种培训方式是教师在自己所在的学校内接受各种不脱产的在职培训。让经验丰富的老教师指导新教师掌握课堂管理技能和教学技巧，使他们尽早适应教师的工作；帮助重返教坛的教师了解现代的教学内容和教学技术；如果教师换了年级和任教科目，让同伴教师帮助他熟悉新的年级、新的科目；有的学校内部还设有"教师中心"，它由各科教育专家、教育理论工作者、科技人员以及富有经验、知识渊博的老教师组成，"教师中心"既可帮助解决本校所缺学科的教师的工作，又可举办研习会和专题讲座，开展各种咨询服务，满足各类教师的需要。

第三，由学区组织的教师培训。

学区主要通过开设讲习班和组织专题研讨会等形式，围绕学区的发展目标和教学需要设计主题，为在职教师提供有关课程和教学方法改革等内容的讲座和研讨活动。可以聘请大学教授或教学专家开办讲座，或者组织各学校教授不同科目的教师商讨跨学科的课题的设计与实施等。在这些活动中，具有丰富教学经验的高级教师担负着组织和指导的责任。[①]

第四，教师专业团体组织的教师培训。

教师专业团体是继续教育的主要力量，如美国教育协会、教学视导与课程编制协会、全美教师协会以及各地分会，每年都为其会员举办研讨会、讲习班及教学资源展示会等，还举办示范、观摩教学、大学课程辅导和短期课程。此外，美国设计了"全美教师视听系统"，把全国的师资管理、培养和培训机构，以及每个中小学都纳入到一个计算机网络中。

---

① 李贞. 美国教师教育研究［D］. 大连：辽宁师范大学，2007.

二、英国教师教育

（一）师资培养制度

1. 师资培养机构

目前，英国培养中小学教师的机构主要有大学教育学院（系）、高等教育学院和艺术师资培训中心（艺术学院）。[①] 在英格兰和威尔士，开设师资培训课程须经教师培训署（Teacher Training Agency）这一政府职能部门认可。

（1）大学教育系或教育学院

英国许多综合大学都设有教育系或教育学院。这些学院（系）开设各类师资培训课程，招收对象主要是一些已经取得学科专业学位，欲到中小学任教的大学本科毕业生。大学以培养学术性科目的中学教师为主。1990 年之前，全英有 32 所大学提供教师职前培训课程，随着 20 世纪 90 年代高教体制改革，30 所高水准的多科技术学院升格成大学，这使英国大学成了英国师资培训主力军。

（2）高等教育学院

高等教育学院是一种有别于正规大学的高教机构。它是一个集合概念，包括高等教育学院（College of Higher Education 或 Institute of Higher Education）、教育学院（College of Education）、技术学院（College of Technology）、工艺学院（College of Arts and Technology）和艺术学院。在这些非大学的机构中，均设有教育系，承担培养师资的任务。20 世纪 90 年代以前 2/3 的英国学校新师资是在非大学的高教机构中培养的。随着多科技术学院的升格，这个比例有所下降。但英国内小学专业课教师仍然主要由高等教育机构培养。这些机构的课程审批权和学位授予权，一部分在全国学位授予委员会，另一部分在大学。

（3）艺术教育中心

艺术教育中心只招收持有美术或手工艺专业证书的人员，为中小学艺术教育培养教师。艺术教育中心除 4 所由大学负责外，其余的由艺术学院负责。

---

① 陈永明. 国际师范教育改革比较研究 [M]. 北京：人民教育出版社，1999.

2. 教师的培养

（1）师范教育的训练模式与课程

英国教师教育目前可分为职前教师培养、在职教师培训和高级学位的研修。师范教育课程可分为职前师范教育课程、在职师范培训课程和高级学位课程。[①] 英国目前实施的师范教育训练模式主要有三种：一种是学科学习与教育专业训练同时进行的训练模式，简称4＋0模式，"教育学士学位"（Bachelor of Education，简称 BEd）课程是其代表课程。这类课程面向中学毕业生开设，以4年制为主，完成4年全日制课程者可同时获得教育学士学位和教师资格证书。这是培养学前和小学教师的主要途径。另一种是学科学习与教育专业训练先后进行的模式，即先获得学科专业的学士学位，再接受为期一年的教育专业训练，简称3＋1模式，"研究生教育证书"（Postgraduate Certificate of Education，简称 PGCE）课程是其代表课程。该课程学制1年，学生经过至少3年的专业学习，先获得非教育专业的学士学位，再接受为期一年的教育专业训练，获得"研究生教育证书"。PGCE 课程是培养中学师资的主要途径。第三种是联合学院课程（Integrated Degree Course）。这一课程也是面向中学毕业生开设，学制4年，主要为中学培养师资。研究生教育学位课程有很强的学术基础，但仅用一年时间进行教育专业课程学习及教学实践，导致教师教育内容缺乏。教育学士学位课程既有较强的学术基础，也有很强的师范性，但不足之处是学生在学习之初就将教师作为终身职业。综合学位（Integrated Degree）课程保留了教育学士学位课程和研究生教育学位课程的优点，也克服了其缺点。这一课程内容与教育课程内容差不多，又具有自己的组织特点。

英国的在职教师培训课程主要包括教育学是荣誉学位课程、教育文凭课程和短期课程。高级学位课程（Higher Degree Course）是为在职教师和学校行政人员开设的，目的是为他们提供进一步研修的机会，以提高其科研水平。[②]

（2）学生入学要求

对申请学习"教育学士学位"（BEd）课程者的入学要求，与对其他大学

---

① 黄崴. 教师教育体制国际比较研究 [M]. 广州：广东高等教育出版社，2002.
② 黄崴. 教师教育体制国际比较研究 [M]. 广州：广东高等教育出版社，2002.

本科生的要求基本相同，只要取得一定规格及数量的、标志中等教育水平的证书，就可在有关的学校注册就读。

"研究生教育证书"（PGCE）课程的招生对象是已接受过非教育专业 3 年以上本科教育，且已毕业并获得学士学位者，同时要求申请人选择的 PGCE 课程的主修科目应与其已获学位所学课程内容一致或具有很大的相关性。例如，若申请人选择培养中学英语教师的 PGCE 课程，他已学过的学士学位课程应有 50% 以上与英语语言有关，比如"英国文学""语言学""语言研究""语言媒体"，等等。

根据中央教育局的规定，任何 BEd 课程和 PGCE 课程的申请人，其在普通中等教育证书（GCSE）考试中英语和数学的成绩必须是合格及以上，达不到要求者，必须参加在夏季举行的 GCSE 考试，补考这两门课程。也可参加各大学教育学院专门组织的这两门课程的考试。20 世纪 90 年代中期以后，为了在小学加强科学技术教育，政府又规定：凡欲到小学当教师者，其中等教育普通证书考试中科学类科目必须有一门成绩在合格以上或达到同等标准。凡此种种规定皆说明政府对师范教育的重视，目的在于保证师范教育的生源质量，从而确保中小学教育的教学质量。

学生具备了入学的要求，还要履行一系列的程序。首先是申请人向师资培训机构提出书面申请。师资培训机构再对所有申请人进行资格审查，做出筛选后，确定符合条件的候选人，而后安排其参加面试。

面试的形式和内容往往因校而异。在一些大学，面试在主管导师的主持下个别或集体进行，事先就这门课拟定一个题目，在面试时进行讨论。在另一些大学，会邀请一些有经验的中小学骨干教师参与面试过程。面试通常在一种非常友好的气氛中进行，除了进一步了解考生的情况外，通常还要求考生解释选择师范专业的动机，并就相关的教育问题发表看法。在 PGCE 考生的面试中，有一些学校先安排考生到当地一所学校参观、听课，与学生交谈，之后再进行面试，让考生谈参观的感受与体会。

总之，面试对学校和考生双方都是非常必要的。通过面试，学校对考生有了进一步了解，包括其语言表达能力、工作热情、对所选主修学科的熟悉程度等。面试也使考生对教师职业的特性有了更具体更深入的思考，对自己选择的正确性作出判断。有些学校还为考生安排 2～3 天的体味课程（taster course），让考生真切体验生动的教学场景、课堂气氛以及师生之间的互动效应，从而树立他们的从教理念，巩固其专业思想。①

（3）教师教育课程制度

英国的教师教育课程制度可以分为三种类型和两个层次。三种类型是学科教育课程、教育专业课程和教学实践；两大层次是本科教育学士学位教育（Bed）和研究生教育证书课程（PGCE）。

①课程基本标准。

当前英国的教师教育课程是根据英国教育与就业部 1998 年颁布的《教师资格证书授予标准》的要求设计的。该标准从"知识与理解""计划、教学与课堂管理""监控、评估、记录、报告""其他职业要求"四个方面对师范生提出了具体要求。具体来说，"知识与理解"要求师范生理解并掌握国家的中小学课程标准、主辅修学科知识、教学方法等。"计划、教学与课堂管理"要求学生掌握教学计划的制定、教学开展和课堂管理的知识、技巧。"监控、评估、记录、报告"要求学生掌握监控、评估、记录和报告学生的知识和技术。"其他职业要求"要求学生掌握与教师职业相关的知识的技能。

②课程的基本结构。

英国的大学有较大的自主权，教师教育院校大多都属于地方管理，所以，英国各校教师教育课程设置的差异较大。概括来讲，英国的教师教育课程主要由三部分组成。

一是学科研究课程。此类课程主要强调对学科知识的理解、掌握及其教学，研究的领域主要围绕中小学国家课程的核心学科和基础学科，重点是核心学科，教师教育专业学生选择其一作为学习重点。学科研究强调对学科基本知识以及该学科教学方法的掌握、课堂教学能力的形成等。二是教育专业研究课程。此课程强调把教师教育作为一个专业来学习，主要是对教育理论的学习和掌握，了解教育过程和规律，促进其专业发展。具体内容包括学生的发展、学生的学习、课堂管理、课程开发、学校管理、教师发展等。三是教学实践。教

---

① 李其龙，陈永明．教师教育课程的国际比较［M］．北京：教育科学出版社，2002．

学实践是通过教学实践课程提高学生的教学实践能力。①

（二）教师任用制度

1. 教师资格制度②

英国的教师资格制度称为"合格教师资格证书"（CertifiCate of Qualified Teacher Status）。英国的教育行政部门规定所有由地方政府兴办或补助的学校的教师必须是合格的教师，并对"合格教师"（Qualified Teacher）一词的含义做了明确的界定。所谓的合格教师，一是经教育科学部本身以及代表教育科学部的其他单位以书面形式证明的合格教师。二是研修下列课程之一：教育学士学位（Bachelor of Education）课程、教师证书课程、研究生教育证书（Postgraduate Certificate of Education）课程或者同一水准的课程。此项资格必须由英国大学或国家学历颁发委员会（CNAA）授予，而且师资培训课程必须是教育科学部认可的课程。三是所有中小学新任教师都必须是既定条件的合格者。为确保师范教育课程的专业水准，英国对各种师资培训机构开设的教育科学专业课程和教师证书课程实行专业有效性认可，由 20 世纪 80 年代中期成立的师范教育认可委员会（the Council for the Accreditation of Teacher Education）执行。师范教育执行委员会依据教育部颁发的师范教育课程标准对各高校的师范教育课程进行鉴定，并根据鉴定结果向教育部建议是否为该校的师范专业毕业生颁发教师资格证书。这种对师资培训机构的专业性认可制度直接与教师资格证书的颁发挂钩，有力地保证了师范教育课程的质量和教师资格证书的专业水准。

2. 教师的聘任

英国公立学校教师采用聘任制。在具体的招聘过程中，由学校董事会和校长参与或直接操作，但地方教育当局作为地方公立学校的管理机关，对教师的聘用拥有最后的决定权。自《1988 年教育改革法》实施后，学校和家长对教师的招聘影响力逐渐加强。一般来说，公立学校教师招聘需要经过以下程序。

（1）刊登招聘广告

---

① 黄崴. 教师教育体制国际比较研究 [M]. 广州：广东高等教育出版社，2002.
② 刘朋. 美英日三国教师资格证书制度及其启示 [J]. 上海教育科研，2002 (5).

英国学校在每年学期末时都将所缺职位及要求向上报告地方教育当局，再由地方教育当局与学校协商后在全国教育报刊及地方报刊上登招聘广告。广告的内容包括空缺职位、应聘程序及要求、工资待遇等。

应聘者提交申请表以及相关的个人材料、推荐书等。在招聘过程中，由地方教育当局、校长、校董会组成遴选小组，筛选应聘者，确定参加面试的人员名单。

（2）面试

面试由遴选小组主持，根据所应聘的岗位要求对应聘者提出相关的问题，围绕与应聘岗位相关的知识、能力、经历以及个人品质。根据面试效果，进一步考虑应聘者的能力，为最后聘任寻找依据。面试结束后，遴选小组以差额的方式列出拟聘名单，根据面试满意程度给拟聘候选人排序，然后报地方教育当局审批。最后的聘任权由地方教育当局掌管。

（3）签订聘约

教师的录用工作以地方教育当局与应聘者签订聘约为结束。聘约内容包括所规定的教师职位、工作量、报酬、聘用期限、试用期限及有关的法律程序。英国教师的聘约有两种：一种是定编教师聘约，签订这类聘约的教师在未收到解聘通知前一直是地方教育当局或其他雇主的雇员，直至退休；另一种是定期聘约，持这一类聘约的教师被聘用一定时间，在聘约期满后如未被续聘，则聘约终止，该教师不再是该校雇员。

（三）教师进修制度

英国在职教师的培训进展体现在以下几个方面。

1. 出台了一系列的教师在职培训的报告或法律

1972 年的《詹姆斯报告》提出三段师资培训计划，报告的重点是第三阶段的在职培训，建议教师每 7 年有半年的脱产进修假期。同年政府发表《教育：扩展的结构》白皮书，提出在职教师进修的具体方案，规定教师工作 7 年后，可带薪进修一学期，并从 1973 年逐步实施。1988 年，政府颁布《教育改革法》，加强师资的在职培训，改善对教师的管理与使用。1987 年政府制定《教师工资待遇法》，规定教师每年都有 5 天的专业发展日，期间学生放假，教师则在本校参加在职培训。1998 年教育与就业部颁布《教师：迎接变革的挑战》绿皮书，规定从 1998 年 9 月开始，新教师被聘用和进入工作岗位时都要持有"就业简历"，被聘任的新教师要接受骨干教师和高级行政管理人员的系统评估，不达国家标准者离岗重新回到教师教育机构接受训练。2000 年初，政府发布《专业发展：支持教与学》作为对 1998 年绿皮书的延续。在 2000 年 5 月到 2003 年期间实施教师国际专业化发展计划，将大约 7 500 名教师送到其他国家进行短期研究访问，主要目的是从其他国家的优质教学实践中学习。2001 年 9 月开始实施在职教师早期专业化发展计划，目的在于为教师职业生涯长期的专业化发展奠定牢固的基础。①

2．对在职教师的培训情况进行调查

20 世纪 60 年代末到 70 年代，英国对教师在职进修情况进行过数次全国性调查，调查研究分析了教师在职进修的情况，并针对问题提出了建议，有力地促进了教师在职培训工作。此外，英国还发表了一系列重要报告和计划，其中有 1972 年詹姆斯的《教师教育与培训》、师资培训咨询委员会 1978 年的《开展教师在职教育和培训》和 1984 年的《学校教师的在职教育、培训和专业发展》。这些报告重申了在职教育与培训对提高教师质量的重大作用，使在职教师培训工作更有计划性、针对性，且更经济、有效。

3．争取非教育部门的积极参与和支持

英国政府采取一系列优惠政策，争取许多非教育部门参与在职教师教育，譬如英国人力服务公司属下的技术和职业教育计划办公室于 1985 年公布了"与技术和职业教育相关联的在职培训方案"，目的是资助教师在职教育与培训。资助的范围极其广泛。这种争取非教育部门参与教师培训的方式大大调动了各方面的积极性，对保证和促进在职教师教育工作起了很大作用。

4．拓展在职教师培训的内容和方式

英国在职教师的培训方式灵活多样，主要有：课程学习、课程编制、学科会议、专业讲座、研讨会等。大学教育学院或教育系一般都会举办在职教师进修和中小学各学科业余进修班。如英国伦敦大学教育学院面向在职教师开设教

---

① 徐秀华. 英国的在职教师培训及其借鉴 [J]. 中小学教师培训，2004（8）.

育学士荣誉学位课程、高级文凭课程、教学硕士学位课程等。① 英国的在职进修正由原来的低层次学历达标向高层次，获取更高学位的方向转变。

三、日本教师教育

（一）师资培养制度

1．师资培养机构

日本的中小学教师主要是由大学来培养，包括国立、公立、私立的师资培养大学、综合大学的教育学部、一般大学、短期大学以及新设想的教育大学研究生院。师资培养机构必须达到文部大臣的"教育职员养成审议会"规定的标准，经过文部省及其他行政部门的认可。

日本新改订的《教育职员许可法》旨在促进中小学师资现有水平，逐步将其提高到硕士课程水平。随着大学毕业后读硕士课程的人增多，还没有开设硕士课程的师资培养大学正在积极地准备或创设必要的条件。

2．教师的培养

（1）招生制度

在日本，攻读师资培养课程者的入学条件是：①高中毕业或具有同等学力者。②年龄要满 18 岁。③有日本国籍，身心健康。④采用学科考试，考试科目一般是数学、国语、英语、理科、社会。主要以笔试成绩作为选取的标准，还要参考高中阶段的成绩、高中教师的推荐信和课外活动的业绩。⑤为选拔有教职志向者入学，实行推荐制的大学以及名额越来越多。⑥新设想教育大学每年入学者中有 2/3 是来自中小学具有三年以上教职经验的在职教师。⑦1990 年开始实施的新的国立公立大学入学考试既要看报考者的考试成绩、小论文和技能测验，又重视实际的能力和适应性等。

（2）课程的设置

按照《教育职员许可法》的规定，师资培养教育课程一般分为一般教养科

---

① 陈永明. 国际师范教育改革比较研究 [M]. 北京：人民教育出版社，1999.

目、学科教育专业科目、教职专门科目。一般教养科目分人文、自然、社会三大领域，至少各修 8 学分；外语科目要修 12 学分以上；保健体育要修 4 学分。学科教育专业科目和教职专门科目与将来的教职密切相关，规定希望获得专修许可证和一种许可证者必修 59 学分以上，希望获得二种许可证者必修 35 学分以上。

日本为培养新世纪具有使命感、特长领域、富有个性、能解决实际问题、有实力的中小学教师，在大学师资培养教育课程方面正在进行七项改革：①充实与中小学教育活动密切相关的"有关教职的科目"；②新设"综合演习"（2 学分）；③充实初中的"教育实习"（未来初中教师培养由过去的 2 周改为 4 周）；④充实"有关学生指导、教育商谈以及出路指导的科目"（中小学由过去的 2 学分改为 4 学分，教育商谈包括心理咨询）；⑤必修"外语交际""情报机器的操作"科目（各 2 学分）；⑥采用师资培养课程的选择履修方式等，促进大学的师资培养教育课程弹性化；⑦贯彻落实便于社会人士到中小学任教制度（特别临时讲师制度）和采用有愿望与能力的社会人士当中小学教师的制度（特别许可证制度），扩大学科的数量，简化必要的手续。上述的大学师资培养教育课程改革事项从 2000 年度入学的新生开始全面地付诸实施。①

（二）教师任用制度

1. 教师资格制度

日本自明治时期以来规定当教师要有许可证，重视不断提高从事义务教育的教师资格标准。根据日本《教育职员许可法》规定：师资培养教育要在高等教育机关进行，实行开放制，贯彻教师许可证主义，设定履修教职课程的标准；中小学教师须有教师许可证书，不履行者要罚款处分；教师许可证的标准由国家规定，都道府县教育委员会负责授予。1988 年新改定的教师资格标准设有三种教师许可书："专修许可证"相当于硕士课程毕业程度；"一种许可证"相当于四年制大学毕业程度；"二种许可证"相当于两年制短期大学毕业程度。

日本现行的教师资格制度是：①中小学师资必须由高等教育机关培养。

---

① 李其龙，陈永明. 教师教育课程的国际比较 [M]. 北京：教育科学出版社，2002.

②在教师许可"证书主义"原则下，除大学、高等专科学校教师以外的教师（不含校长和实习教师）都必须遵守这一规定。③教师资格的必要条件除了重视一般的学识教养之外，同时还注重学科的专门知识和教职的专业知识与技能，并把教职的专业性放在重要的位置。④规定下列条件之一者不能当教师：未满 18 周岁者；高中未毕业者；被处过监禁以上之刑罚者；受过吊销教师资格证书处分，自处分之日起未满两年者等。⑤以学历来区分教师等级，分为专修许可证、一种许可证和二种许可证。持有二种许可证书者必须在 15 年内经过努力取得一种许可证。⑥小学教师资格不分科别，中学教师则按学科区分，并可以获得两种以上教师许可证书，即既能当国语课教师，又可作社会科教师。⑦教师资格证书是根据大学或短期大学的证明，由各都道府县教育委员会颁布。①

2．教师的任用

日本教师的任用不是单看竞争考试的成绩，而是采用甄选考试的方式。甄选考试包括笔试和面试，由教育委员会教育长负责进行。凡持有教师许可证书者都可以报名参加应聘考试，从提出志愿到正式任用一般要经过以下的过程：由都道府县教育委员会颁布志愿表等有关招聘教师的资料，接受志愿表等必要的报考资料，发给报考生考试证明书，组织第一次选考（笔试），公布选考结果，组织第二次考试（小论文、技能考试、面试），公布选考结果，市町村教育委员会面试，学校校长面试，决定任用及所属学校。

随着近年来日本出生率的下降，教师需求量不断减少，因此，每年参加教师录用考试的人数往往是实际需要的十几倍，甚至几十倍。近年来，日本在中小学教师录用选考中更加注重对教师的多方面的评价。一方面重视面试和实际技能的考试，另一方面也注重其对各种社会经验等进行评定。同时，从未来教育发展的要求出发，如何全面衡量教师适应性的考试方法也在逐步地探索和改进。

（三）　教师进修制度

日本把中小学教师的在职进修称为"研修"。日本的教师在职进修按时间区分为长期与短期；按地点分为校内和校外；以主办单位分主要由文部省、都

---

① 陈永明. 国际师范教育改革比较研究［M］. 北京：人民教育出版社，1999.

道府县及市町村教育委员会、教育研究中心、民间教育团队、师资培养机关以及中小学校等等。

日本的教师进修得到法律的保障。1949 年颁布的《教育公务员特例法》规定，教育公务员为履行其职责应该不断地进行进修；教育委员会对教育公务员的进修予以奖励，建造必要的设施，制订有关进修的计划，保证进修的实施。《教育职员免许法》中也规定，在职教师通过进修取得必要的学分，经过学力检定可以获得高一级的教师许可证书。教师的进修不仅是为发挥或增进职务能力，也为达到职责使命，必须经常不断地进修；教师应享有离开工作单位去进修及留职长期进修的机会。如：为了满足中小学教师继续深造的要求，文部省将实施高中以下骨干教师停薪留职深造的新制度。即：中小学骨干教师如果申请继续深造，可以停薪留职去大学攻读教育专业的硕士研究生课程，也可以为提高外语水平去国外的研究生院留学；停薪留职的年限为 3 年；攻读教育专业硕士研究生课程的教师必须努力获得硕士学位，并取得中小学教师资格证书的最高一级证书"专修许可证"，停薪留职出外深造的教师学成以后原则上回本单位工作。

为使教师能适应现代社会的日新月异，日本中央教育行政机构文部省和地方教育行政部门教育委员会每年制订各种中小学教师进修计划和增设进修设施。文部省举办的在职教师进修活动有以下几种：一是校长、教头等管理职进修讲座（一年 4 次，主要内容是教育行政、学校管理、教育课程、学习指导方法和一般教养）。二是骨干教师进修讲座，以 35 岁以上有 10 年教职经验的中小学骨干教师为主，一年 4 次，主要内容是教育内容与方法、教育行政和教育评价。三是派遣教师去国外进修。四是资助都道府县举办各种进修活动。五是文部省规划的教师进修，一般是在国立教育会馆、国立教育研究所和国立大学举行，进修活动的种类据统计有 73 种。[①]

教师进修内容不断随时代的变化和社会的需要而更新，如在高度情报信息化的社会，中小学教师能否使用计算机及其因特网，已经成为教师研修的重要课题。中小学教师的在职进修是终身教育思想得到贯彻的一种典范。

---

① 陈永明. 国际师范教育改革比较研究［M］. 北京：人民教育出版社，1999.

第十四章　我国教师教育改革与发展

一、我国教师教育现状及问题

（一）我国教师教育的现状

我国师范教育始于 1897 年盛宣怀在上海创办的南洋公学师范院，历经百年沧桑演变。根据各类教育工具书，师范教育被定义为"培养师资的专业教育""培养和提高基础教育师资的专门教育"。它包括职前教师培养、初任教师考核试用和在职培训。但实践中主要指在师范院校进行的教师职前教育。比如我国目前由师范专科学校培养初中教师，师范大学培养高中教师。《中共中央关于教育改革全面推进素质教育的决定》明确提出："完善教师教育体系，深化人事制度改革，大力加强中小学教师队伍建设。"这是我国在正式文件中首次出现的"教师教育"概念。[①]

师范教育的概念逐渐被教师教育的概念所替代。所谓的"教师教育"，是对教师培养和培训的统称，是师范教育与教师继续教育相互联系、相互促进、统一组织的现代体制，是实现教师终身学习、终身发展的历史要求，即教师教育是对教师职前培养、入职辅导和职后培训的统称。[②]

我国的师范教育为教育事业做出了历史性贡献。以 1996 年召开的第五次全国师范教育工作会议为标志，教师教育进入改革发展的新时期，取得了历史性成就。

到 2010 年，全国普通中小学专任教师共有 914.2 万人，他们支撑起了世界

---

① 靳希斌. 教师教育模式研究 [M]. 北京：北京师范大学出版社，2009.
② 饶武. 美国教师教育课程演进及其对我国的启示 [D]. 南昌：江西师范大学，2006.

上最大规模的基础教育。2010年，各级各类学校共录用30.5万名各类应届毕业生充实到教师队伍中。义务教育阶段学校吸纳毕业生18.9万人，其中到农村学校任教的比例达82.5%。普通高校吸纳5.5万人，其中研究生学历占83.1%。

教师队伍的结构正向更科学、合理的方向转变。2009年，全国普通小学教师中有专科以上学历的达74.8%，比上年提高3.9个百分点；本科以上初中教师占59.4%，比上年提高6.2个百分点；研究生学历高中教师达到2.8%，比上年提高0.6个百分点。在新增教师中，具有大学专科、本科学历的教师成为主体。

教师教育结构调整取得积极成效，办学层次显著提高。1999年到2009年，我国高师本科院校由87所增加到103所，开展教育硕士专业学位教育的院校由29所增加到73所。同时，免费师范生制度也顺利展开，6所部属师大3年共招收免费师范生3.4万多人。

1999年，教育部颁发《中小学教师继续教育规定》，标志着我国中小学教师培训制度的初步确立。1999～2002年实施"中小学教育继续教育工程"，全国85%左右的中小学教师通过各种形式和途径接受了培训。2003～2007年教育部实施"中小学教师全员培训计划"，对全国1000万中小学教师进行不低于40学时的能力提高培训，教师队伍整体素质显著提高。①

随着《中华人民共和国教育法》《中华人民共和国教师法》《中华人民共和国义务教育法》《中华人民共和国中小学教师继续教育规定》等相关法律法规陆续出台，有关教师的法律法规体系框架初步形成，对教师的权利和义务、资格和任用、培养和培训、考核、待遇、奖励、法律责任等做出全面的法律规定，教师队伍建设逐步走上了法制化道路。

（二）我国教师教育存在的问题

教育是立国之本，又是国家百年大计。当今世界正处在日趋激烈的国际竞

---

① 中国教育概况——2010年全国教育事业发展情况。[EB/OL]. http：// www. moe. edu. cn/publicfiles/business/htmlfiles/moe/s5990/201111/126550. html，2011 – 11 –14.

争和新技术革命的时代，各国都把教育视为参与国际激烈竞争的一个重要战略措施。优先发展教育，建设一支高水平的教师队伍无疑不是一个重要的举措。而我国目前教师教育存在的主要问题不容忽视。

1. 我国教师队伍整体素质尚待提高

我国教师队伍整体素质与全面实施素质教育的要求不相适应。师资队伍建设与优化是素质教育良性发展的必要保障，提高教师的整体素质水平标准乃是当务之急。由于教育管理体制、财政体制和教师管理体制方面存在的问题，造成了合格教师的补充渠道不畅，教师队伍的学历水平总体上偏低，还有不少在职教师没有达到规定的合格水平和学历标准，2008 年，我国小学教师学历合格率 99.27%，初中教师学历合格率 97.79%，高中教师学历合格率 91.55%，教师的学历水平有待于进一步提高。[①] 教师专业化水平还不高，由于长期的传统的观念的影响，部分教师教育观念陈旧，教学方法落后，创新意识和实践能力不强。

受社会大环境的影响，教师职业道德和行为规范缺乏有效的监督机制，一些教师思想境界不高，不具备教师基本的职业道德，导致行业出现一些不正之风，甚至在个别教师身上出现恶性的案件，严重损害了人民教师的形象，造成了不良的社会影响。因此，在新的历史条件下，师德建设的任务十分艰巨和紧迫。

2. 职前、职后教育相分离

教师教育主要有两个阶段：①教师专业培训，指职前教育，学习教师必备的教育学、心理学、教育方法等知识，以及从事教师工作的学科知识以及教育实习；②在职培训，指职后教育。教师要传授新的知识，必须不断更新知识结构，这就要不断学习，接受终身教育。我国的中小学教师的职前培养、职后培训一直是相互分离的。教师培养由师范院校承担，在职教师培训由地方教育学院、教师进修学校和部分师范院校承担。多年以来，由于我国大多数省区中小学教师学历达标缺口较大，因而各级教育学院和教师进修学校在承担教师职后培训的同时，也承担了中小学教师的学历补偿教育的任务。近几年来，由于我

---

① 陈永明. 教师社会地位：虚像还是实像 [J]. 集美大学学报，2010 (7).

国部分地区中小学教师的学历达标工作基本完成，对教师的要求有了更高的标准，但由于从事在职培训的教育学院、教师进修学校的总体水平低于同级的师范院校，培训大多是经验交流式的，由于水平的倒挂，培训的效果也就可想而知。

3. 教师待遇方面的问题在有些地方仍然存在

2001 年 5 月，国务院颁发了《关于基础教育改革与发展的决定》，提出了解决拖欠教师工资问题的治本之策。自此，将农村教师工资的管理上收到县，并下拨了大量资金，用以解决农村中小学教师工资拖欠问题。现今，边远地区的教师收入低得可怜，在部分欠发达地区，拖欠中小学教师工资的问题仍然存在。由于工资较低，教师连基本的生活保障都得不到解决，严重影响了教师工作的积极性；不少地方教师流失严重。另外，侵犯教师权益事件时有发生，法制建设任务仍然十分艰巨。这些问题严重影响和制约了教育质量的提高和素质教育的实施。

4. 教师教育课程现状堪忧

教师教育正面临着新的机遇和挑战，迫切需要从扩充数量向提高质量转变，而人才培养的载体——教师教育课程却与时代要求相去甚远。首先，教师教育课程的满意程度偏低，教师教育课程教师和教师教育研究者对教师教育课程的满意程度只有 16.7% 和 21.1%。[①] 其次，教师教育课程总体结构过于简单，基本以必修课、学科课的形式出现，主要以老三门为主，学生缺乏自主选择性；有的学校根本就没有选修课，知识陈旧，脱离实际，授课形式仍以教师抽象地讲授为主，最后，教育实践课程过于薄弱。近年来，高师院校普遍将教育实践从 6～8 周延长到 10～14 周，但时间的延长并不必然有效提升师范生教育实践能力。教育实习常被看作是师范生将所学理论应用于实践，进而演练和提高教学技能的过程。实习结束后，院系会对实习生常规的任务进行检查，如听课笔记、周记、备课教案、班（队）会设计、教育调查等，检查只关注写或不写，却很少开展批判性的或实践性的教育反思，使得教育实习只停留在经验

---

① 《教师教育课程标准》专家组. 关于我国教师教育课程现状的研究 [J]. 全球教育展望，2008 (9).

层面，并未真正转化为实践能力。

二、我国教师教育的改革与发展

国运兴衰，系于教育；教育成败，系于教师。教师是教育理念的载体，是素质教育的组织者和实施者，是知识创新的重要方面军。教师的价值取向、精神风貌和素质能力直接影响着学生的素质，从而关系到全民族的整体素质、创新精神和能力。因此，要高度重视教师的职业发展，不断推进教师教育制度改革。

（一）树立新的教师形象

教育是以人育人的事业，教师担负着培养学生健康成长的历史重任，因此，师德比其他职业道德，有着更加强烈的典范性，高尚的职业道德和良好的教师形象是每个教师做好教育工作的先决条件，是时代的要求，也是教师不断进取，赢得成功的力量所在。

爱岗敬业是实现人生价值的途径。面对如今的市场经济时代，教师的敬业精神的失落是影响教师地位提高的因素之一。当职业远没有成为一种追求实现人生价值目标的事业时，就谈不上真正意义上的敬业。教师决不能把职业仅仅视为谋生的手段，而应该把它视为一项伟大的事业，并忠诚自己所从事的教育事业。只有具备了高度的责任感和强烈的事业心，才会在教育实践中，全身心投入，潜心钻研业务，不断改进教学方法。同时有了对事业热爱之心，就会甘于平凡，为人民的教育事业默默奉献，在平凡的三尺讲台上奉献自己的才智和毕生的精力。

热爱学生是师德的核心。教师最崇高的爱是全心地去爱每一个学生。热爱学生是教师的天职，是教师职业道德的核心。许多教育家都指出，没有对学生的爱就不会有真正的教育，爱是教育学生的前提。所以教师要真心实意关心学生，尊重、信任学生，体现以学生为本的教育理念，教师只有内心充满对学生的爱和尊重，才会事事从学生的利益出发，处处为学生着想，同时教师要严格要求学生，却不能伤害学生，维护他们的自尊心，在他们需要帮助时伸出援助之手，在他们取得点滴成绩时投去赞许的眼光。教师的爱能拉近师生间的距离，是增强师生关系的润滑剂。

锐意进取是师德的生命。苏联教育家马卡连柯说过："学生能原谅教师的严厉、刻板甚至吹毛求疵，但不能原谅教师的不学无术。"教师要给学生一杯水，自己就要成为一条常流常新的小溪。因此，教师应树立起终生学习的理念，在教育实践中，潜心学习理论，运用理论，掌握现代科学知识，发扬探索和创新精神，使教育活动成为一种充满创造性的活动。

为人师表是师德践行的方式。教育无小事，教师无小节。教师要严于律己，处处用道德规范约束自己，不能只靠"言教"，还要充分利用"身教"。只有言行一致，表里如一，才能逐渐树立教师的威信，成为学生尊重和学习的对象。为人师表不仅要体现在教室的思想和道德水平上，也要体现在教师的知识水平和教育教学能力方面，教师通过学习和研究不断地自我提升过程，对学生具有很好的教育意义和教育价值。

（二）提高教师学历教育层次

教师是提高教育质量和参与教育改革的主力军，建设一支高质量的教师队伍，是深化教育改革和全面推进素质教育的重要基础。提高中小学教师的学历层次，则是建设教师队伍的基本内容之一。

从现有的《中华人民共和国教师法》及其教师任职资格条例等有关规定来看，我国小学教师具有中师学历和初中教师具有大专学历是合法的。但是，随着社会的发展，人们受教育程度提高，仍然由中师毕业生担任小学教师，师专毕业生担任初中教师都显然已力不能及。为了适应经济社会的发展需要，我国不断提高师资应有的学历层次和素质标准，教师教育重心逐步上移，原有的中等师范学校逐渐退出了历史舞台，教师培养的层级逐渐由专科向本科方向发展。统计表明，2004 年高师本科院校发展最为迅速。与 1997 年相比，本科院校由 74 所发展到 103 所；师范专科学校逐步减少，由 151 所减少到 80 所，至 2007 年，专科学校不到 50 所；中等师范学校合理收缩，由 892 所减少到 317 所；教师培养培训资源进一步整合，教育学院由 229 所减少至 103 所；教师进修学校由 2 142 所减少至 1 703 所。① 上海市于 20 世纪 90 年代中期取消了师范学校，保留一所师专，三级师范变或二级师范，1998 年又将师专并入上海师大，改为初等教育学院，全市仅有一级师范。教师培养基本完成了从"三级师范"向"二级师范"的过渡，"一级师范"发展日趋显明。小学教师、幼儿园教师都必须是大学本科毕业生，这是我国师范教育和教师队伍建设的走向，是提高基础教育质量、提高国民素质的必要。②

在许多发达国家和一些发展中国家，不论小学还是初中，教师的学历要求已更多地趋向于本科及以上。美国从 1893 年把纽约州奥尔巴尼市师范学校升格为州立师范学院起，到 1917 年全部取消了师范学校。从缩短我国与国际教育发展之间的差距与同国际教育特点相一致的角度来看，目前提出中小学教师学历教育层次提高的高要求是恰当而正确的。

（三） 完善教师资格制度

全面实施教师资格制度是新时期教师队伍建设的重大举措和制度创新。教师资格制度是一种国家法定的职业许可制度。随着各国教师教育以及教师专业化的发展，教师资格制度具有更加深远的意义。通过资格制度肯定教师职业的专业性和不可替代性，规范教师的培养模式、评价方式和物质待遇以确保教师的专业地位和专业权威，进而促进教师质量的提高。③

1993 年 10 月 31 日，国家颁布了《中华人民共和国教师法》，其中第十条规定："国家实行教师资格制度。" 2000 年 9 月，教育部颁布《〈教师资格条例〉实施办法》，2001 年我国开始全面实施教师资格制度。

我国教师教育实行开放性，就必须严格执行法律法规，依法实施教师资格制度，体现法律的严肃性和权威性。我国教师资格制度的实施尚处在初级阶段，许多方面还有待于完善。比如与先进国家相比，准入条件过低，程序相对简单，认证机构资质也不具有权威性。另外，师范院校的毕业生只要证件齐

---

　　① 焦新. 教师教育体系走向开放 中小学教师素质全面提高 ［N］. 中国教育报，2004 – 09 – 11 （1）.

　　② 周南照. 教师教育改革与教师专业发展：国际视野与本土实践 ［M］. 上海：华东师范大学出版社，2007.

　　③ 翟帆. 教师资格制度开始全面实施 ［N］. 中国教育报，2001 – 04 – 06 （2）.

全，可以直接取得教师资格证书，缺乏对教师专业能力的考核和有力的监督和激励机制等等。

针对教师资格证书制度执行过程中存在的问题，我国应深入思考解决对策，规范教师入职资格，提高教师职业专业化水平。首先，严格掌握教师资格认定条件，即使是师范院校的毕业生，也要经过严格的审核，可以采取考核的方式，考核合格后才颁发教师资格证。其次，打破教师资格证书终身制，推出教师资格再认证制度，如美国的教师资格证书就会分为有效期为 4 年左右的短期教师资格证书（颁发给刚从大学毕业的新教师）和有效期为 8 年左右的长期教师认可证（颁发给有 3～5 年教龄且拥有教育硕士学位的在职教师），保证教师在其从业生涯中不断更新观念，提高水平，确保教育质量。最后，我们可以建立相应组织机构，如教师专业委员会，加强教师专业团队对资格证书的内部监督，保证教师资格证书的专业化。

实施教师资格制度，是一项宏大、艰巨的系统工程。它涉及教师队伍建设乃至科教兴国的大局。我们应贯彻并不断完善教师资格制度，规范教师准入制度，为教育事业的发展奠定坚实的基础。

（四）建立教师教育一体化模式

终身学习是我国提高包括教师在内的全体国民素质能力的战略目标，也是顺应世界教育改革潮流的明智选择。教师工作本就是一种"终身学习的专业"，职后培训应成为所有教师的权利和义务，我国应不断推进教师职前培养与职后培训的一体化，建立教师终身教育体系。

针对职前培养和在职培训分离中存在的机构各自为政、内容重叠交叉、资源配置不合理等问题，教师的职前培养与职后培训经过整合将成为连续的整体。今后，我国教师的在职培训，将由学历补偿教育转向知识更新、教学研究和提高业务能力的教育，培训对象广，质量要求高，需要调整或合并普通高等师范院校与教育学院、教师进修学校等成人教育院校，使之兼具教师职前培养和职后培训功能，实现教师职前培养和职后培训的一体化。通过开展职前培养和职后培训一体化改革，加强与中小学教师教育的合作，建立教师终身教育的协调机制，逐步改变把教师教育当做教师职业生涯中某一阶段的"终结性教育"的局面，切实推进教师终身教育体系的形成与完善。[①]

（五）培养体制的转型

知识经济迅猛发展，经济多元化结构已形成，市场经济逐步完善，人才市场也在发展，就业的市场化在客观上打破了原有封闭定向型的教师教育模式，应该扩大和集中多方面的高等教育资源参与教师培养，形成开放的教师教育体系。

为此，我国政府决定，"鼓励综合性高等学校和非师范类高校参与中小学教师培养"。2001年《国务院关于基础教育改革与发展的决定》提出了完善以现有师范教育为主体，其他高校共同参与的开放的教师教育体系的新要求。至此，我国教师教育由封闭走向开放，由单一走向多元，由数量走向质量的变革，逐步实现从继承到创新、从垄断到竞争、从地域化到网络化、从标准化到个性化、从知识导向到能力导向、从终结教育到终身教育的转型。[②] 开放的教师教育体系为教师教育带来了新的生机与活力，同时也带来了更多的机遇和更严峻的挑战。综合大学和非师范类高校参与到教师教育的行列中，一方面可以使教师的来源变得多元化，提高教师整体水平；另一方面也使师范院校在生源、师资、办学水平和特色等方面面临更大的挑战，增加了师范生的就业压力。因而教师教育培养体制的转型必然呼唤高师院校的改革。只有这样才能充分发挥高师院校的社会、政治、经济功能，发挥高师院校在教师教育转型过程中的主导作用。

（六）推进教师教育课程体系改革

教师专业化呼唤教师教育专业化，推进教师教育专业化的实践载体就是建立科学的课程结构，使学生在专业化的教育教学过程中获得扎实的专业训练并发展良好的教师职业技能。

在发达国家随着教师教育学历层次的提升，更多的有关教育科学的理论和

---

① 周南照. 教师教育改革与教师专业发展：国际视野与本土实践 [M]. 上海：华东师范大学出版社，2007.

② 靳希斌. 教师教育模式研究 [M]. 北京：北京师范大学出版社，2009.

更多的实践环节被纳入到教师培养课程中，其教师教育课程比例一般都占本科教育总课程的20%～30%。从教师专业化的角度上看，原有"老三门"的教师教育课程已远远不能适应教师教育改革发展的需要，因此构建合理的教师教育课程体系，尤其要注重学生基本文化素质的培养。一是增加教育类课程比重，强化教育类课程，在课程内容、课程实施方面加强实践取向，倡导参与式教学，积极采纳案例教学法，以及聘请中小学有水平的教师到大学兼任教学等方法改革现有的教师教育类课程。二是注重选择性。加强综合课程和通识课程的建设，加大选修课的比重，并注重师范类课程与非师范类课程的贯通，让学生在主动选课中形成不同的知识结构和能力结构。三是注重研究性，我国课程与教学改革需要研究型教师，研究型教师的培养培训需要研究式教学和启发式培养，学生通过理论的学习和参与科学研究，培养科研意识，增强科研能力。四是加强教育实践环节。首先，实践环节时间的延长是必需的，以相对充分的教育实践来强化未来教师的工作能力是西方发达国家教师人才培养的共同特点。比如，美国全国教师教育认证委员会（NCATE）2009年6月在提高教师教育机构认证标准时进一步突出教育实践的地位，要求教师教育机构应为师范生提供为期1年、以教学实践为核心并辅以课程学习的教育实习，从而弥合理论与实践的鸿沟。[①] 英国要求4次，不少于20周的教育实践。足够的实践时间时进行充分实习的保障。其次，通过实践反思提高实践的效果，加强教育实习的指导和管理，充分进行批判性和实践性反思，不只停留在心得体会层面，让经验真正转化为能力，实现从知识到实践再到能力提升的转换。

三、本科小学教育专业教师教育研究

（一）本科小学教育专业教师教育探析[②]

《国家中长期教育改革和发展纲要（2010～2020）》中提出把提高质量作为

---

①　方增泉，李进忠. 美国教师教育改革新趋势对中国的启示 ［J］. 北京师范大学学报：社会科学版，2010（5）.

②　张春宏. 本科小学教育专业教师教育探析 ［J］. 黑龙江教育（综合版），2008（2）.

教育改革发展的核心任务，要巩固义务教育水平、提高义务教育质量。教育质量对教育发展的重要性窥见一斑。我国教育质量的现状确实不尽如人意，甚至呈逐年下降的趋势。要改善义务教育质量，关键因素在于教师。教育部师范司管培俊司长指出："教师队伍的素质关系着中国教育的整体水平和素质教育的全面实施，而当前教师队伍的主要矛盾是质量问题。"高质量的教师是保证小学生接受优质教育的重要条件。因此，作为培养本科学历小学教师的教育机构，应将提高质量作为重中之重，顺应教育改革要求，更新教学内容、课程结构，加强师范生教育实践和教育研究的训练，培养学生的学习能力、实践能力、科研能力，培养高素质、胜任教师工作的小学教师。

本文试从如下几方面进行分析，讨论当今小学教师应具备的基本素质和基本能力，为小学教育专业教师教育提供借鉴。

1. 奠定扎实而广博的理论知识基础

新一轮基础教育课程改革，减少了课程门类，对各门具体课程之间的比重进行了调整。新课程强调小学阶段以综合课程为主，重视不同课程领域（特别是综合实践活动、体育、艺术等）对学生发展的独特价值，淡化学科界限，强调学科间的渗透与融合。教师只拥有单一的学科知识，难以适应新课程的需要。因此小学教师必须具备广博的人文、自然知识，并在音、体、美方面有一定特长，成为综合性、全能型的人才。相应地我们应该整合教师教育课程，在学科课程内容的选择上，应加强与学生生活以及现代社会和科技发展的联系，关注学生的学习兴趣，注重与学生的经验结合在一起，精选终身学习必备的基础知识和技能；在教育类课程方面，应加大案例教学力度（特别是小学教学案例），引进研究性学习，实行小班化的课堂，以形成交流与互动的教学氛围，培养学生探索与创新的能力。通过学科专业与教育理论知识的传授，培养现代全科型师范生，即掌握教育教学基本知识和技能，学科知识和能力结构合理，能在新课程改革要求下承担小学阶段国家规定的各门课程教学工作，并能从事小学教育教学研究与管理的教师。

2. 培养过硬的教育教学实践能力

现代的小学教育需要的是"专家型"教师，他们既要具备完整的知识体系及较高的教育教学理论水平，又要具有开展教育教学实践活动的能力。教育教学对象年龄越低，对教师的实践能力和实践智慧的要求就越高。《中国教育报》2007 年 5 月 21 日载"高师毕业生为何站不稳三尺讲台"的文章中，某毕业生的话很有代表性："面对一群吵闹的孩子，我束手无策。看着其他老师轻轻拍手，口中念出简单的口诀，孩子们就乖乖地坐好，我就觉得很茫然。为什么这样的教学方法，我在大学中没有学过？"像这样的毕业生不在少数。他们经过四年的本科学习，掌握了"教什么"，却没有学会"怎样教"。培养师范生的实践能力是教师教育应该重视的问题。

基础教育改革专家组成员钟启泉教授在《基础教育新课程教师教育系列教材》总序中指出："教师自身的理论素质和实践能力是决定课程改革的关键。"因此，教师教育在注重理论学习的同时，要为学生理论联系实际创设平台，使学生经过理论到实践，再从实践到理论的循环，达到了解小学实际和巩固理论的目的。

教育实习是培养教育教学实践能力的重要环节。从教育实习的过程与结果来看，大多数教育实习流于形式，没有真正达到锻炼学生、提高能力的目的。因此，必须加强对实习的监管和指导，应经常与实习基地保持联系，通过走访、座谈会、问卷调查等方式，了解学生教育、教学、管理等情况，并根据实习内容，细化考核标准，严格考核制度，确保实习质量。另外，学校应采取多种形式，调动学生的教育实践积极性，如，给每次教育见习预设一个主题，让学生带着问题进入小学课堂，有目的地进行观察，从中发现问题，思考问题，从而有所收获。除此之外，顶岗实习也是一个理论与实践联系的有效途径。顶岗实习的学生通过承担教学任务，全过程的参与教育教学活动，更好地将书本上学到的专业知识与教育教学实践融为一体，通过对学生和课堂的了解，通过对先进的教育科学的掌握，逐渐树立教育的信念和培养可持续发展的素质。

3. 加强师范生教学技能训练

小学生模仿性较强，教师的教学技能直接影响学生学习技能的形成和发展。小学教师在教学过程中，不但要关注知识内容本身，还必须关注知识的呈现形式。教学技能是教师如何将知识的"学术形态"转化成能使教育对象易于理解和接受的"教育形态"的能力。小学教师学历层次由专科升为本科，并不意味着教师质量也随之提高，事实上，本科学历的教师教育更多关注了文化知识的传授，对学生的教学技能有所忽略，从而造成师范生教学基本功较差，技能水平薄弱，甚至有的学生实习时基础的课堂用语都表述不清，教师教育质量堪忧，加强师范生的教学技能迫在眉睫。本科师范院校教师教育应秉承中师教学技能培训传统，突出技能特色。可以通过完善教学技能培养的内容体系、制定有效的教学技能培训计划，采取教学技能等级证书制等方法加以实施，并且要将训练落到实处，经常化、制度化，以考核促练习，定期对学生教学技能进行考核，达到督促与激励的目的。

4．培养师范生教育研究能力

教师的教研能力不但是基础教育改革的要求，更是教师专业化发展的重要内容。以往对教育传递知识功能的过分强调，使人们忽视了教师工作的创造性特征。"教书匠"式的教师已经不能满足现代教育的要求，教师只有不断地思考、在教育教学过程中找到切入点进行研究，才能更加透视和理解教育情境，从而提高教育水平，改善自身教育行为，使教师专业化水平得以提高。因此，培养师范生教研意识、锻炼教研能力是本科小学教育专业培养新型小学教师的一项重要内容。通过开设《教育科研方法》课程让学生对教育科研理论知识产生初步的感性认识；让学生参与教师科研课题，了解课题研究程序，承担一部分研究任务，如文献查阅、文献综述等，培养学生教研意识；利用见习和实习的机会，组织学生参与小学的教研活动，开展课题研究，让师范生通过研究进一步了解中小学的课程改革，接触中小学教育并让他们学到解决实际问题的智慧和经验。

5．注重培养学生的管理能力

罗晓等对小学教师教学困惑与压力等问题进行了调查，其中"学生难管理"占教师教学中感到最困惑的问题的比率为35.7%，排在第二位。教师在学校教育活动中不可推卸地承担着组织者和管理者的责任。但我们理解的管理不只限于方法，首先，更重要的是按教育目的规划教育活动的决策与设计能力，这种能力对教育活动的有效性具有重要影响。其次是作为组织者与领导者的管理能力。对于教师来说，更要具有使管理本身也成为一种教育力量，把学生管理工作，变为锻炼学生、培养学生自我管理和团结合作能力的手段，变成让学生在为集体贡献过程中展现特长、发挥优势的舞台。教师具有这样的管理能力，就不会把学生仅仅作为管理对象，把他们管死，而是把学生组织起来，发挥他们每个人的聪明才智，为形成有利于每一个学生都得到生动活泼发展的集体，为人人能在集体中有自己的平等地位、能为集体做出自己的奉献，又能从集体中汲取力量、感受温暖、学会协作而共同努力。

6. 倡导专业教师的再学习

基础教育课程改革风起云涌，教学思想、教学理念不断更新，长期囿于高校的教师固守着以往的教学经验、教学方法，是无法培养出适应小学实际需要的教师的，长此以往，只能进入故步自封、脱离实际的境地。解决问题的方式有很多，对教师进行继续教育，让教师深入小学进行再学习，就是一种比较好的途径。高校教师走进小学，进行教师教育实践，让教育理论回归实践，熟悉小学，了解小学的实际需要，了解新课改的动向，了解小学教师的困惑，开展小学教育教学研究，实现高校与小学的对接，并将所看、所感、所悟与学生分享，与同行探讨，为课程提供最鲜活、最切合实际的教学内容，不断更新教学观念，改革教学方法，这样才改善以往高校教学闭门造车的现象。培养出来适应小学、适合儿童的小学教师。

总之，小学教育是基础教育、启蒙教育，小学师资培养是一项艰巨的任务，小学教育专业理应担负重任，依托小学，了解小学实际需要，培养在教育教学方面是行家里手，在为人方面是师表楷模的优秀教师。

（二）关于高等师范小学教育专业师范生教研能力培养的思考①

1. 小学教育专业师范生教研能力培养的重要性

（1）基础教育课程改革对教师的要求使然

《基础教育课程改革纲要（试行）》强调形成积极主动的学习态度，改变课程实施过于强调接受学习、死记硬背、机械训练的现状，倡导学生主动参与、乐于探究……分析和解决问题的能力以及交流与合作的能力。纲要的内容使小学教师面临更多的挑战和压力。要真正做到教学方式的转变和教学目标的实

---

① 张春宏. 关于高等师范小学教育专业师范生教研能力培养的思考 [J]. 黑龙江科技信息，2011 (26).

现，仅靠过去的讲授式、"填鸭式"的教学方式是不够的，更多的要依赖于教师教学技能的提高和教学研究能力的增强，要求教师要从教育实践者转变为教育研究者。作为培养小学教师的小学教育专业理当顺应这一时代要求，先行一步。

（2）学生自身发展的需要

小学教育专业师范生加强教研能力的培养不仅是教育事业发展的需要，也是学生自身发展的需要。随着终身学习和高校素质教育理念的日益普及，"授之以鱼不如授之以渔"的观点不断地被更多的人接受。师范生通过本科系统地学习，确实获得了今后进行教学或进一步深造的基础知识和基本理论，但仅靠这些不足以适应未来社会的迅猛发展。高师教育理应让学生掌握终身学习的手段和工具，从而适应社会的变化，推动教育的进步。对于小教专业的学生来说，教研能力素质是使其受益终身的工具。无论学生毕业后从事教师职业，或是继续读研深造，只有掌握了教研能力，才能具有进行创新活动的基础，才能更具有敏锐的洞察力，不断地发现问题、解决问题，实现自我价值。

（3）教师专业化发展的需要

教师的专业化发展与教师职业的研究性质密切关联。"教师即研究者"是教师专业化发展的同义语，已经成为教师专业化发展运动中一个重要观念。①教师在教学过程中，不断地进行着创造性地研究活动，根据不同的学生、变化的教育情境、新版的教材，进行着教学方式的调整、教学理念的更新、教学内容的融合，在这一过程中充满着研究的氛围，而教师本身即研究者，他们的研究意识、研究行为恰是教师专业化发展的重要支柱。小学教育专业是培养小学教师专业人才的摇篮。必须以"教师即研究者"的理念，重新定位教育目标，创造一切条件不断推进学生教研能力的提高，为培养出合格的小学教师作出努力。

2. 培养小学教育专业师范生教研能力的途径

（1）调整课程设置，改革教学内容

教育理论的系统学习是培养学生教研能力的基础，而学生教研能力的提高不能仅仅依靠已习得的教育理论知识，还要在学习过程中掌握获取更多、更新

---

① 王长纯. 教师专业化发展：对教师的重新发现 [J]. 教育研究，2001（11）.

活性知识的能力，不断把握更新的理论，对现实的教育活动做出能动的反应。这一目标的实现就需要教育工作者对小教专业课程设置进行重新地审视。

我国各高校小学教育专业的教育类课程大多开设了教育科学研究方法课，本门课程对于学生掌握基本的教育研究方法、了解教育科学研究成果等起到一定的作用，但在课程设置上，大多注重课堂理论的学习，采用讲授等方式，学生亲自参与的机会比较少。因为这样，弱化了学生学习的积极性。此外，小教专业的教育类课程在整个课程结构中所占比率较小，有些内容无法全面展开，学生只获得泛泛的知识，加之教师讲授内容往往落后于教育科学的发展，学生所获得的教育知识在工作后变得呆板、有限，严重影响了学生教学研究工作的热情。

面对这种情况，各高师小教专业理应采取相应的措施，改革课程设置，促进学生教研能力的提高。首先，应增加教育研究类课程的比重，使学生掌握系统的、全面的教育研究理论和方法，为今后的研究工作奠定基础；其次，加强管理，调动教师积极性，将最新的教育研究观点和理念带进课堂，使知识不断更新，让学生与教师共同进步；最后，改革教育方法。教育研究课程不再单一的进行讲授，采取多种方式让学生参与其中，突出做中学，课后可以给学生布置作业，学生需要通过查阅资料、调查研究、分析总结得出结论，并将作业成绩与总评成绩挂钩，让学生由被动作业逐步向主动研究转变，真正实现教研意识的提高和能力的改善。

（2）在实践中提高教研能力

教育研究理论的学习只是学生教研能力提高的基础，理论必须联系实践，才能最终转化为自身的能力，发挥无穷的能量。对于高师小学教育专业来说，要重视利用学生教育见习、教育实习的途径，培养学生教育研究能力。

目前，高师小学教育专业学生的见习、实习，大多停留在对一些制度要求的遵循上，一味重视学生的出勤率、听课笔记的数量等；教育实习结束，学生也撰写实习总结，但多数质量不高，敷衍了事；另外，指导实习的教师也存在态度不认真的现象。一系列的因素导致学生的见习、实习，只是增加一些感性知识，无法将理论与实践结合起来，无助于学生教研能力的提高。"它山之石，可以攻玉"，我们不妨借鉴国外高师教育实习的一些做法。比如，德国师范院校的心理学和教育学实习结束时，要求学生写出书面报告，提出有关教育学、心理学问题的专题学术报告；综合教育实习期间，组织学生对中学先进教师的经验进行个案研究，激励学生以研究的态度对待教师的工作。① 有鉴于此，我国高师小学教育专业的见习、实习实应进行调整与整顿，选择责任心强的教师带领学生实习、见习，制定科学的考核评价标准，严格审阅学生的实习、见习报告，召开总结会议，共同讨论解决学生在实践中遇到的问题，在理论学习—实践研究—问题反馈—理论升华的过程中，使理论转化为实践的动力，提高学生的教育科研能力。

（3）整合学校资源推动学生教研能力提升

其一，创设学校教育研究氛围。

浓厚的学术氛围是大学精神的体现，对于学生教研意识的形成、教研素养的提高起到潜移默化的作用，是影响学生进行科学研究的一个重要条件。学校应该通过举办学术报告会，邀请专家、学者开展学术讲座、学术交流会等形式，把先进的教育思想与理念带给学生，拓宽学生的知识面，也可以邀请优秀的小学教师给学生介绍教学体会和科研经验，提高学生的科研意识。学校还可以制定一些鼓励学生进行教学研究的政策，并给予经费投入，组织对科研有兴趣的学生对自拟题目或学校拟定的题目进行研究，并选择一些教师进行有针对性的指导。让学生在浓厚的学术风气中，在自主研究的过程中，体味到教育研究的乐趣，不断提高研究能力。

其二，发挥教师的积极作用。

高校的许多教师都是一些学科的专家学者，在长期的研究过程中形成了严谨的治学精神和一套科学的研究方法，高师院校应该充分利用教师资源，培养学生的研究能力。科学研究是一个艰苦的探索过程，对于没有从事过科学研究的学生来说，独立完成研究是相当困难的。因此，应该让学生参与到教师的科研课题中，这样避免了学生因为自身能力不足而造成的重复性劳动。学生在导师指导下进行初步的教学研究，他们在收集、整理资料，思考疑问的过程中，

---

① 华正伟，张红梅. 关于培养高师学生教育科研能力的探讨［J］. 沈阳师范学院学报（社会科学版），2000（2）.

养成科学研究必备的科学态度，掌握科学研究方法，提高科研能力。

3. 培养小学教育专业学生教研能力过程中应注意的问题

（1）引导学生进行自我反思

苏联教育家赞可夫说过："没有个人的思考，没有对自己经验的总结，没有对自己经验的寻根究底的精神，提高教学水平是不可思议的。"① 学生教研能力的不断提高，自我反思是必不可少的。高师院校在培养学生教研能力的过程中，要引导学生对教学研究活动进行自我总结、自我反思。比如，在教育实习中，引导学生思考什么样的教育行为才是恰当的，才能促进个体的发展；在研究过程中，对于自己的研究方法、研究内容进行分析、评价，更正不足，使研究活动得以顺利地进行下去。学生在反思的过程中，提高了他们探索规律、发现问题的能力，为他们进一步的科研活动作了充分的准备。

（2）提高高师院校教师的科研素质

高师学生教研能力的完善和提高，有赖于师范院校教师的教育科研素质的水平。有部分的高师院校教师疲于应付繁重的教学任务，无暇顾及科研活动，致使所教学生对于科研活动的热情不高。要改变此种情况，学校要制定奖励政策，调动教师从事教育科研的积极性，只有这样才能给学生起到榜样示范作用。要在提高教育教学质量的同时，增强全校师生的科研意识，提高科研能力。

（3）建立考评制度

有考核，才会有压力；有评价，才会有比较。学校要建立考评制度，对于学生教研活动的过程和成果进行考核，让学生形成一定的压力，从而重视教研活动的锻炼。为维持学生参与科研的积极性，还应该进行评价，对于取得成绩的学生进行奖励。只有建立长效机制，才能使学生的科研热情不变，科研活动不断。

（4）教研活动立足于实践

教育研究问题来源于教育实践，作用于教育实践。在培养学生教研能力时，切记要学生遵循理论与实践相结合的原则。只有全身心地投入教育实践，

---

① 刘金容. 高师学生教育科研能力的现状分析及其培养对策探新 ［J］. 当代教育论坛, 2005 (1).

研究实际问题，从教育实践中汲取营养和力量，研究活动才有实际价值，研究结果才能应用于教育实践，从而推动教育的发展。

综上所述，社会的发展、教育的变革，使教研能力成为教师必备的素质。没有反思的教学，缺少研究的教育已经不能满足未来教育发展的要求。[①] 为培养 21 世纪合格的小学教师，高等师范小学教育专业必须适应时代的要求，加强学生教研素质的培养，促进学生教研能力的提高。

（三） 改革教育实习新设想[②]

教育实习是高师教育的重要组成部分，是高师教学计划中一门重要的必修课，是高师贯彻理论联系实际原则，实现培养目标不可缺少的重要环节。教育实习在高师教育中所起的作用是多方面的。一是，教育实习是对高师教育教学质量的全面检查，通过教育实习反馈高师教育教学的不足，及时发现问题，促进高师教育教学改革；二是，通过教育实习及时了解小学教育教学实际，获得教育教学改革新信息，这些信息是高师课程设置、教材建设、教学计划的制订、教改取向的重要依据；三是，通过教育实习，使高师学生了解小学实际，将所学专业知识和教育教学理论综合运用于小学教育教学工作，培养学生职业道德素质，从事教育教学活动综合素质。因此，教育实习是高师教育与小学教育联系的纽带，在培养合格小学教师中起着重要的作用，是高师教育专业生存和发展的关键所在。

1. 目前关于教育实习中存在的问题

一些高校为了加强教育的实践性，增加教育实习时间，从一年级至三年级，每学期安排一周的见习。增加教育见习对于高师教育来说有着重要的作用，一方面通过见习增强了学生对小学的感性认识，充分认识小学教师的职业特点，同时也充分了解认识自己，培养学生的职业意识，提高学生学习的针对性和实效性；另一方面教育见习是教育实习的前奏，教育实习是教育见习的延续和深化，两者有着密切的联系。教育见习与教育实习相结合，符合当前世界

---

① 王长纯. 教师专业化发展：对教师的重新发现 [J]. 教育研究，2001 (11).

② 孙晨红. 改革教育实习新设想 [J]. 教育探索，2006 (4).

教育实习形式改革多样化的趋势。但我们在实践中有关教育见习、实习的具体操作还不够完善，存在一些问题。有待探讨和研究的主要问题如下。

（1）见习前准备不足，教育见习目的性不强

每学期的教学和每学期的见习基本上没有必要的联系，凭空安排上见习，学生缺少心理上和知识上的准备，因此教育见习走过场现象严重。尤其是对于低年级学生，由于缺少有关教育理论知识的学习，对什么是见习，见习的目的及如何见习认识不足，缺少必要的知识准备。因此，见习效果可见一斑。

（2）一周的见习时间太仓促

实习学生需要一定时间熟悉新教师、新学生和新学校，等到对的见习环境有了初步了解，也到了见习该结束的时候。因此一周的见习等于走马观花，收效不大。

（3）每学期一次一周的见习，在时间上间隔太大，缺少连续性

每次见习都要从头开始，学生很难和实习学校的指导教师建立起切实的联系，对小学生的观察也只能流于表面认识。

（4）组织工作繁重

每学期的见习工作都要重新联系和组织，这样势必加大了高校和实习学校的工作负担，影响实习学校正常的教育教学秩序。

（5）实习学校缺乏积极性

由于高教与实习学校不存在行政上管理关系，实习学校接待实习工作属于学校与学校之间的关系往来，并且实习经费微乎其微，与实习学校的付出不平衡，所以实习学校配合实习工作的热情不高。

（6）教育实习的时间太少

根据国家教委规定，高师本科生的实习时间为六周。在这短短时间内，必须完成了解情况、听课、试讲、协助班主任工作等实习任务。真正上课和班级工作的实习时间很少，每个学生只能上几节课，学生得不到真正的锻炼，无论是教学还是管理没有实践、反思和提高的过程，所以达不到实习效果，只能是流于形式、走过场。

（7）毕业生因择业而无心专注于实习

由于高教分配就业制度改革，毕业分配实行双向选择、自主择业的形式。

各用人单位为了选拔优秀人才，都竞相提前招聘，不少实习生忙于应聘，经常请假外出，不能安心实习，严重影响教学秩序；还有部分学生有考研打算，平时忽视教学基本功的训练，对于实习热情不高，因此，严重影响实习效果。

2. 改革教育实习的几点建议

基于以上分析，笔者认为，教育见习或教育实习之所以存在走过场现象，其根原因还在于理论学习与教育实践脱节。因此，要彻底改变教学和教育实习分离的局面，必须重视教育实践环节，将理论与实践结合的原则贯穿于高师教育过程的始终。在学生掌握专业理论知识的同时，加强对学生专业技能的培养和训练，面向小学实际培养合格高师生。借鉴国外先进国家的教育经验，逐步完善教育实习制度。

（1）变集中见习为分散见习

让学生一入学即让学生开始和小学接触，从一到三年级安排见习学校，二人或三人一组，明确见习班级及指导教师，并且固定下来，每周一次半天见习。见习内容包括听课、观察学生、了解实习学校管理、帮助指导教师工作。结合课堂教学每学期完成一定的实践性作业，并随着年级的增高，参与指导教师课题研究，撰写教育调查报告等，充分做到理论与实践相结合，彻底改变先理论后实践、理论与实践脱节的局面，体现即学即得，学有所得。这样的安排既加强了见习的连续性，又有利于实习生和指导教师、高师与实习学校建立长期的沟通联系，同时也避免了重复性联系实习的麻烦。

（2）加强对高师生教育教学基本技能训练和基本能力培养

教育教学基本技能训练和基本能力培养主要是通过组织丰富多样的教育教学实践活动来实现的。教育教学实践活动的内容是丰富多彩的，包括：小学教材研习、教学基本功训练、微格教学，课堂探讨，演讲比赛，艺体能力培养等。实践证明，教师专业化技能训练是教师专业化教育的重要组成部分，应当给予充分重视。但近几年来，高师有注重学术性而忽视师范性的倾向，对学生在校期间进行师范职业技能的训练和教育教学能力的培养训练不够。因此，学生所学的知识不能转化为能力，不能学以致用。近几年的毕业生普遍感到在校所学的知识在实际教学中用不上，一些小学也反映新教师的教育教学能力普遍不如以前。

（3）改变以往单一的教育实习组织模式

以往高师采用在实习基地集中实习的模式，这种实习模式是高等师范院校教育实习最规范的一种，但这种模式过于死板，不利于学生就业的选择。变"教育实习基地集中实习"为"教育实习基地集中实习"与"定点定员，回原籍实习，共同负责""组队委托管理""单独实习、委托管理""顶岗实习"并举的模式。这种多模式的教育实习组织形式，能够在最大程度上发挥广大实习生的主观能动性，提高实习生的社会适应能力和沟通能力，也为实习学校缓解师资紧缺、考察实习生以供录用参考起到到很大的作用。

（4）规范管理，做好实习生评估工作

在整个教育见习实习过程中，要对实习生进行全过程管理、评估，包括计划、执行、检查和总结验收等阶段。高师院校应成立以学校领导与实习学校领导为组长的实习领导小组，对教育见习和实习的目的、任务、要求、考核方式、管理等方面做出详细说明和具体要求。同时，为了更好地对实习生进行管理和指导，应专门指派经验丰富的带队教师对学生进行管理和指导，学校领导也应尽可能到各实习学校检查学生的实习情况，解决学生实习过程中的各种问题和困难，听取实习学校的反馈意见。实习结束后，对学生做出客观、公正、全面的评价，给出教育实习成绩，评选优秀实习生。

（5）建立统一协调的教育实习机制

教育实习是一项综合性的实践活动，它不是高师单纯的教学行为，而是涉及地方教育行政部门、小学、教师、学生等多方面的社会关系，当地的教育行政部门、高师与实习单位要相互配合，共同合作，形成统一管理教育实习的有效机制。

（6）适当延长教育实习的时间

现行的教育实习时间不足，已经在实际中显露出来，教育实习的质量问题也和实习时间有直接的联系。国外经济发达国家的师范实习时间较长，美国有15周的实习时间；东欧国家的连贯性实习：从一年级一直安排到四年级。西欧国家的实习时间更长，如德国的实习时长达18个月。有些国家对非师范院校毕业的学生必须进行一年的教育课程的学习与培训，这些都说明了必须有较多实习时间，才能提高实习质量。

参考文献

[1] 教育部师范教育司. 教师专业化的理论与实践 [M]. 北京：人民教育出版社，2003.

[2] 中国大百科全书总编辑委员会. 中国大百科全书：教育 [M]. 北京：中国大百科全书出版社，1985.

[3] 中国大百科全书总编辑委员会. 中国大百科全书：哲学Ⅰ [M]. 北京：中国大百科全书出版社，1989.

[4] Albert Einstein，许良英. 爱因斯坦文集：第一卷 [M]. 北京：商务印书馆，1976.

[5] 叶澜. 教师角色与教师发展新探 [M]. 北京：教育科学出版社，2001.

[6] 瞿葆奎. 美国教育改革 [M]. 北京：人民教育出版社，1990.

[7] 裴娣娜. 教育研究方法导论 [M]. 合肥：安徽教育出版社，1995.

[8] 联合国教科文组织. 教育——财富蕴含其中：国际21世纪教育委员会报告 [R]. 北京：教育科学出版社，1996.

[9] 马云鹏，孔凡哲. 教育研究方法 [M]. 长春：东北师范大学出版社，2006.

[10] 威廉·维尔斯曼. 教育研究方法导论 [M]. 北京：教育科学出版社，1997.

[11] 叶澜. 教育研究及其方法 [M]. 北京：中国科学技术出版社，1990.

[12] 瞿葆奎. 教育研究法 [M]. 北京：人民教育出版社，1988.

[13] 李其龙，陈永明. 教师教育课程的国际比较 [M]. 北京：教育科学出版社，2002.

[14] 陈永明. 国际师范教育改革比较研究 [M]. 北京：人民教育出版社，1999.

[15] 陈永明. 教师教育研究 [M]. 上海：华东师范大学出版社，2003.

[16] 黄崴，教师教育体制国际比较研究 [M]. 广州：广东高等教育出版社，2002.

[17] 柳斌. 中国著名特级教师教学思想录：上卷 [M]. 南京：江苏教育出版社，2000.

[18] 蔡笑岳. 教师专业发展与教师科研 [M]. 广州：暨南大学出版社，2007.

[19] 刘捷. 专业化：挑战21世纪的教师 [M]. 北京：教育科学出版社，2002.

[20] 王枬. 教师印迹：课堂生活的叙事研究 [M]. 北京：教育科学出版社，2008.

[21] 唐玉光. 教师专业发展与教师教育 [M]. 合肥：安徽教育出版社，2008.

[22] 饶丛满，杨秀玉，邓涛. 教师专业发展 [M]. 长春：东北师范大学出版社，2005.

[23] 庄辉明. 明天的教师：师范生必读 [M]. 上海：华东师范大学出版社，2008.

[24]　李学农. 教师入职指南 [M]. 北京：高等教育出版社，2007.

[25]　中国就业培训技术指导中心，中国心理卫生协会. 心理咨询师 [M]. 北京：民族出版社，2005.

[26]　王少非. 新课程背景下的教师专业发展 [M]. 上海：华东师范大学出版社，2005.

[27]　徐光兴. 临床心理学：心理健康与援助的学问 [M]. 上海：上海教育出版社，2000.

[28]　张大均，江琦主. 教师心理素质与专业性发展 [M]. 北京：人民教育出版，2005.

[29]　肖川. 教师：与新课程共成长 [M]. 上海：上海教育出版社，2004.

[30]　叶澜. "新基础教育" 探索性研究报告集 [R]. 上海：上海三联书店，1999.

[31]　马克思·范梅南. 教学机智——教育智慧的意蕴 [M]. 北京：教育科学出版社，2004.

[32]　靳希斌. 教师教育模式研究 [M]. 北京：北京师范大学出版社，2009.

[33]　林崇德. 教育的智慧 [M]. 北京：北京师范大学出版社，2005.

[34]　周南照. 教师教育改革与教师专业发展：国际视野与本土实践 [M]. 上海：华东师范大学出版社，2007.

[35]　靳希斌. 教师教育模式研究 [M]. 北京：北京师范大学出版社，2009.

[36]　韩立福. 新课程教师礼仪规范与指导 [M]. 北京：首都师范大学出版社，2006.

[37]　冯克诚. 教师行为规范全书——教师语言行为规范 [M]. 北京：华语教学出版社，1996.

[38]　李兴国. 教师礼仪 [M]. 上海：华东师范大学出版社，2006.

[39]　傅道春. 教师的成长与发展 [M]. 北京：教育科学出版社，2001.

[40]　饶武. 美国教师教育课程演进及其对我国的启示 [D]. 南昌：江西师范大学，2006.

[41]　李贞. 美国教师教育研究 [D]. 大连：辽宁师范大学，2007.

[42]　刘洁. 试析影响教师专业发展的基本因素 [J]. 东北师范大学学报（哲学社会科学版），2004（6）.

[43]　董新良. 中小学教师职业声望调查研究 [J]. 教师教育研究，2011（6）.

[44]　管宏斌. 教师人格魅力：德育的无形资源 [J]. 教育实践与研究（小学版），2006（5）.

[45]　吴兴红. 教师心理健康问题刍议 [J]. 学术探索，2002（5）.

[46]　陈永明. 教师社会地位：虚像还是实像 [J]. 集美大学学报，2010（7）.

[47]　《教师教育课程标准》专家组. 关于我国教师教育课程现状的研究 [J]. 全球教育展望，2008（9）.

[48]　王鑫. 顶岗实习支教——师范生成长的必由之路 [J]. 辽宁教育研究，2008（10）.

［49］ 范文贵，吴艳茹. 小学教师教育的回归与重构［J］. 天津师范大学学报（基础教育版），2009（7）.

［50］ 方增泉，李进忠. 美国教师教育改革新趋势对中国的启示［J］. 北京师范大学学报（社会科学版），2010（5）.

［51］ 罗晓，施若谷. 当前小学教师教学困惑与压力分析［J］. 课程·教材·教法，2002（12）.

［52］ 叶澜. 新世纪教师专业素养初探［J］. 教育研究与实验，1998（1）.

［53］ 王长纯. 教师专业化发展：对教师的重新发现［J］. 教育研究，2001（11）.

［54］ 华正伟，张红梅. 关于培养高师学生教育科研能力的探讨［J］. 沈阳师范学院学报（社会科学版），2000（2）.

［55］ 刘金容. 高师学生教育科研能力的现状分析及其培养对策探新［J］. 当代教育论坛，2005（1）.

［56］ 王长纯. 教师专业化发展：对教师的重新发现［J］. 教育研究，2001（11）.

［57］ 王荣德. 优秀教师的人格特征与名师的培养［J］. 宁波教育学院学报，2005（6）.

［58］ 金美福. 秉持现象学态度的教师教育理论研究［J］. 教育研究，2007（8）.

［59］ 陈振华. 美国教师资格证书制度透视［J］. 高等师范教育研究，1996（2）.

［60］ 刘翠航. 美国教师资格认证的现状及发展趋势［J］. 比较教育研究，2002（5）.

［61］ 杨慧. 美国教师资格证书制度的改革［J］. 外国中小学教育，2004（9）.

［62］ 方增泉，李进忠. 美国教师教育改革新趋势对中国的启示［J］. 北京师范大学学报（社会科学版），2010（5）.

［63］ 刘朋. 美英日三国教师资格证书制度及其启示［J］. 上海教育科研，2002（5）.

［64］ 徐秀华. 英国的在职教师培训及其借鉴［J］. 中小学教师培训，2004（8）.

［65］ 焦新. 教师教育体系走向开放　中小学教师素质全面提高［N］. 中国教育报，2004－09－11（1）.

［66］ 翟帆. 教师资格制度开始全面实施［N］. 中国教育报，2001－04－06（2）.

［67］ 李益众. 高师毕业生为何站不稳三尺讲台［N］. 中国教育报，2007－05－21（2）.

［68］ 中国教育概况——2010年全国教育事业发展情况［EB/OL］. http：//www. moe. edu. cn/publicfiles/business/htmlfiles/moe/s5990/201111/126550. html，2011－11－14.

后　记

　　这是一本研究教师专业化发展的书。教师的意义何在？什么是教师专业化发展？一个选择了教师职业者，如何发展、如何能更好地成长？一个教师如何规划自身的发展？怎样看待、关注自身的成长历程？这些问题无论是准教师，还是已经入职的教师，或者是教师教育者，都需要回答也必须要回答的问题。

　　我本人1987年走入教师职场，至今一直是从事教师教育工作。在多年的教育实践中，自己在成长，也见证着学生的成长，从中我也深深地感悟到有关教师专业成长研究的重要性和必要性。有些人没有明晰这些问题，就走入教师职场，以后再来慢慢思考这些问题，可能大多数教师是这样的一种情况；还有些可能做了一辈子的教师也没能认真地思考过这些问题，这样的一种教师人生会是什么样的也就不言而喻了。

　　"教师专业化发展与成长"最初是我在2006年开设的一门小学教育专业的选修课，讲授这门课的初衷就是基于上述的想法而开设的。我希望在师范生的职业准备阶段，给他们一些有关教师职业、专业成长的相关知识，使他们能理性地步入教师职场，并且理性地去规划自己的职业人生，进而能更好地去完善、去创造教师的幸福人生。

　　感谢我的导师东北师范大学教育科学学院院长马云鹏，马教授对本书写作给予细致的指导和帮助，他的严谨的治学精神时时鞭策、激励着我。

　　同时，要感谢调研实习学校的领导及老师们的支持及哈尔滨学院教育科学学院小学教育专业白茹、栾明沙等同学为本书提供的习作。书中照片是带学生实习时所拍的教育活动实录，照片中主人公系哈尔滨学院教育科学学院小学教育专业学生及实习学校小学生，在此表示感谢。

　　尤其要感谢编辑卢伟老师一直以来的关心、支持，为本书的出版做了大量的工作。

　　本书凝聚了作者的心血和努力，也承载了作者本人的成长历程。我的感受是：研究让教师成长、思考成就教师成长。

本书的写作分工是：孙晨红（第一章、第二章、第三章、第五章、第六章、第七章、第八章、第十章、第十一章），张春宏（第四章、第九章、第十三章、第十四章），王睿（第十二章），全书由孙晨红统稿。

由于受本人能力所限，书中难免有诸多不足之处，诚恳地敬候读者与同行的批评指正。

孙晨红

2016 年春

图书在版编目（CIP）数据

教师专业化发展与教师成长／孙晨红，张春宏，王
睿编著. --2版. --哈尔滨：东北林业大学出版社，
2016.7（2025.4重印）

ISBN 978-7-5674-0819-7

Ⅰ.①教… Ⅱ.①孙… ②张… ③王… Ⅲ.①师资培
养-研究 Ⅳ.①G451.2

中国版本图书馆 CIP 数据核字（2016）第 149681 号

责任编辑：卢　伟

封面设计：刘长友

出版发行：东北林业大学出版社（哈尔滨市香坊区哈平六道街 6 号　邮编：150040）

印　　装：三河市佳星印装有限公司

开　　本：787mm×1092mm　1/16

印　　张：17.5

字　　数：265 千字

版　　次：2016 年 8 月第 2 版

印　　次：2025 年 4 月第 3 次印刷

定　　价：70.00 元

如发现印装质量问题，请与出版社联系调换。（电话：0451-82113296　82191620）